谨以此书献给我的妻子张瑜

经济管理学术文库·经济类

走出创新城堡：企业研发外包的组织基础与治理机制

Going out from the Castle of Innovation: the Organizational Foundation and Governance Mechanism in R&D Outsourcing of the Firm

李靖 / 著

图书在版编目（CIP）数据

走出创新城堡：企业研发外包的组织基础与治理机制/李靖著．—北京：经济管理出版社，2015.12

ISBN 978-7-5096-4042-5

Ⅰ.①走… Ⅱ.①李… Ⅲ.①企业—技术开发—对外承包—研究 Ⅳ.①F273.1

中国版本图书馆 CIP 数据核字（2015）第 264219 号

组稿编辑：张　艳
责任编辑：张　艳　许　艳
责任印制：黄章平
责任校对：雨　千

出版发行：经济管理出版社
　　　　　（北京市海淀区北蜂窝 8 号中雅大厦 A 座 11 层　100038）
网　　址：www.E-mp.com.cn
电　　话：(010) 51915602
印　　刷：北京九州迅驰传媒文化有限公司
经　　销：新华书店
开　　本：720mm×1000mm/16
印　　张：14.75
字　　数：201 千字
版　　次：2015 年 12 月第 1 版　2015 年 12 月第 1 次印刷
书　　号：ISBN 978-7-5096-4042-5
定　　价：46.00　元

·版权所有　翻印必究·

凡购本社图书，如有印装错误，由本社读者服务部负责调换。

联系地址：北京阜外月坛北小街 2 号

电话：(010) 68022974　邮编：100836

前　言

企业的研发外包在很多产业内已成为一个相当普遍的现象。然而，企业在研发外包的过程中通常会面临着由合同的不完全性、知识的非独占性以及累积性创新的不完全替代性所带来的各类成本。既然如此，那么为什么在多个产业中都存在着研发外包日趋增多的现象呢？本书认为，在研发外包的过程中，必然存在着一系列的针对上述成本的治理机制，在这类治理机制的作用下，企业就完全有可能将研发诉诸于外部组织进行。这类治理机制包括：研发外包的最优组织形式、研发外包中的最优合同设计以及公共政策层面和企业层面的知识产权保护措施（这类知识产权保护措施的强度也将影响着企业研发外包的决策）。

尽管既有的文献对企业研发外包日趋增多的现象给出了不同的解释，但它们并未在考察成本治理机制的特殊视角下进行理论上的规范。本书通过文献梳理以及相关的模型建构尽可能地实现上述理论规范的目的：本书在组织经济学的理论基础上，结合创新的关联特征，将有关研发外包的最新理论与实证文献以及在此基础上的理论拓展与建构整合于成本治理的视角之下，进而在很大程度上形成一个逻辑一致的理论体系。在以何者为主要参考点的问题上，整体而言，各类产业中的在位企业是我们完成全书论证的主要参考点。以此为基础，本书首先考察了企业研发外包的成本特征，这包括合同的不完全性、知识的非独占性以及累积性创新的不完全替代性。而基于对上述研发外包各类成本（特征）的考察，企业就可以选择是否进行研发外包：如果企业选择不进行研发外包，那么这种情况将对应着（企业的）内部研发；而如果企业选择进行研发外包，那么我们就需要进一步地考察支持企业进行这一决策的上述治理机制。

在作为治理机制的组织形式上，本书考察了基于组织经济学的企业理论下的最优组织形式：基于不完全合同与产权理论的异质性假设下的最优组织形式；基于不完全合同与产权理论的同质性假设下的最优组织形式；基于授权理论的最优组织形式。需要说明的是，在这类对最优组织形式的考察中，为了更便利以及更深层次地进行讨论，本书特别将企业的内部研发视为研发外包最优组织形式中的一种特殊形式。在此基础上，本书还考察了基于不完全合同理论的多渠道研发外包背景下的最优组织形式，而这也构成了针对研发外包最优组织的考察中一个重要的理论模型。

在多渠道研发外包的背景下，垄断的下游企业可以同两个相互竞争的研发单位中的一个组成三种类型的组织形式：相互独立、战略联盟和一体化。在研发竞赛中，相关研发单位与下游企业间的不同组织形式会影响另一个研发单位的上游市场进入决策及投资决策。在作为非一体化的相互独立和战略联盟的组织形式下，两个研发单位都将进入上游市场，进而下游企业面临着双重的研发外包渠道，此时战略联盟占优于相互独立。在一体化的组织形式下，由于一体化中的内部资本市场所具有的不完全合同性，另一研发单位将不进入上游市场，进而下游企业将面临着单一的研发外包渠道，此时如果新产品市场所面临的不确定性较大，那么一体化将占优于战略联盟；而如果新产品市场所面临的不确定性较小，那么由于一体化所具有的合同的不完全性会带来成本，一体化将被战略联盟所占优。从这个意义上说，战略联盟是针对合同不完全性的成本治理机制。

在作为治理机制的合同上，本书主要探讨了治理项目交叉资助（合同的不完全性）的合同和治理信息泄露（知识的非独占性）的合同。在这类合同的设计中，设计的关键不在于将不可合同化的要素列入合同，而在于选择相应的机制使不实施道德风险行为对相关方而言是自执行的。在此基础上，上述第一类合同涉及控制权配置以及委托方向代理方的支付，而上述第二类合同则主要涉及委托方向代理方的支付。事实上，上述合同设计不能完全消除代理方的道德风险行为，因而针对合同的设计未来也就有着完善的空间。值得注意的还有，上述合同本身也不具备社会效率意义上的合意性，因而产生的因素也会限制研发外包合同的形成，故探讨知识产权保护强度这一更为直接的治理机制及其与研发外包的关系就成为另一项重要的研究任务。

而在这之前，从一些特定视角下更进一步地探讨企业研发外包中的合同设计问题是必要的。为此，本书首先从研发路径转移的视角论证了企业研发外包过程中笼统意义上的控制权配置问题；紧随其后，本书还从先导化合物学术（商业）化程度的视角论证了作为控制权最重要形式的终止权的配置问题，而这也构成了研发外包中合同设计的一个最具建构性的理论模型。针对前一个问题，本书认为，在承揽研发外包的过程中，如果新的研发路径出现，代理方会将此路径披露给第三方，而委托方为治理这类可能发生的披露行为，会在双方研发外包关系形成时配置最优的控制权。尽管控制权越大，代理方的披露行为越能够被有效地治理进而委托方的收益也越大，但越大的控制权给委托方所带来的成本也越大，故最优的控制权配置应该在权衡这类收益和成本的基础上进行。而在此过程中，合同的不完全性表现得越明显，委托方所拥有的最优控制权就越大。另外，不同于 Lerner 和 Malmendier（2010）的相关论断，在委托代理双方研发外包关系形成时，委托方配置最优的控制权将占优于不配置任何控制权。而在实证检验上，相关的经验性证据也验证了这类结论。

针对后一个问题，本书认为，在企业研发外包的过程中，委托方会追求商业化目标，代理方会追求学术化目标，因此研发外包中的终止权的配置就至关重要。其结果是，如果代理方所致力于筛选的先导化合物的学术（商业）化程度小（大）于某个临界值，那么作为委托方的企业会将终止权授予代理方；而如果该先导化合物的学术（商业）化程度大（小）于某个临界值，那么委托方将会保留终止权。在终止权配置的变动上，随着执行性工资与先导化合物总价值的比值的增大，委托方不授权的区间将缩小；对于委托方授权的区间而言，在执行性工资与先导化合物总价值的比值较小（大）时，委托方授权的区间会随着该比值的增大而扩大（缩小）。在社会效率上，委托方的授权是具有社会效率的，而当代理方所筛选化合物的学术化程度很大时，委托方的不授权是社会无效率的。同样地，在实证检验上，既有的经验性证据也在很大程度上验证了上述部分结论。

本书还认为，知识产权保护形式包括专利、商业机密、版权、商标等公共政策层面的保护性措施以及企业层面的保护性措施。在一般意义上，这类不同层面上的知识产权保护措施的强度越大，企业就越倾向于进行研发外包，由此，创新劳动也就实现了有效分工。然而需要说明的是，尽管知识产权保护在一定程度上可以缓解信息泄露问题，但知识产权保护强度的增大并不是就一定能够促进企业更多地进行研发外包，进而创新劳动的有效分工并不一定能够实现：在一定的条件下，弱知识产权保护强度（主要体现在非竞争性条款和商业秘密法的实施上）在一定的条件下可能会促进更多的研发外包。在这个意义上，知识产权保护强度与研发外包的关系乃至创新劳动能否实现有效分工还是一个有待理论和实证深入研究的问题，因而也就构成了我们未来极为重要的一项研究任务（由此，本书对这部分内容的探讨，其作用在更大程度上体现在为未来的研究提供一个引子）。事实上，研发外包关系的形成过程即是技术市场中技术供应方与技术需求方（相互）搜寻和匹配的过程。由此，未来的研究也就需要在创新劳动有效分工的视角下更多地关注知识产权保护强度对技术供求双方（相互）搜寻和匹配过程的影响。

不仅如此，作为对本书的拓展，未来需要研究的内容还体现在对上述组织问题和合同设计问题的继续深化以及对开放式经济中的研发外包等诸多研究方向的把握上。对于前者，以合同设计为例，如何通过支付合同的设计来治理代理方将新的研发路径（若存在）披露给第三方的行为，如何通过显性合同与关系合同的互动治理既有的机制所不能很好解决的代理方的道德风险问题，都将成为亟须研究的课题；对于后者，将对雇主—雇员背景下一些问题的关注与解决纳入研发外包的背景之下进而为研发外包中的类似问题提供更好的解决途径显然构成了方法论层面的研究方向，而对研发背景下的双向外包、上文所提及的开放式经济中的研发外包等问题的考察则显然构成了具体内容层面的研究方向。

目 录

第1章 导论 — 3
- 1.1 问题的提出 — 3
- 1.2 研究意义 — 6
- 1.3 研究的主要参考点 — 7
- 1.4 研究的逻辑框架 — 9

第2章 企业研发外包的成本 — 15
- 2.1 合同的不完全性 — 16
- 2.2 知识的非独占性 — 19
- 2.3 累积性创新的不完全替代性 — 23
- 2.4 总结：合同的不完全性可作为理论假设前提 — 24

第3章 企业研发外包的最优组织形式 — 29
- 3.1 研发外包最优组织形式的论证结构 — 29
- 3.2 不完全合同与产权理论框架下的最优组织形式 — 31
- 3.3 授权理论框架下的最优组织形式 — 46
- 3.4 总结 — 48

第4章 多渠道研发外包背景下的战略联盟：一种作为治理机制的最优组织形式 ·············· 53

    4.1 多重的研发外包渠道：从一个简单的产业组织模型说起 ········ 53

    4.2 多渠道研发外包背景下的战略联盟：一种作为治理机制的最优组织形式 ·············· 60

第5章 企业研发外包中的最优合同设计 ·············· 91

    5.1 合同作为战略联盟（研发外包）的治理机制 ·············· 91

    5.2 战略联盟（研发外包）中的具体控制权 ·············· 93

    5.3 治理合同不完全性（项目交叉资助）的合同 ·············· 95

    5.4 针对知识非独占性（信息泄露）的治理 ·············· 98

    5.5 研发外包合同社会效率的不合意性及研究展望 ·············· 104

第6章 研发外包中的路径转移：重议不完全合同下的控制权配置 ·············· 111

    6.1 引言 ·············· 111

    6.2 研发外包中的合同不完全性及其治理 ·············· 113

    6.3 最优控制权配置模型 ·············· 117

    6.4 经验性证据 ·············· 122

    6.5 总结与进一步的研究 ·············· 125

第7章 学术价值 vs. 商业价值：企业研发外包中的最优终止权配置 ·············· 129

    7.1 引言 ·············· 129

  7.2 研究背景与相关文献综述 ………………………………… 132
  7.3 终止权的最优配置模型 …………………………………… 138
  7.4 拓展与经验性证据 ………………………………………… 150
  7.5 总结与进一步的研究 ……………………………………… 155
  本章附录 ………………………………………………………… 156

第8章 知识产权保护强度与研发外包：基于创新劳动有效分工的视角 ………………………………………………… 163

  8.1 研发外包背景下的知识产权保护形式及其比较 ………… 164
  8.2 知识产权保护对研发外包的促进 ………………………… 167
  8.3 强知识产权保护并不必然促进更多的研发外包 ………… 175
  8.4 总结 ………………………………………………………… 178

第9章 结论与进一步的研究 ……………………………………… 181

  9.1 基本结论 …………………………………………………… 181
  9.2 进一步的研究 ……………………………………………… 184

参考文献 ……………………………………………………………… 193

后 记 ………………………………………………………………… 217

当然,市场购入也会造成适应能力不强和签约支出过高的问题。但只要做到令行禁止,即使从外部市场购入,也可以有效地解决内部不适应的问题。……而在一般的情况下,只要双方看法始终保持一致,通过市场关系也可以实现相互适应。

——Williamson

第1章 导论

1.1 问题的提出

以生物医药产业为例，根据 Gans 和 Stern（2003），在 1997 年世界前 10 强的制药企业中有 7 个列于 1973 年制药企业的前 15 强之内，而其余 3 强也是在传统制药企业（而非新创的生物技术公司）的基础上发展而成的。这种在过去 25 年内并未发生太大变化的市场结构[①]使我们不禁要问，在小企业对产业内的在位企业所形成的"创造性破坏"日渐成为各个产业的重要现象时，[②] 为什么生物医药产业中制药企业的市场领导地位却可以长期地保持相

[①] 在生物医药产业的产业结构中，有 100 家（或更少）大型制药企业占据着全球 80% 以上的药品市场（转引自 Roijakkers 等，2005）。

[②] 根据 Foster 和 Kaplan（2001），在 1957 年构成标准普尔 500 指数（S&P 500）的 500 家公司到 1998 年有大约 85% 已不在该名单之中，而剩余的仍存在于该名单的约 15% 的公司（74 家）中也只有约 2% 的公司（12 家）其指数超出了 1957~1998 年的标准普尔指数的平均值。正是在这个意义上，鲍莫尔（2004）认为，在经济的关键部分，竞争的主要武器不是价格，而是创新。事实上，针对"创造性破坏"的问题，Schumpeter（熊彼特）（转引自鲍莫尔，2004）已给出了更具前瞻性的论断："在严肃的经济学理论中，价格变量已退出主导地位，……与教科书中所展现的画面有所不同的是，在资本主义现实中，……主要的竞争来自于新产品、新技术、新供给以及新的组织形式，……此外，主要的竞争还来自于拥有决定性的成本和质量的优势，这些竞争不是挤占现存企业的利润和产出，而是直指其基础和生命所在。"

对稳定？事实上，在生物医药产业中，制药企业与生物技术公司（新创企业）一直保持着良好的合作关系，这类合作关系对在位企业而言为研发外包，而对新创企业而言则为创意在技术市场中的出售，因此，如果我们以在位企业为主要参考点[①]来讨论上述合作关系，那么问题就可以进一步概括为，是何种因素导致了在位企业通过技术市场进行研发外包进而通过产品市场来巩固其市场领导地位？[②] 更明确地，在位企业通过技术市场进行研发外包（获取外部知识）从而形成创新[③]的内在机理是什么？对此，本书将通过文献综述以及相关的理论规范给予一个详尽的回答。[④]

在生物医药产业中，制药企业对生物技术公司的研发外包的确已成为一个相当普遍的现象。根据一项调查，整个生物医药产业在 1998 年有 18% 的企业研发基金用于外包（The Economist，1998）；R&D 杂志（2000）所进行的一项调查也显示，在 2000 年有 40% 的制药企业将其研发业务外包；而对于世界前 20 强的制药企业来说，在 2003 年其被许可的制药产品的销售额已高达 700 亿美元之多（这一销售额已占其总销售额的 25%，并且这一比例将会增加到 40%）（转引自 Bhattacharya 和 Guriev，2006）。在这种情况下，正

[①] 有关选择何者为主要参考点来完成全书讨论的问题，我们将在后文中作更明确的交代。

[②] 事实上，小到一个企业大到一个国家都需要利用（外部）技术资源来实现增长和发展，而对于后者而言，正如杰夫和勒纳（2007）在其书的开篇所指出的："在 19 世纪和 20 世纪的发展进程中，美国从一个穷乡僻壤般的殖民地发展成世界领先的经济和技术强国。这种演变的基础是系统化地开发和利用技术解决经济问题：最初在农业、交通、通信和产品制造方面，继而在健康护理、信息技术方面，最终发展到现代生活的每一个方面。"不仅如此，杰夫和勒纳（2007）在前言部分仍开宗明义地强调了这类问题："……半个世纪的经济和历史研究得出的一个压倒性的结论是，从长期来看，决定一个社会改善其满足这些需要的能力的速度的一个最重要的因素是技术创新。"

[③] 值得一提的是，由于 Schumpeter（1911）认为创新是生产工具重新组合的结果，而企业外部的知识对技术创新来说无疑也是一种重要的生产工具（本书所讨论的创新将更多地指向技术创新），因此技术创新本身就蕴含着研发外包的因素，换言之，研发外包也是企业技术创新的重要途径之一（对于创新的概念以及在研发外包的背景下如何理解创新，我们将着专文进行重点讨论）。

[④] 尽管 Gans 和 Stern（2003）从在位企业互补性资产的相对专用程度以及知识产权保护强度两个维度系统地考察了生物医药产业中研发外包的形成机理，但这一形成机理并不能对其他产业内研发外包日益增多的现象做出解释（见下文），因此我们有必要结合其他产业中的特征来系统地考察研发外包的形成机理。

如 Arora 和 Merges（2004）所认为的，研发外包已成为改进制药技术的纽带。① 事实上，研发外包逐渐增多的现象已不仅仅局限于生物医药产业，对所有产业的研发而言，其外包活动日益增加的趋势也表现得相当明显②：Birch（2003）对此的考察结论是，1997~2001 年，（所有产业中）研发外包市场平均每年的增长率为 14.6%；③ 而 R&D 杂志（2001）的一项预测是，未来（所有）研发活动的 25% 将通过合同由外部执行者完成。

在上述背景下，如果说生物医药产业中的研发外包尚得益于该产业内的强知识产权保护（措施），④ 那么为何在知识产权保护强度较弱的产业中（如半导体产业）也存在着研发外包日益增多的现象呢？⑤ 显然，在研发外包的过程中，必然存在着一系列的针对诸如由弱知识产权保护所引发的信息泄露的治理机制，而在这类治理机制的作用下，企业就完全有可能将研发诉诸于外部组织进行。需要说明的是，限制研发外包形成的各类成本要素还不仅仅

---

① Zucher 和 Darby（1997）以及 Zucher 等（1998）也认为，在生物技术尤其是处于早期开发阶段的生物技术飞速发展的背景下，使用外部的创新资源对在位企业而言已成为一个关键的机制。

② Linder 等（2003）的研究表明，对所有产业而言，平均有 45% 的创新都来自于企业外部——这一比例在生物医药产业和化工产业中表现为 30%，而对于某些零售企业，这一比例甚至达到了 90%。以具体企业而言，根据（Chesbrough, 2003），由于面临着多种破坏性因素，IBM 的封闭式创新模式已经逐步地让位于更为分散化，更关注外部资源的创新组织模式；根据 Engardio 和 Einhorn（2005），宝洁公司也正计划把获取于外部的产品创意比例从目前的 20% 增加到 2010 年的 50%。而事实上，也正是基于这类案例，Chesbrough（2003）将针对"不在此处发明"（Not Invented Here）的理解从最初的含义——如果一项技术不是在企业内部被创造出来的（例如，不是在此处被发明出来的），那么企业就无法保证这项技术的质量、功能和实用性，转变到了一个完全不同的新含义——企业在很多时候不需要内部研发，因为它们完全可以依靠外部资源有效地完成这类工作。

③ Howells（1999）特别考察了英国企业的研发外包情况：1985~1995 年，英国企业的研发外包规模增加了一倍，并且同期研发外包支出占总研发支出的比重从 5.5% 上升到了 10%。

④ 在 Gans 和 Stern（2003）看来，生物医药产业中的强知识产权保护以及制药企业所拥有的相对专用的互补性资产都决定着该产业内创意市场的形成：新创企业出售创意而在位企业进行研发外包（在第 8 章中，我们将对此作进一步的讨论）。不可否认，弱知识产权保护导致交易双方都有可能私占对方的知识，这将不利于在位企业进行研发外包。对此，Lai 等（2006）就认为，由于信息泄露，企业研发外包作为一种逐渐发展的外包形式仍未达到企业生产外包和一些服务外包（如法律服务和广告服务）的比重和规模。

⑤ Bhattacharya 和 Guriev（2006）就特别强调了其他产业中研发外包活动日趋增多的事实。

局限在由弱知识产权保护所引起的信息泄露（基于知识的非独占性）上，研发外包过程中交易各方签约的不完备性（关键因素）以及交易各方针对累积性创新（所付出努力）的不完全替代性（不兼容性）都会影响企业是否进行研发外包的决策（具体讨论见后面章节）。① 而事实上，以上讨论的合同的不完全性，知识的非独占性以及累积性创新的不完全替代性及其所引发的成本已经在很大程度上涵盖了不同产业中企业研发外包决策的影响因素。因此在这种情况下，我们的任务就在于寻求和构建治理上述不同类型研发外包成本的相关机制，以更明确地为研发外包活动日益增多的现象提供理论支持。

1.2 研究意义

尽管既有的文献对企业研发外包日趋增多的现象给出了不同的解释，但它们并未在考察成本治理机制的特殊视角下进行理论的规范。为此，本书将通过文献综述以及相关的模型建构尽可能地实现上述理论目的。另外，由于不同产业内纵向分解的趋势更多地体现在生产外包上，因此诸如 Gattai（2005），Spencer（2005）以及 Itoh（2006）等有关外包的文献综述只是依托

---

① 鉴于知识的非独占性以及累积性创新（努力）的不完全替代性都与创新的内涵有密切的关联，我们在本书研发外包的背景下就特别地将上述两种特征称作创新的关联特征。对此，我们有以下两个方面的依据：其一，鲍莫尔（2004）在讨论资本主义经济增长机制时就不止一次地强调了创新的这类典型特征。在他看来，由于创新具有众所周知的公共产品特征，因而会产生利益外溢。显然，创新的这一特征契合于我们所讨论的知识的非独占性。另外，尽管鲍莫尔并未讨论到累积性创新的不完全替代性问题，但他仍明确强调了创新的累积性特征。在这种情况下，上述定义无疑具有一定的合理性。其二，Schumpeter（1911）将创新分为五种类型：新产品、新工艺、新的组织形式、新的市场以及原材料的新来源。由于本书所讨论的创新更多地指向技术创新，因此这在很大程度上涵盖了上述新产品、新工艺等创新类型。在此背景下，我们在前文中所定义的创新的关联特征显然是上述创新类型所具备的（如新产品和新工艺显然存在着非独占性的特征），故我们完全有理由定义上述称谓。

组织经济学的不同理论分支对生产外包的相关文献进行了梳理,而有关针对研发外包的文献综述则至今尚未正式出现。在这种情况下,本书作为在研发外包文献综述基础上的理论研究,其作用不仅体现在理论规范上,还体现在对研发外包不同文献首次的系统整合上。当然,在理论规范和文献整合的过程中,我们仍需借鉴生产外包文献综述的方法论基础,即依托组织经济学的不同理论分支来实现在总体逻辑框架下针对不同问题的论证。然而,由于仅仅基于上述方法论的论述只是着力于论证生产外包的决策问题,并没有将研发外包背景下创新的关联特征以及针对这类特征的成本治理机制纳入考察的视野,因此这类理论论述并不能使研发外包特有的论证主题得以凸显,进而论述本身于研发外包的现实进展而言也就表现得相对乏力。为此,本书将试图在组织经济学的理论基础上,结合创新的关联特征,将有关研发外包的最新理论与实证文献以及在此基础上的拓展与建构整合于成本治理的视角之下进而形成一个逻辑一致的论述。①

1.3 研究的主要参考点

在进一步地显化本书所遵循的总体逻辑框架之前,我们有必要先明确以何者为主要参考点来展开对全书讨论的问题。事实上,由于针对研发外包的论证在一定程度上类似于针对开放式创新的论证,因而我们完全可以借鉴后者针对主要参考点选择的讨论。根据 Vanhaverbeke 和 Cloodt(2006)以及

---

① 不同于上述 Gattai(2005)等综述性文献,本书作为文献综述所强调的是封闭式经济条件下的研发外包问题,对于开放式经济条件下的研发外包问题,我们将留于以后作进一步的讨论(具体见第 9 章)。

West 等（2006），针对开放式创新，可以从以下不同的视角来展开讨论：个体层面、企业层面（组织层面）、双组织（Dyads）层面（如成对出现的技术需求方和技术供给方）、网络层面、产业层面（部门层面）、区域创新系统层面以及国家创新系统层面等。① 由于在针对开放式创新的既有文献中，有相当一部分文献（如 Chesbrough，2003）基于企业层面论证的理论和现实合理性都选择了以企业为主要参考点来展开讨论，② 因而作为对应，本书对企业研发外包中各类问题的论证也将选择企业为主要参考点。③ 然而，正如 West 等（2006）所认为的，针对开放式创新的实践与研究并不应仅限于企业层面。④ 为此我们将有可能在后面各节的具体讨论中将研究的视角拓展到双组织层面和产业层面上，但作为整体而言，各类产业中的在位企业仍是我们完成全文论证的主要参考点（这也是我们之所以将本书的标题称之为企业的研发外包的原因）。⑤

---

① 上述不同视角在很大程度上类似于经验的和理论的微观经济学中所可能采用的不同的分析单位，这包括：Weiss（1980）和 Stigler（1968）意义上的产业，Chandler（1977）意义上的厂商（企业），Williamson（1975）意义上的交易以及 Simon（1957）意义上的决策（转引自丹尼尔·F. 斯普尔伯，2002）。

② 正如 Vanhaverbeke（2006）所强调的，尽管开放式创新从定义上来看包含了同潜在合作伙伴进行合作的因素，但到目前为止开放式创新的论证框架仍是集中在企业层面而非网络层面，而之所以选择以企业为分析的主要参考点，是因为开放式创新通常被认为会对企业的底线产生影响并且开放式创新也正是以单个企业为集中点的商业模式为存在基础的。

③ Amit 和 Zott（2001）在论证商业模式的概念时也强调特定企业为商业模式的主要参考点。

④ 在这个意义上，我们完全还可以遵循丹尼尔·F. 斯普尔伯（2002）有关微观经济学中分析单位的进一步讨论："……但是，假如对单个厂商的分析仅仅是为了分析厂商差异做表面文章的话，意义并不大。要有意义，经济的研究需要发展和运用考察单个厂商的一般原理。对厂商的组织和市场的制度描述以及对厂商的制度描述成为我们研究重要问题的根本的数据资料。而我们所需要的是一个理论的框架来组织和诠释这些数据资料。"

⑤ 事实上，针对研发外包问题所采用的各视角之间并没有严格的界限（如针对研发竞赛背景下研发外包组织形式的论证就可被视为在产业层面上的论证），因而我们只是在总体意义上强调全书论证的主要参考点。

1.4 研究的逻辑框架

在上述讨论的基础上，我们可以总结出本书所采用的逻辑框架。企业研发外包的决策在很大程度上是在对研发外包各类成本考察的基础上进行的，而为更好地说明企业是否进行研发外包的问题以及在研发外包的情况下针对研发外包各类成本的治理机制，我们有必要在第 2 章中单独考察研发外包的成本特征（研发外包也确实有其独有的成本特征），这包括合同的不完全性、知识的非独占性与累积性创新的不完全替代性。

而基于对上述研发外包各类成本（特征）的考察，企业就可以选择是否进行研发外包：如果企业选择不进行研发外包，那么这种情况将对应着内部研发（这对应着组织经济学意义上的自制）；而如果企业选择进行研发外包（这对应着组织经济学意义上的外购），那么我们就需要进一步考察支持企业做出这一决策的相关机制。事实上，之所以在研发外包各类成本存在的背景下还选择进行研发外包，是因为企业可以依托针对上述研发外包各类成本的三种治理机制：研发外包的最优组织形式、① 研发外包中的最优合同设计以及公共政策层面和企业层面的知识产权保护措施。

我们将在第 3 章和第 4 章中更详细地讨论研发外包中的最优组织形式：第 3 章将从成本治理机制的视角通过一个论证结构对既有文献关于研发外包最优组织形式的讨论做出综述；第 4 章将在多渠道研发外包的背景下考察战

---

① 企业的研发外包一般而言都是通过特定的组织形式进行的，如英特尔、微软以及摩托罗拉等著名企业正是通过合资企业和战略联盟等组织形式来进行研发外包的，而根据 Subramanian（2004），1990~2002 年，作为研发外包组织形式的合资企业和战略联盟其数量每年都以 25% 的速度递增。

略联盟与一体化的比较进而战略联盟在何种条件下为针对合同不完全性的最优治理机制的问题,而这也将构成针对研发外包最优组织的考察中一个重要的理论模型。需要说明的是,为了更明确地论证这一问题,我们将在这两章中视企业的内部研发为研发外包最优组织的一种特殊形式。

由于企业在研发外包的过程中更多地采用战略联盟和保持距离型的合同这两种具体的组织形式,① 因而我们有必要在第 5 章、第 6 章和第 7 章中重点考察这两种组织形式下的最优合同设计问题。第 5 章将通过文献综述详细考察既有的合同设计是如何治理由合同的不完全性和知识的非独占性所引发的各类成本的,在论证的过程中,该章会内生地引出针对上述各类成本的知识产权保护措施与强度以及知识产权保护强度对研发外包关系形成的影响等问题;第 6 章将从研发外包中路径转移的视角考察控制权配置合同的设计——控制权将如何配置以更好地治理代理方将新的研发路径(若存在)转移给第三方的问题;鉴于在制药企业的研发外包中,终止权为控制权最为重要的形式之一,第 7 章将在先导化合物学术(商业)化程度的视角下着重考察终止权的配置问题,而也这将构成针对研发外包合同设计的考察中一个最具建构性的理论模型。

不仅如此,治理研发外包过程中各类成本的相关机制还包括公共政策层面上以及组织(企业)层面上的知识产权保护措施,而更重要的,尽管上述不同层面上的知识产权保护措施在一定程度上可以缓解企业研发外包过程中由知识的非独占性所引发的成本,但知识产权保护强度的增加并不一定就能够促进企业更多地进行研发外包,进而创新劳动并不一定能够实现有效的分工。为此,我们将在第 8 章中在创新劳动有效分工的视角下对这类问题做出详细考察。事实上,之所以对这部分内容作详细考察,其原因在于,既然 Stigler(转引自

---

① 仅仅对美国的生物医药产业而言,在 2000 年此类组织形式下的合作协议(在位医药企业同外部组织所签订的合作协议)就超过了 700 个(National Science Board,2000)。

Arora,2001)就曾预言产业内的劳动分工也可以应用到创新过程中,那么我们就有必要讨论作为治理机制的知识产权保护措施及强度是否能够促进更多的创新劳动有效分工意义上的研发外包(当然,我们对这部分内容的讨论在更多的意义上是在相关的背景下为未来针对此类问题的研究提供一个引子)。

最后,我们在第9章将简要地总结出本书的主要结论,由于针对研发外包的理论与实证研究还仅仅处于起步阶段,我们还有必要在第9章中更为详细地交代出有关研发外包的进一步研究方向。综上,我们可以采用图1-1来具体描述研发外包治理机制研究所遵循的逻辑框架。

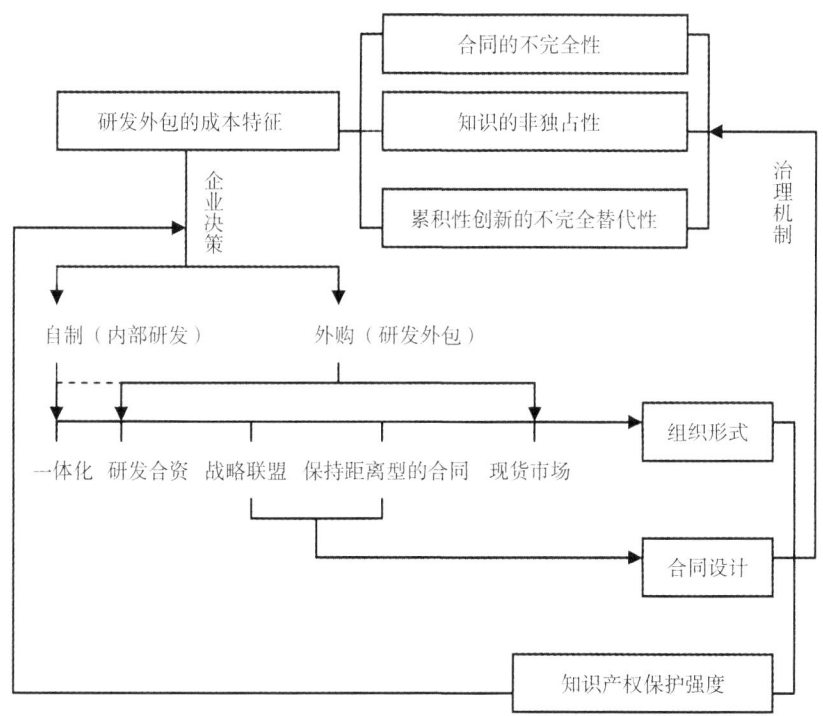

图1-1 本书的技术路线与逻辑框架

对于那些在市场中第一个商业化新产业或新工艺的创新企业而言,抱怨竞争者(模仿者)获得的利润比自己还多,是太正常不过的了。

——Teece

第 2 章　企业研发外包的成本

如果说企业研发外包过程中的自制和外购决策在很大程度上类似于生产外包中的此类决策，那么，研发外包的成本作为一个整体而言则是研发外包所独具的：企业研发外包的成本既不完全等同于主流微观经济学中由信息不对称问题所引起的委托代理成本，① 也与生产外包中的委托代理成本不尽相同，② 其独有的成本特征可以概括为合同的不完全性、知识的非独占性以及累积性创新（努力）的不完全替代性。③ 事实上，现实中研发外包中的成本往往表现为上述不同成本特征的多位一体，而研发外包的最优组织形式、研发外包中的最优合同设计以及公共政策层面和企业层面上的知识产权保护措施也正是在治理研发外包成本的基础上形成的。因此，为了更好地说明针对

---

① 企业内部研发也存在着企业与研发人员之间的信息不对称。换言之，尽管有相关的文献（如 Ambec 和 Poitevin，2001）着力于考察研发外包中的信息不对称问题，但由信息不对称所形成的成本特性并不是企业研发外包所特有的。

② 生产外包中的委托代理成本为广义的，它还包括搜寻与匹配成本（Grossman 和 Helpman，2002、2005；Spence，2005）以及组织成本（Antras 和 Helpman，2004）等。这类广义的成本类型也是研发外包所具备的。

③ 合同的不完全性、知识的非独占性以及累积性创新（努力）的不完全替代性等成本特征是由 Puga 和 Trefler（2002）在论证研发外包的最优组织形式（或企业的最优内部组织）时首先提出的。然而，尽管此类成本特征只是在 Puga 和 Trefler（2002）有关知识创造与控制的特定背景下被重点强调的，但由于它更多地涉猎到了创新背景下的多种概念并且作为一个整体而言有着相当的理论合理性与逻辑一致性，因而显然可以作为对研发外包成本特性的一种概括性的理论描述。为此，我们有必要在 Puga 和 Trefler（2002）的基础上对上述成本特征进行更广义的并旨在强调企业间（而非企业内）经济关联的理论拓展。

研发外包成本的各种治理机制，对上述各类成本特征进行规范意义上的理论概括显然是必要的。

2.1 合同的不完全性[①]

合同的不完全性构成了研发外包最主要的成本特征。[②] 为论证的方便起见，可以从两个层面上对合同的不完全性做出区分：其一，一般意义的合同不完全性；其二，创新背景下的合同不完全性。[③] 既有的文献在两种意义的不完全合同上都有论证。如 Guedj（2006）就可被视为在一般意义的合同不完全性上强调了研发外包的成本，此时合同的不完全性在很大程度上体现在对项目的终止上，其结果是使企业遭遇外部的类似"软预算约束"的成本。更具体地，对于制药企业的项目投资决策而言，当企业把一个需要进行多期投资的研发项目委派给企业外部的一个企业家（技术供应者）来执行时，企业家为了获取更大的私人收益（通过向其他企业显示其创意的价值），将会付出更多的努力。然而，企业家通过努力所获得的私人收益越大，那么就会力图保证此项目得到下一期的资助（甚至在净现值为负的情况下），而企业在事前就是否终止外包项目缺乏明确合同化规定的情况下，为了保证对企业

[①] 对合同的不完全性更为基础性的讨论，可参见费方域和李靖（2005）。

[②] 正如 Puga 和 Trefler（2002）所强调的，我们是在确认而不是在证明研发外包的背景下存在合同不完全性的问题。换言之，在研发外包的背景下，我们是在承认合同不完全性的基础上来讨论合同是如何不完全的，而对于不完全合同存在基础的讨论，可参见 Maskin 和 Tirole（1999）以及 Hart 和 Moore（1999）等。

[③] 尽管这两种意义上的合同不完全性在逻辑起源上是一致的（该逻辑起源在一般意义上的有关不完全合同的文献中以及有关生产外包的文献中都被不同程度地强调），但关于研发外包的既有文献大都特别强调了创新背景下的合同不完全性。而鉴于研发外包更多的是在创新的背景下发生的，我们有必要将后者单独列出并对其逻辑起源及其所引发的具体成本类型作重点强调。

家的事前激励，也愿意进行下一期的投资。在这种情况下，企业外包的项目很少受到企业现金流和企业中其他项目的影响，但项目最后的成功率却低于一体化投资的项目。

尽管如此，既有的关于研发外包的文献大都依托创新背景下的合同不完全性来论述研发外包的成本（Aghion 和 Tirole，1994；Fulghieri 和 Sevilir，2003；Lewis 和 Yao，2003；Robinson 和 Stuart，2004；Lerner 和 Malmendier，2005；等等）。在他们看来，构成合同不完全的因素在创新的背景下表现得最为明显：事前的不可描述性和事后的不可验证性等都会引发合同的不完全。其一，由于未来存在太多的相机情形不可预见，创新的确切性质在事前是无法描述的（事实上，代理方针对创新所作的努力本身在事前就不可描述）；[①] 其二，创新在事后的验证上对第三方而言也存在着很大的执行成本：与创新有关的委托代理双方所提交的"产品"质量对第三方来说更加不可证实，而这显然会导致创新在事后的不可验证性。基于此，企业在研发外包的过程中显然就会面临着由合同的不完全性所带来的各种成本，如合同的不完全性表现得越明显，企业所外包到的技术水平就越低；技术之间的互补性越大，企业在外包的过程中就越有可能依赖更为完全的合同，而一旦这一条件不能满足，企业也就只能外包到较低水平的技术（Acemoglu 等，2007）。[②] 不仅如此，对生物技术的外包而言，还存在着一种由合同的不完全性所引发的更具典型意义的成本表现形式。

在生物技术的研究过程中（尤其在生物技术项目的早期阶段），由于存在着高度的不确定性和复杂性，因而委托代理双方在事前无法规定创新的确

---

① Sabel（转引自 Puga 和 Trefler，2002）就特别强调，创新削减了完全合同的基础，因为知识创造是以不可预见的方式来影响产品和工艺的。

② 为了区别由知识的非独占性以及累积性创新的不完全替代性（这类成本特征事实上也是合同不完全性的进一步体现，见后文）所引发的成本，我们特别地将这类成本称为由狭义的合同不完全性所引发的成本，而有关这类成本的更具体的形式，我们还将在后文中作进一步的交代。

切性质，研究活动也就不能被完全合同化，此时研发外包中会出现一种很普遍的道德风险问题——项目交叉资助或项目替代（Lerner 和 Merges，1998；Azoulay，2004；Robinson 和 Stuart，2004；Lerner 和 Malmendier，2005；等等）。具体而言，代理方在进行委托方所要求的研发项目时，由于存在多重目标，代理方往往会利用委托方的资助来从事其他研发项目（其他代理方委托的项目或自我拥有的项目）。① 不仅如此，代理方还可能将事前合同中规定的参与项目的关键研发人员配置给其他研发项目。② 事实上，代理方（如生物技术公司）由于更加关注科学方面的声誉，其研究往往更具有学术导向性，而这显然会同委托方（如制药企业）的商业化导向相冲突。在此基础上，代理方就很有可能进行项目交叉资助；而由于自我拥有的产品的成功开发在股票市场中可以被视为自身管理能力的一种指标，因此代理方还有可能将委托方的资助用于自身开发的产品中。另外，如果代理方预期到被委托的项目不能被成功研发时，基于多方面的因素，他往往会倾向于较晚地披露这

---

① 体现在合同不完全性上的关键一点是，委托方在同代理方签订初始合同时，由于未来存在太多的或然性，代理方自身也不能明确是否能够成功地开发药品以及在开发后哪一种的药品更有获利前途。随着研究的进行，代理方可能利用各个项目之间的边界模糊性而进行交叉资助。此种类型的道德风险与其说来自于委托代理双方的信息不对称，毋宁说来自于研发外包中合同的不完全性。这是因为，由信息不对称所引起的道德风险中每种努力类型都是预设的，而上述类型的道德风险更依赖于自然状态的逐步实现。

② 尽管 Robinson 和 Stuart（2004）通过实证分析认为代理方针对关键研发人员的调离很难被确定为是一类很普遍的道德风险问题，但 Azoulay（2004）的实证分析无疑表明了研发外包中这类问题的严重性。Azoulay（2004）将制药企业的临床试验划分为两种类型：数据密集型和知识密集型。数据密集型的试验通常可分为一些简单的和易监控的任务，并且其产出情况可以被合同化，因此可以外包出去以利用高能激励效应；但对于知识密集型的试验而言，即使代理方承诺由老练的团队来完成该任务，制药企业也不太可能将这些试验外包出去，原因是知识密集型的试验由代理方执行时往往存在太多不可合同化的因素，从而委托方通常面临着代理方的"机会主义再配置"（Opportunistic Reassignment）风险（将老练的员工配置到其他项目中）。

一信息,① 这显然会使得代理方继续利用委托方对项目的资助来从事其他有利于代理方的研发项目。②③

2.2 知识的非独占性

除了上述意义上的合同不完全性外,在研发外包的背景下,知识的非独占性(Arrow,1962)也构成了一个主要的成本特征。在很大程度上,知识的非独占性(如由其所形成的知识外溢)仍是合同不完全性的体现(Arora 和 Merges,2000、2004),④ 而鉴于知识的非独占性是创新的关联特征的重要表现形式并在很大程度上将对研发外包背景下的相关机制形成重要影响,我们有必要单独强调这类成本特征。事实上,针对知识的非独占性及其在相关机制设计的基础性作用,既有的文献在理论规范上并未给予过多的关注。为此,Holmstrom 和 Roberts(1998)就认为,由于信息和知识能够产生有别于市场和企业的合同性问题和激励问题(信息和知识一直被认为不同于在市场中流通的一般商品和资产),故它们在组织设计中处于中心地位。然而奇怪的是,

---

① 根据 Lerner 和 Malmendier(2005),这些促使代理方较晚地披露上述信息的原因包括:其一,研究项目的增加会给代理方带来科学声誉;其二,公司创立者存在"创始人综合征"(公司创始人将坚持研发外包合同中所规定的代表其主要技术成就的生物技术要件,而一旦该项目终止,创始人将认为自己被边缘化而选择离开);其三,项目失败时研究者通常不愿面对项目被终止的现实;其四,研究者由于有着"建立王国"的偏好而宁愿拥有更多的项目。

② Gilsing 和 Nooteboom(2006)从委托方的角度给出了项目交叉资助的原因:对于生物技术,委托方往往只关心作为搜寻结果的显性化的知识,而对搜寻过程本身则不甚关心,其结果是委托方既不愿意(不需要)在认知方面进行专用性投资,也不愿意(不需要)同代理方建立信任机制。

③ 事实上,类似项目交叉资助的问题在企业内部也有所反映(如内部员工针对探索型任务和利用型任务的选择,具体可参见第 9 章中的进一步研究部分)。

④ 显然,基于知识非独占性的知识外溢,其合同的不完全性更多地体现在事后的不可验证性上。

有关企业边界的主流经济学理论几乎对组织中知识的作用视若无睹；Chesbrough（2006）也认为，尽管知识的丰富性至少自 Hayek（1945）起已人所共知，但这类洞见并未进入产业研发模型的门槛；而在针对企业间的协调机制（如企业合作的具体组织形式）的讨论中，Baker 等（2004）通过对从业者的访谈也发现类似的观点：诸如由专用性投资所引起的套牢以及针对收益的讨价还价所引起的投资不足等标准概念实际上都起着较小的作用，而信息外溢等因素却有可能对上述机制形成重要的影响。[1]

在这种情况下，我们需要首先关注知识的非独占性以及基于知识非独占性的知识外溢（信息泄露）在研发合作过程中的形成机理。一般而言，知识的外溢更多地归因于非披露性条款以及商业秘密法在现实中是很难执行的（Merges，1999；Motta 和 Roende，2002；Majewski 和 Williamson，2004；Subramanian，2005；等等）。一方面，在研发合作的过程中，相关方通常会签订非披露性条款以阻止双方所拥有的信息被泄露给第三方，然而，正如 Majewski 和 Williamson（2004）所强调的，一旦某一方违反了非披露性条款，法庭对这类诉讼的处理往往既不及时也不完善（基于此，合作双方很可能策略性

---

[1] Hart 和 Holmstrom（2002）也有着类似的观点："同时值得注意的是，那些从业者、组织咨询者以及其他非经济学领域（社会学和组织行为学）的组织研究者们都很少以资产所有权的方式来谈论企业。对于他们中的大多数而言，企业是由它所做的事情以及它所拥有的知识和能力所定义的。"

地利用法庭最后审理之前的时段进行后续的再谈判)。① 另一方面,研发合作双方在现实中也很难利用商业秘密法②来阻止一方私占另一方的知识,而在研发合作的过程中,双方的信息交流又是必需的,故此时双方对不愿披露的信息也就很难做到有效保护,从而双方的信息都有可能被对方所私占(法庭往往很难在保密的信息和已有的信息之间做出区分)。正是在这类意义上,Lai 等(2006)总结出了信息泄露的两种方式:其一,泄露方把信息出售给被泄露方的竞争对手;其二,泄露方直接进入被泄露方所在的行业,并作为一个被泄露方的竞争对手出现。③

显然,信息泄露在研发合作的过程中是双边的,而这实际上已将分析的视角拓展到了双组织层面和产业层面上。在这类视角下,知识的非独占性对技术(创意)供应方而言有着一种重要的表现形式——"阿罗悖论"(Arrow,1962)。"阿罗悖论"指的是创意的购买者在未获知该创意的具体内容

---

① 我们可以通过一个简单的模型来进一步地解释上述问题。考虑一个创意拥有者(S)和一个创意购买者(B),创意拥有者的创意价值为 V,它可以出售(许可)给 B,但随时可能遭受被 B 完全私占的风险,而一旦被 B 私占,该创意对 S 的价值将为零。假定私占行为已经发生,此时 S 可能通过诉讼来获取补偿(许可费),这类诉讼将为 S 和 B 分别带来 $c_S V$ 和 $c_B V$ 的成本,其中,$c_S + c_B < 1$。假定法庭支持非披露性条款的概率为 p,并且一旦支持,法庭将要求 B 支付 αV 的许可费给 S,因而当诉讼行为发生时,S 和 B 的期望净收益分别为 $p\alpha V - c_S V$ 和 $V - p\alpha V - c_B V$。显然,当法庭支持非披露性条款的概率为 $p < c_S/\alpha$ 时,S 将不进行诉讼(此时 B 得以无成本地私占并获取价值 V);当法庭支持非披露性条款的概率为 $p > (1 - c_B)/\alpha$ 时,B 将选择不进行私占(法庭的执行力很强);当法庭支持非披露性条款的概率为 $c_S/\alpha < p < (1 - c_B)/\alpha$ 时,双方将采用诉讼之外的方式解决。具体而言,由于后续的再谈判而不是诉讼将为双方节省 $(c_S + c_B) V$ 的成本,因而双方纳什谈判解的结果是:创意拥有者 S 获得 $p\alpha V - c_S V + \frac{1}{2}(c_B + c_S) V$ 的收益,创意购买者 B 获得 $V - p\alpha V - c_B V + \frac{1}{2}(c_B + c_B) V$ 的收益(S(B)的收益将随着法庭执行力的增加而增加(减少)),而这明显优于诉讼的结果。

② 商业秘密法在雇主—雇员的背景下实施起来可能并不太困难,但在研发外包的背景下却很难得以实施(Arora 和 Merges,2004)。

③ 在研发外包的相关文献中,一般假设代理方泄露委托方的信息,这显然是基于这样一种考虑,即将信息泄露假设为委托方在外包决策时所要权衡的关键(成本)因素之一(Lai 等,2006)。Arora 和 Merges(2004)模型化了委托方泄露代理方信息的情况,但即便如此,研发外包在效率意义上较之于无信息泄露的情况仍不太可能发生——信息泄露对研发外包而言总是有成本的。

之前不会购买，而在获知之后又不会对该创意做出偿付。由于这一悖论的形成直接来源于在弱知识产权保护的情况下可能发生的创意购买者对创意的私占，[①] 故此时创意拥有者或者可以威胁将创意披露给潜在购买者的竞争对手来获取创新租金（Anton 和 Yao，1994）；或者可以选择不在技术市场中出售创意，而是通过进入下游产品市场来获取创新租金（Gans 等，2002）。[②] 由于本书对有关研发外包的讨论更多地是以在位企业为主要参考点的，因而我们将主要关注代理方泄露委托方信息的情形。事实上，既有的很多文献都在这一视角下论证了这类成本对研发外包决策的影响：Puga 和 Trefler（2002）特别强调，当代理方对委托方知识的可占用性风险变大时，委托方宁可选择生产外包（不让代理方参与到创新过程中），也不选择研发外包；[③] Lai 等（2006）进一步将上述两种信息泄露的方式合而为一：信息泄露会降低委托方产品的市场占有率，其均衡结果是，当市场损失率较大时，研发外包将不太可能发生；Modica（2006）强调了研发外包过程中由信息共享所导致的信息外溢问题。由于信息共享是研发外包所必需的，为了阻止代理方背离委托方并将相关信息的价值占为己有，委托方将给予代理方一定的利润提成，而在多期研发外包合同中，委托方让代理方信息分享与利润分享的比率将依期渐次增加。

[①] 有关潜在的创意购买者对创意的私占问题，根据 Gans 和 Stern（2003），即便有着良好声誉的 Intel 公司也曾因可能的私占行为被一些企业（尤其是那些与 Intel 的核心微处理器业务直接相关的技术供应商）起诉。这在很大程度上印证了 Subramanian（2005b）的论断：不像私人风险资本更加关注财务收益，作为公司风险资本家的企业往往更加关注新创企业的技术。

[②] 在弱知识产权保护的情况下，这类解决方式显然类似于上述 Lai 等（2006）意义上信息泄露的两种方式，而在强知识产权保护的情况下，"阿罗悖论"将会自动解决。有关"阿罗悖论"的更进一步的讨论，可参见 Anton 和 Yao（2002，2004，2008）以及 Hellmann 和 Perotti（2007）。

[③] 实际上，即便在生产外包的情形下，代理方也有可能泄露委托方的信息。对此，Baccara（2007）给出了相关的论证。

2.3 累积性创新的不完全替代性

在研发外包中,具有创新关联特征的成本特征还体现在知识和技术的适应性上(Lai 等,2006)。事实上,Nelson 和 Winter(1982),Kogut 和 Zander(1992)就认为,在某一特定环境下所形成的知识或技术是隐形的(Polanyi,1966)并体现于组织惯例与企业能力之中,因此也就很难直接转移到其他背景中去。换言之,由于知识或技术对其他企业而言是异质的,其他企业对这些异质性知识或技术的获取就有着很大的转换和适应成本。[1] 在这种情况下,企业研发外包的过程在很大程度上也是对这类知识和技术的改进和适应的过程。鉴于上述知识和技术在一定意义上属于累积性创新而非突破性创新的范畴,[2] 我们可以将这类反映在研发外包背景下的成本特征概括为累积性创新的不完全替代性。[3] 在此定义下,上述意义的不完全替代性更多地是由现实

---

[1] Arora 等(2001)将隐性知识转移的成本归因于两点:其一,委托方和代理方在隐性知识上存在着很大的认知差距;其二,隐性知识的只可意会不可言传决定了知识转移对第三方来说是不可验证的,从而也是不完全合同化的。另外,Gilsing 和 Mooteboom(2006)认为,由于企业在研发外包过程中往往只关注显性化的知识,故企业并不需要对隐性知识在认知上进行专用性投资,而这显然也会构成隐性知识转移过程中的障碍。

[2] 现实中的很多创新都表现为累积性创新而非突破性创新。正如 Scotchmer(1991)所强调的,在高技术产业中,几乎所有的技术进步都建立在早期的技术创新之上;Blaug(转引自鲍莫尔,2004)也认为,创新很少是熊彼特所认为的巨大的突破,更多意义上是指在新工艺中的微小改进,或者是指在真正的创新与改进性模仿的相互转换中生产出的产品。而也正是在这类意义上,Rosenberg(转引自 Puga 和 Trefler,2005)将累积性创新视为现代经济增长中的无名英雄。

[3] 在累积性创新不完全替代的情况下,企业必须加强内部研发的潜在能力从而更有效地评估和吸纳外部的技术(Cohen 和 Levinthal,1989;Rosenberg,1990),而为了增强同外部技术提供者进行讨价还价的能力,企业也需要培养内部研发能力以充当一个有效的外部选择(Gans 和 Stern,2000)。事实上,上述意义上的内部研发能力可以为企业提供一个吸纳和评估外部技术的广阔视野(尤其在生物医药产业),而由此广阔视野所形成的企业定位也是创新劳动能够有效分工的原因之一(创新劳动能够有效分工并不仅仅是由于企业能够提供互补性资产)(McKelvey 和 Orsenigo,2004)。

中的客观因素造成的，而 Puga 和 Trefler（2002）则在技术适应性成本的基础上从委托代理双方的主观因素上拓展了累积性创新不完全替代的含义：当企业进行累积性创新并将一项研发业务外包给代理方时，代理方会按照自己所意愿的设计蓝图来进行相关的研发努力——这类设计蓝图显然对代理方来说成本最小，而由于上述设计很可能与企业潜在创新的其他配件不具有兼容性，因此也就会造成企业的研发外包成本。① 需要说明的是，由于后文更多地讨论针对由合同不完全性和知识非独占性引发的治理机制（针对由累积性创新不完全替代性所引发的成本，我们仅关注如何在组织形式上予以治理），我们在此将不对累积性创新的不完全替代性这类成本特征作进一步的讨论。②

2.4 总结：合同的不完全性可作为理论假设前提

在很大程度上，研发外包的成本来自于合同的不完全性，而知识的非独占性与累积性创新的不完全替代性是合同的不完全性在创新关联特征上的进一步体现（显然，这类意义上的合同不完全性可视为广义的合同不完全性）。因此，如果存在一个包含所有未来或然状况的完全合同，那么上述研发外包的成本就可以最大限度地得以消除。然而现实的情形是，研发外包合同的事前设计和事后执行过程都表现出明显的不可描述性和不可验证性，以致很多

---

① 当然，委托方所意愿的设计蓝图（这类蓝图对委托方来说成本最小）也会给代理方带来成本。为此，双方的设计蓝图进而研发努力也就存在着不完全替代性，而正是在这个意义上，Puga 和 Trefler（2002）将研发外包中的这种不兼容性称之为累积性创新努力的不完全替代性。

② 有关不完全替代背景下双方的道德风险及其机制设计问题的更多讨论，可参见 Arora 等（2001）。

情况下委托代理双方在具体的合同性规定中只能在形式上对很多道德风险行为做出一些泛泛的约束（如 Robinson 和 Stuart（2004）所表明的，针对项目交叉资助问题，很多合同性条款只能规定，代理方在研发努力的付出上要对包括其他委托方项目在内的各个项目一视同仁）。基于此，一个特别值得强调的理论现象是，既有的有关研发外包的理论与实证文献无论依托于组织经济学的何种理论分支，都将合同的不完全性视作一项基本的理论假设前提。[①]正是在上述背景下，合同的不完全性促使我们寻找规范意义上的相关机制设计以最大可能地消除企业研发外包过程的各类成本，而这事实上也将成为本书下面几章所要聚焦的问题。

[①] 以 Puga 和 Trefler（2002）以及 Lai 等（2006）为例，尽管它们都是依托于作为授权（委托代理）的企业理论来展开对研发外包的模型化论证的，但同时也都将合同的不完全性作为一项重要的前提假设：前者的合同不完全性主要体现在知识创造上，后者的合同不完全性主要体现在信息泄露上。

虽然组织形态多样化的长期存在表明，对于所有交易来说并不存在唯一的最优组织形态，但是以某种方式组织起来而不是通过另一种方式组织起来所带来的优势并不是不证自明的：不论由哪一种组织安排来治理交易，通过合作都能得到收益。只要能从交易中获得收益，交易各方都有激励去谈判以实现这一收益。

——斯科特·E. 马斯腾

第3章 企业研发外包的最优组织形式

3.1 研发外包最优组织形式的论证结构

从某种意义上说,企业是否研发外包以及采用何种组织形式是企业在缓解各类成本的过程中研发的最优组织问题,而研发最优组织问题的逻辑起点仍是经典的自制或外购的问题。在此基础上,企业研发外包的具体组织形式是企业研发在自制或外购决策问题上的拓展与细化。① 事实上,自 Coase (1937) 以来,自制或外购的决策问题一直是交易成本经济学学派(Klien、Crawford 和 Alichian,1978;Williamson,1975、1979、1985)和不完全合同理论学派(Grossman 和 Hart,1986;Hart 和 Moore,1990;Hart,1995)所论证的主题。既有的关于生产外包的理论与实证文献对外包决策的论证也大

---

① West(2006)在论证开放式创新的概念(其与研发外包的概念有很多类似之处)时就认为,开放式创新旨在探索包括企业内部创新来源和企业外部创新来源在内的所有的创新机会,因而开放式创新的主旨也就不仅仅局限于寻求企业外部的研发来源——企业内部的研发来源对于开放式创新来说显然也是不可或缺的。在此意义上,为了更方便地论证企业研发外包的最优组织形式,我们在本章中也将内部研发视为研发外包一种特殊的组织形式。

都是在这一主题下（针对外包的成本）进行的①：如 Antras（2005）强调的是生产外包的过程中可能引起的被套牢的成本是如何影响组织形式的。当委托方所面临的潜在套牢问题很严重时，一体化生产是最优的；而在产品周期的最后阶段，此类套牢问题减轻时，外包是最优的。

为了与上述生产外包中自制或外购决策的论证主题相一致并更好地探讨组织形式在治理研发外包各类成本中的作用，我们仍有必要在组织经济学的意义上遵循两类企业理论的逻辑框架来展开对研发外包最优组织形式的论证：作为不完全合同与产权的企业理论以及作为授权（委托代理）的企业理论。②然而，与生产外包组织形式的论证情形不尽相同的是，在研发外包最优组织形式的形成过程中既有的文献往往突出了一个重要的影响因素：外部研发单位的财富约束，这一问题使得企业研发外包的组织形式与外部研发单位的融资结构（企业与第三方对外部研发单位的资助结构）联系在了一起。③ 不仅如此，创新的关联特征作为影响因素会嵌在上述理论关于最优组织形式的演绎之中，这将使得有关研发外包基于自制或外购的最优组织决策超越了简单的一体化与非一体化的问题，从而研发外包的最优组织形式也就表现有多重、杂合（hybrids）与梯度的特征。因此，尽管研发外包的最优组织形式根源于企业的自制或外购决策，但研发外包的最优组织问题却具有生产外包的最优组织问题所不具备的丰富内容。在这种情况下，为了更好地使得有关研发外

---

① 针对这一论证主题，Gattai（2005），Spencer（2005）以及 Itoh（2006）等所进行的关于跨国生产外包的文献综述在很大程度上都依托了更广意义上的三种企业理论分支来完成论证：作为不完全合同与产权的企业理论（Gorssman 和 Hart，1986；Hart 和 Moore，1990；等等），作为激励系统的企业理论（Holmstrom 和 Milgrom，1994 等）以及作为授权（委托代理）的企业理论（Aghion 和 Tirole，1997 等）。

② 不同于生产外包中存在着有关依托作为激励系统的企业理论的文献（如 Grossman 和 Helpman，2004 等），在研发外包中，尚没有直接以作为激励系统的企业理论为依托来展开对最优组织形式的论证的文献。在此情况下，我们在本章中只依托另外两类企业理论的分支来进行文献评述。

③ 显然，这类联系是具有重要意义的，因为它巧妙地将研发外包的基本理论与金融理论结合了起来，从而使得针对研发外包的研究可以朝着更深更广的层面发展。

包最优组织形式的论证内容得以显性化，我们有必要遵循图3-1所示的框架来展开讨论。①

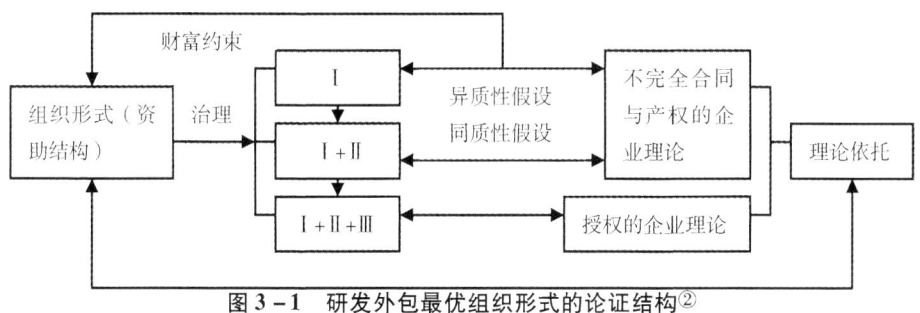

图3-1　研发外包最优组织形式的论证结构②

3.2　不完全合同与产权理论框架下的最优组织形式

3.2.1　异质性假设下的最优组织形式

在治理由合同的不完全性所引发的成本的过程中，既有的很多文献在很

---

①　随着下文对组织形式论证的深入进行，我们将对图3-1所代表的具体含义做出更明确的解释。需要首先说明的是，作为研发外包成本治理机制的最优组织形式，其治理对象（研发外包中各类具体成本）是依次递进的（尽管在针对仅由狭义的合同不完全性所引发的成本的治理中，研发单位的财富约束问题将与该治理对象一起对治理机制（最优组织形式）产生影响，但这并不妨碍我们此时关于治理对象的单一性假设）。

②　图3-1中Ⅰ、Ⅱ、Ⅲ分别代表合同的不完全性、知识的非独占性与累积性创新的不完全替代性。

大程度上假定企业与外部研发单位在结构上是异质的,[①] 因而作为针对上述成本治理机制的组织形式,其形成过程不仅会受到相关方投资的边际效率的影响,而且最终还可能会受到外部研发单位财富约束的影响。基于这类认识,在不完全合同与产权的理论框架下,Aghion 和 Tirole(1994)率先打开了"创新的黑箱":创新的确切性质在事前是不可合同化的,此时组织问题的关键就在于哪一方在事前拥有对创新的产权(完整意义上的创新产权在两者之间如何分配)。[②] 如果研发单位的研发努力相对于创新购买者(企业)的资金投入有着更高的边际效率,那么研发单位拥有对创新的产权是最优的。[③] 然而,能否达到最优的组织形式还要依赖于双方事前的相对谈判力。当研发单

[①] 本书所强调的相关方在结构上的异质性假设其关键在于企业(一方)不存在财富约束问题,而研发单位(另一方)存在财富约束问题;而在后文中所强调的双方在结构上的同质性假设则更多地表现在相关方都不存在财富约束问题,从而在这个意义上为了实现有效的组织形式,双方可以相互转移支付[当然,在同质性假设的条件下,由于存在(知识)结构上的相似性,双方都可以为实现共同的收益而贡献自身所拥有的知识(Lerner 和 Merges(1998)以及 Lerner 等(2003)都强调了这一点)]。

[②] 此类简单意义上创新产权的分配只是涉及完整创新产权的分配问题,而不涉及创新产权中具体控制权的分割与分配问题。在通常意义上,创新购买者(企业)对创新拥有产权是通过拥有整个外部研发单位进行的(企业通过内部研发的方式获得创新),而外部研发单位对创新拥有产权则表现为外部研发单位是一个独立的企业(企业通过外购的方式获取创新)。因而,创新购买者是否对创新拥有产权可以化约为经典的关于研发的自制或外购的决策问题。事实上,如上所述,更为复杂的组织形式也都是企业研发在自制或外购决策问题上的拓展与细化。

[③] 在研发外包的背景下,尽管 Lerner 和 Merges(1998)通过实证分析强调的是研发单位所拥有的财富状况对创新产权配置的深刻影响,但如何在 Grossman 和 Hart(1986)意义上激励相关方对创新的实现做出更多的关系专用性投资仍是有关创新产权配置的首要考虑因素,在此,我们可以套用 Merges(1999)关于内部研发管理的评论:一部企业研发管理的历史就是一部试图寻求正确激励方式的历史。

位拥有较强的事前谈判力时,最优创新产权的分配总是能够得以实现;① 而当创新购买者(企业)拥有较强的事前谈判力时,由于研发单位面临财富约束而不能以转移支付换取对创新的产权,此时创新产权的分配则很可能导致无效率的出现,② 而为了尽可能地缓解上述无效率的研发组织问题进而实现组织形式的优化,研发单位进行外部融资往往是必要的。③

Aghion 和 Tirole(1994)对研发外包最优组织形式的论证在更多意义上是奠基性的,它至少有以下几点启示意义:其一,创新活动中的不完全合同化使得不完全合同与产权的理论分析框架尤为适合于论证研发外包的最优组

---

① 在研发单位拥有事前谈判力的情况下,如果研发单位拥有创新的产权是有效的,那么创新的产权当然为研发单位所拥有;而如果企业拥有创新的产权是有效的,那么研发单位会通过换取一定的转移支付而使得企业拥有该创新的产权。显然,由于企业不存在财富约束问题,此时科斯意义上的最优创新产权配置总是能够达成。事实上,如果研发单位的事前谈判力仅仅来源于研发单位所拥有的对创新的初始产权(如 Fulghieri 和 Sevilir(2003)所认为的)而企业又不存在财富约束问题,那么在这种背景下科斯定理完全适用(不考虑谈判成本):关于创新产权的最优配置总是能够达成,从而最优的组织形式也总是能够实现。进一步而言,在上述条件满足的情况下,仅仅研发单位的财富约束问题并不构成研发最优组织的限制因素(我们将在后文中对此作进一步的讨论)。

② 在企业拥有事前谈判力的情况下,研发单位是否存在财富约束问题在很大程度上将会影响研发最优组织的能否实现(Lerner 和 Merges(1998)通过实证分析验证了这一理论:针对外部研发单位的控制权的配置将随着其金融健康程度的增加而增加),因而在这种情况下,同合同的不完全性问题一起,研发单位的财富约束问题可能也是最终影响研发外包最优组织形式的重要因素(事实上,Aghion 和 Bolton(1992)就率先将财富约束问题与合同的不完全性问题相结合讨论了企业间的控制权配置以及融资结构等相关议题)。

③ 在 Aghion 和 Tirole(1994)看来,由于无效率组织形式的出现(一体化)通常发生在企业拥有事前谈判力的情况下,因而此时企业完全有可能依托事前谈判力并基于自身的剩余(与一体化的情形相比较)来选择企业与第三方(如私人风险资本家等)共同资助研发单位情况下非一体化的组织形式(更进一步的讨论见下文)。从这个意义上讲,组织形式的优化(进而研发的最优组织)是在企业的视角下进行的。然而值得强调的是,尽管 Aghion 和 Tirole(1994)在企业的视角下讨论了共同资助外部研发单位的问题而并未在研发单位的视角下强调研发单位通过外部融资缓解其财富约束进而实现研发最优组织的问题,但后者作为研发外包的重要理论问题之一无疑潜在于针对前者的分析之中。事实上,Elfenbein 和 Lerner(2003)以及 Lerner 等(2003)都在 Aghion 和 Tirole(1994)的基础上强调了这一潜在的理论问题并对之进行了实证分析。就 Lerner 等(2003)而言,当外部研发单位面临财富约束时,企业拥有更多的控制权,此时研发项目的成功率通常会较低。而一旦外部研发单位通过 IPO 等融资方式缓解了财富约束问题,它将会随即与企业进行再谈判以寻求配置更多的控制权(此时 Aghion 和 Tirole(1994)意义上的创新产权被分割为多个控制权形态),此后研发项目成功的概率通常会变大(这显然意味着组织形式的优化)。

织问题。其二，外部研发单位的边际生产率水平在很大程度上决定着研发的最优组织形式。其三，外部研发单位的财富约束问题在一定程度上也会阻止研发最优组织的形成。不仅如此，Aghion 和 Tirole（1994）在异质性假设的条件下还为研发外包的最优组织形式的论证提供了一个潜在的逻辑框架：创新过程中合同的不完全性使得剩余控制权体现在对创新的产权上，创新的产权在最优组织形式上又表现为研发是通过一体化还是通过非一体化进行。当最优组织形式（往往表现为非一体化）由于研发单位的财富约束而不能达到时，企业基于自身的剩余或者选择研发单位无外部融资情况的一体化，或者选择研发单位有外部融资情况的非一体化，而在研发单位外部融资的过程中，企业通常会伴随着私人风险资本来共同资助外部研发单位从而形成最优的资助结构，此时企业的资助是以提供公司风险资本（Corporate Venture Capital）的方式进行的。

循着上述几点启示意义，Fulghieri 和 Sevilir（2003）通过考察两对创新购买者（企业）与研发单位在特定产业内的研发竞赛，从空间维度上拓展了 Aghion 和 Tirole（1994）并着力论证了企业在研发单位存在财富约束时的最优组织结构与最优资助结构（针对这类最优组织问题的论证显然也可被视为在产业层面上的论证）。当研发单位存在财富约束问题时，研发单位可以通过外部融资的方式形成转移支付来换取对创新的产权，此时最优的组织结构与资助结构以外部研发单位相对于企业的边际生产率水平而定：当外部研发单位的相对边际生产率水平很小时，企业研发以一体化的方式进行；当外部研发单位的相对边际生产率水平变大时，研发单位可以通过外部融资来实现对产权的转移，因而最优的组织形式可能由一体化变为非一体化。在非一体化的组织形式下，最优的资助结构表现为，在相对边际生产率水平变大的过程中，研发单位外部融资的程度将逐渐减少，而企业为研发单位提供的资助

第 3 章 企业研发外包的最优组织形式

在此过程中是逐渐增加的。①② 事实上,当外部研发单位的相对边际生产率水平达到一定的程度后,企业将为之提供完全的资助。③

---

① 如上所述,企业为外部研发单位提供资助是以公司风险资本的方式进行的,因而在这个意义上,公司风险资本与私人风险资本在资助研发单位时是相互替代的:由于外部研发单位逐渐增大的边际生产率,公司风险资本的增加能够降低私人风险资本在研发单位的股权份额,从而也就能够提高研发单位的事前投资水平。事实上,公司风险资本与私人风险资本相互替代的命题在很多关于研发单位融资的文献中都有阐述。Anand 和 Galetovic(2000)将研发周期细分为研究阶段和开发阶段,研究成本的降低以及资助者对研究成果的控制概率的增加(也即独占性的增大)都会使得研究阶段更多地由私人风险资本资助,而开发阶段则更多地由公司风险资本资助。Robinson 和 Stuart(2004)关于研发单位融资结构的实证分析也表明,私人风险资本在研发周期的较早阶段占有更大的比重,而公司风险资本在研发周期的较晚阶段占有更大的比重。Hellmann(2002)则是从外部研发单位与企业自身业务之间的互补程度来论证融资结构的:当两者之间存在互补性时,外部研发单位仅由公司风险资本资助;当两者之间具有不强(很强)的替代性从而对企业现有业务威胁不大(很大)时,外部研发单位由私人风险资本资助(由公司风险资本与私人风险资本共同资助)。Subramanian(2006)则基于专利保护强度与互补性资产的相对通用程度两个维度系统地考察了研发单位的融资来源问题,而 Masulis 和 Nahata(2007)则从研发单位对创新租金保护的角度(提供公司风险资本的企业可能会同研发单位形成竞争)在实证层面上考察了不同风险资本类型对研发单位的资助结构及其股权与董事会权力的配置问题。鉴于目前研发单位的融资问题已成为一个日益活跃的研究领域(如 Branscomb 和 Auerswald(2003)就以宏大篇幅全面地考察了研发单位的融资结构),进一步的评述与论证尚需要著另文进行。

② 在研发单位外部融资的过程中,上述最优的资助结构与研发单位的相对边际生产率的对应关系事实上根源于企业对通过提供公司资本所产生的各种不同效应的最优权衡,因而在此我们有必要对后者作一说明。Aghion 和 Tirole(1994)意义上企业针对研发单位的公司风险资本的提供通常会产生两种效应:激励效应与租金榨取效应。就激励效应而言,企业为研发单位所提供的公司风险资本越多(相应地,研发单位所获得的剩余份额由于较少的外部股权稀释也会随之增加),研发单位的事前投资激励越大进而企业由此所获得的剩余也就越多;就租金榨取效应而言,企业为外部研发单位所提供的公司风险资本越多,企业在共同资助中所承担的投资份额也就越大,进而其可能榨取的租金也就越少。在此基础上,公司风险资本的最优数量进而最优的资助结构也就取决于上述两种效应的最优权衡。然而,在 Fulghieri 和 Sevilir(2003)意义上存在研发竞赛的情况下,由于企业对研发单位提供公司风险的过程还将伴随有策略效应——公司风险资本的增加可以提高企业与研发单位的事前总投资进而又可以阻止竞争对手的研发总投资(具体形成机理见下文),因而此时公司风险资本的最优数量进而最优的资助结构也就取决于以上三种效应的最优权衡。

③ 这种情况在另一个层面上对应着研发竞争强度的加大,故进一步的解释是,当企业所遭遇的外部竞争压力很大(如处于研发周期的较晚阶段)时,如果研发单位的相对边际生产率水平很高,那么企业宁愿与研发单位结成"战略联盟"——同意研发单位的非一体化并为之提供完全的资助(企业此时存在策略性的考量,具体讨论可参见下文)。因此,在这个意义上,竞争强度与研发单位的相对边际生产率水平共同决定着研发的最优组织结构与最优资助结构。在此值得注意的是,在研发单位拥有事前谈判力的情况下,最优组织形式是效率意义上合意的组织结构(此时通常不涉及资助结构),而在企业拥有事前谈判力的情况下,最优的组织形式(非一体化)与资助结构通常只是对企业而言合意的组织形式与资助结构。

值得强调的是，Fulghieri 和 Sevilir（2003）在企业与外部研发单位异质性条件以及存在研发竞赛的条件下还进一步地显化了 Aghion 和 Tirole（1994）有关企业与私人风险资本共同资助外部研发单位的问题。具体而言，由于私人风险资本家在研发单位中所拥有的股权是可合同化的（不会面临着事后的再谈判），因而他也就可以根据这一可合同化的股权来索取事后的剩余；而公司风险资本家（企业）对外部研发单位的任何资助所形成的基于股权的分配都将面临事后的再谈判（即便事前可列入合同），从而也就不能依据该股权来索取事后的剩余。[①] 更进一步，通过私人风险资本融资显然会影响研发单位的事前投资激励，而通过公司风险资本不会对研发单位的事前投资激励产生任何负面的影响——这正是 Agion 和 Tirole（1994）意义上关于企业对研发单位投资的"无关性论断"（Irrelevance Argument）。在此基础上，企业就可以策略性地运用公司风险资本来控制外部研发单位的事前投资水平。[②] 事实上，上述在企业的视角下所讨论的激励效应以及策略效应的具体形成机理就根源于这一策略性的考量。[③] 比如，就研发竞赛情形下的策略效应而言，当私人风险资本在研发单位拥有很大的股权从而影响研发单位的投资激励时，企业可以通过公司风险资本的提供来降低私人风险资本的股权份额，从而也就可以策略性地提高研发单位的投资激励以阻止竞争对手的研发总投资，而这也是随着外部竞争强度的加大企业愿意为外部研发单位提供更多公司风险

[①] 在此意义上，Anand 和 Galetovic（2000）也强调了公司风险资本较之于私人风险资本在利润分享层面的不完全合同化。

[②] 尽管 Aghion 和 Tirole（1994）认为上述"无关性论断"只适用于仅仅存在企业与研发单位两方的情况并强调企业与第三方对外部研发单位进行联合资助就可以增加企业的剩余，但如果我们遵循 Fulghieri 和 Sevilir（2003），将企业对研发单位的资助与私人风险资本家对第三方的资助作区别对待并应用其各自的特征以及由此形成的策略意义，那么 Ahion 和 Tirole（1994）意义上的"无关性论断"则显然可以纳入到存在第三方加入的背景之下进行讨论。

[③] 当然，企业在此策略意义上的公司风险资本的提供仍是旨在增加其自身的剩余。而从更广义的策略意义上讲，企业对外部研发单位的投资并非仅仅基于财务收益，在很多情况下还存在着非财务性收益的考量（Gompers 和 Lerner，1998；Chesbrough，2002；Hellmann，2002）。

第 3 章 企业研发外包的最优组织形式

资本的原因之一。[①]

尽管 Fulghieri 和 Sevilir（2003）在空间维度上拓展了研发的最优组织形式并提供了一个崭新的视角——当研发单位的边际生产率水平较大时，研发竞争强度的加大使企业倾向于选择非一体化的组织形式并与私人风险资本一起共同资助研发单位以形成合意的资助结构，但不可否认的是，Fulghieri 和 Sevilir（2003）仅仅是对 Aghion 和 Tirole（1994）做出空间上的延展，并没有结合合同的不完全性将创新的关联特征（更多地表现在知识的非独占性）与研发单位的财富约束问题等纳入理论的考察视野来进一步讨论研发外包的最优组织形式。对此，Bhattacharya 和 Guriev（2006，2007）则提供了一个更具包容性的论证。在他们看来，企业可以通过两种组织形式从外部研发单位获取知识：开放式和封闭式。在基于专利的开放式组织形式下，外部研发单位只将相关知识许可给企业，但企业会面临着由于存在知识的公开泄露而引起的企业利润的损失；而在基于商业机密的封闭式组织形式下，尽管不存在知识的公开泄露，但外部研发单位可能会秘密地将知识产权再许可给企业的竞争对手（类似于 Fulghieri 和 Sevilir（2003），这将导致两个下游企业之间的竞争），此时企业会提高研发单位的收益分享比率来阻止其进行再许可。

在此基础上，最优组织形式的选择将依赖于上述两种组织形式下总剩余的相对比较。然而，由于研发单位面临财富约束，无效率的组织形式可能会

[①] 在这个意义上，研发外包背景下公司风险资本与私人风险资本共同资助研发单位的问题显然超越了研发单位仅仅通过私人风险资本来获取外部资金的问题（有关后者的讨论可参见 Kaplan 和 Stromberg（2003）），而鉴于前者较之于后者有着更为丰富的理论内涵，故对这一理论内涵进行更深层次的剖析与拓展无疑是未来针对研发外包研究一个重要的理论方向（在理论深化的过程中，Aghion 和 Tirole（1994）以及 Anand 和 Galetovic（2000）所强调的公司风险资本意义上的合同不完全性显然可视为一个有效的理论切入点）。

出现。① 比如，最优的组织形式为封闭式的，但企业基于本身的剩余却愿意选择开放式的组织形式，由于外部研发单位面临财富约束，最优的组织形式将不可能达成。此时，可以通过双方在事前约定的两种情形来考察是否可能实现（事中）组织形式的最优：其一，在外部研发单位完全独立的情形下，它将通过诉诸私人风险资本并通过转让风险资本家一定的收益分享比率来解决财富约束问题，因而（事中）最优的组织形式可以通过外部研发单位对企业的转移支付来达成。其二，在企业对研发单位进行公司风险投资（Corporate Venturing）的情形下，由于研发单位将受到企业的资助并为之放弃一定的控制权，而该控制权又体现在企业不允许研发单位诉诸私人风险资本进行融资，② 因而此时（事中）最优的组织形式通常不能够实现。③ 显然，Bhattacharya 和 Guriev（2006，2007）在异质性假设条件下拓展了对研发外包最优组织形式的分析，这不仅体现在其在合同不完全性的前提下更好地将研发单

---

① 事实上，由于 Bhattacharya 和 Guriev（2006，2007）考察了事前、事中与事后三个时段，而组织形式的选择是在事中阶段才考虑的，因此组织形式是否达到最优显然是基于事中阶段而言的。然而，正如 Bhattacharya 和 Guriev（2007）所强调的，如果考虑事前研发单位针对研究的投资，那么事中有（无）效率的组织形式在事前可能未必有（无）效率。为了简化分析，我们在文中强调的财富约束以及组织形式的有效性问题也是基于事中阶段而言的。

② 从严格意义上讲，公司风险企业投资（Corporate Venturing）与公司风险资本（Corporate Venture Capital）是两个不同的概念，其区别在于前者所投资的对象通常为内部企业（Internal Ventures）（该内部企业虽然相对于公司核心业务部门而言有着更大的组织自主性，但在法律意义上仍隶属于投资公司），而后者所投资的对象为外部独立的新创企业（Start - ups）（Chesbrough，2002）。值得注意的是，上述所谓的内部企业在现实含义上更接近于剥离企业（Spin - offs）（关于内部企业、新建企业以及剥离企业的概念区分，可参见 Anton 和 Yao（1995），Cassiman 和 Ueda（2006）以及 Hellmann（2007b）），但无论如何，由于 Bhattacharya 和 Guriev（2006）强调了外部研发单位需要对企业放弃一定的控制权，因而此时企业对研发单位的投资（如果存在的话）只能称作公司风险企业投资（关于作为剥离意义的公司风险企业（Corporate Ventures）的更多讨论，可参见 Chesbrough（2000））。

③ 这在很大程度上印证了 Aghion 和 Tirole（1994）的论断：由于企业拥有谈判力（表现在控制权上）而研发单位又存在财富约束问题，故（事中）有效的组织形式就很难实现。在具体的组织形式上，上述无效率的情况表现为企业将采用开放式而非（有效的）封闭式的组织形式（在这个意义上，公司风险投资将更多地与（事中）创新的专利化联系在一起）。然而不得不强调的是，由于企业的控制权将使得研发单位做出更多的事前研究投资，因此上述开放式的组织形式在事前未必就是无效的，更进一步而言，由于研发单位事前更多的研究投资可以缓解事中的财富约束问题，事中有效的组织形式（封闭式）还有可能得以实现。

位的财富约束问题以及潜在的研发竞赛问题结合进了对组织形式的论证之中，而且还体现在其论证过程本身就一直强调知识的非独占性对最优组织形式的影响（将非一体化的组织形式划分为开放式与封闭式本身就意味着知识的非独占性），这无疑会使得我们将讨论的重点更多地转向另一个重要议题：何种组织形式可以更有效地治理由知识的非独占性所引发的研发外包成本。①②

3.2.2 同质性假设下的最优组织形式

事实上，在上述最优组织形式的论证过程中，企业研发的最优组织结构之所以会伴随有企业对外部研发单位的最优资助，是因为企业和研发单位一直被假定为异质的：不同于作为创意（发明）购买者的企业，研发单位通常会面临着财富约束。Rosenkranz 和 Schmitz（1999，2003）则突破了这一异质性假设，进而考察了两个同质企业之间研发的最优组织形式。在他们看来，不同于 Grossman 和 Hart（1986）意义上具有排他性的物质资产，与研发最优组织紧密相关的重要资产往往表现为对合作双方而言具有公共物品性质的知识资产（如专利等）。为此，针对这类资产的控制权结构不仅体现在纵向的

---

① 值得注意的是，上述我们所讨论的 Aghion 和 Tirole（1994）等文献之所以没有发掘更多的诸如知识的非独占性等与创新相关联的影响组织形式的因素（由此所导致的组织内容也就不能完全涵盖理论和现实中更复杂的研发外包的组织形式），其原因在很大程度上可归结为产业间知识产权保护强度的差异（毕竟特定产业或部门中的一个常见特征即是企业对知识的独占程度（West 等，2006））：一般而言，由于在生物医药产业中，知识产权保护强度很大从而也就无所谓知识的非独占性问题；而在半导体和电子等产业中，知识产权保护强度很弱从而知识的非独占性问题也就很重要（Cohen 等，2000）。在此意义上，对于那些知识产权保护强度很大的产业而言，组织形式所要治理的只是与狭义的合同不完全性而非与知识的非独占性直接相关的成本。然而，如果我们基于上述认识将知识产权保护较弱的产业也纳入到理论的考察范围，那么组织形式所要治理的对象则会延伸到与知识的非独占性直接相关的成本（需要再次强调的是，在治理这类问题时，与狭义的合同不完全性相关的成本也会作为治理对象嵌入其中，因而组织形式所治理的对象是依次递进的）。

② 基于上述脚注中的认识，我们可以在一定意义上认为，正是由于 Aghion 和 Tirole（1994）并未涉及知识的非独占性问题而生物医药产业又存在着强知识产权保护现象，Lerner 和 Merges（1998）以及 Lerner 等（2003）才可以将 Aghion 和 Tirole（1994）的理论框架特别地置于生物医药的产业背景之下进行实证分析。

控制权上（单个企业对该资产拥有控制权），而且更重要的还体现在横向的控制权上（双方对该资产联合拥有控制权或者双方对该资产都不拥有控制权），① 由于所有权结构进而相应的组织形式又往往体现在控制权结构上（正如 Grossman 和 Hart（1986）所强调的），因此这种情况下研发外包的组织形式较之于 Aghion 和 Tirole（1994）意义上的组织形式显然具有多重性的特征：Aghion 和 Tirole（1994）意义上的"创新产权"只是局限于纵向的控制权上，从而研发的最优组织本身也就只能表现为一体化（企业控制）与非一体化（外部研发单位控制）两种形式。②

基于上述多重特征的所有权结构，Rosenkranz 和 Schmitz（1999）首先考察了单阶段双方进行研发合作的情形。由于知识披露与努力程度都是不可合同化的，因而必须选择相应的组织形式来尽可能地使双方都披露知识以及由此引致双方尽可能大的努力。孤立地就知识披露而言，如果一方不拥有控制权而另一方拥有控制权，那么尽管前者的知识披露可以提高双方合作时的总收益；但由于另一方可以最大限度地利用知识的非独占性来提高其在双方非合作时的收益（威胁点），因而除非前者拥有控制权，否则其知识披露就不能实现。在这种情况下，只有双方联合拥有控制权的组织形式才能使他们都

---

① Lerner 和 Merges（1998）就特别强调，现实中联盟双方的关系较之于 Aghion 和 Tirole（1994）更可能表现有横向的因素。
② Aghion 和 Tirole（1994）意义上的"创新"（事实上这类"创新"只是局限在发明等知识资产上，后文将对此作进一步的讨论）显然也具有非独占性的典型特征，但他们在论证对"创新"的最优产权配置时并未将横向的控制权结构纳入考察范围，因而从这个意义上讲，Rosenkranz 和 Schmitz（1999, 2003）所讨论的基于知识非独占性的多重产权结构进而多重的组织形式无疑更具有理论上的合理性。

选择披露知识。① 孤立地就努力程度而言，双方都更愿意在另一方不拥有控制权时提高努力水平，因为一旦另一方拥有控制权，那么其在双方非合作时的收益（威胁点）就为零，从而努力水平的增加在提高双方总收益的同时并不会影响其威胁点。在这种情况下，双方都不拥有控制权的组织形式将是最优的。在上述知识披露与努力程度的权衡下，由于知识披露对合作双方的总收益更为重要，故对单阶段研发合作的情形而言，双方将选择共同拥有控制权的组织形式。

值得注意的是，在上述单阶段研发合作的情形下，双方的对称性（如双方存在相同的收益函数）将使得最优的组织形式表现为横向的控制权结构而非纵向的控制权结构。然而，在两阶段研发合作的情形下，尽管双方存在对称性，（第二阶段）最优的组织形式却有可能表现为纵向的控制权结构，基于此，Rosenkranz 和 Schmitz（2003）将论证的重点放在了两阶段动态研发联盟的最优组织形式上，从而也就在时间维度上拓展了 Aghion 和 Tirole（1994）关于研发最优组织的论证。② 在动态的研发联盟中，双方将在项目开始的第一阶段选择研发组织形式，而当此阶段的研发项目结束进行第二阶段的研发项目时，双方还要就组织形式进行再谈判，而经过再谈判所形成的组织形式必须保证双方在第二阶段都披露知识并投入更多的努力（给定第一阶段双方

---

① 在这个意义上，知识的非独占性会影响相关方的威胁点并在一定程度上影响相关方的决策以及最优的组织形式，而在动态两阶段的研发合作的情形下，知识的非独占性对上述决策以及最优组织形式的影响将表现得更为明显（见后文），这意味着知识披露与知识的非独占性在研发合作的背景下是密切相关的，并且知识的非独占性构成了最终影响最优组织形式的重要成本特征（由于上述知识披露和努力程度的不可合同化（狭义的合同不完全性）也在很大程度上影响着最优组织形式，因而这就印证了我们前文中有关狭义的合同不完全性以及知识非独占性所引发的成本共同构成了组织形式的治理对象的论断）。

② 在最优组织的意义上，Lerner 和 Merges（1998）以及 Lerner 等（2003）事实上也指出了 Aghion 和 Tirole（1994）关于企业与研发单位的合作仅限于一阶段的合同性问题：现实中的联盟双方由于在不同的（序列）项目上存在着多阶段合作的情形，因而现实中的联盟往往有着更为复杂的合同性结构。由此看来，由于 Aghion 和 Tirole（1994）未考虑到研发合作的动态性，诸如控制权的再谈判等重要研究内容显然也就被遗漏了。

的知识披露情况)。在预期到第二阶段的组织形式时,双方在第一阶段将基于两阶段各自的总剩余①在披露和不披露时的相对比较来进行披露知识的决策,而双方在第一阶段的努力决策则是各自在伴随着第一阶段的知识披露决策并最大化第一阶段剩余的情况下进行的。在此基础上,双方将选择能够最大化两个阶段总剩余的组织形式来作为第一阶段的最优组织形式。② 在双方选择第一阶段最优组织形式的过程中,如果第一阶段双方投资的专用性都较低的对称情况出现,那么最优的组织形式表现为双方都不拥有控制权,这一组织形式将可能使得一方披露知识而另一方不披露知识,由此第二阶段的最优组织形式将表现为在第一阶段不披露知识的一方拥有纵向的控制权。这显然不同于上述静态情形下的控制权结构——在此情形下双方的对称性将使得横向的控制权结构是最优的。

然而,在上述最优组织形式的演绎过程中,如果双方第二阶段的收益较之于第一阶段的收益都相对重要的对称情况出现时,那么尽管第一阶段的最优组织形式表现为双方都不拥有控制权,但由于双方在第一阶段还可能都披露知识或者都不披露知识,故第二阶段的最优组织形式仍表现为对称的控制权结构——双方都不拥有控制权或者都拥有控制权。不仅如此,如果双方第一阶段的收益较之于第二阶段的收益都相对重要或者双方在第一阶段的投资都相对专用的对称情况出现时,那么第一阶段的最优组织形式则表现为双方都拥有控制权,而由于在此情形下双方在第一阶段都披露知识,故第二阶段的最优组织形式为双方都不拥有控制权(该组织形式可以最大化双方在第二

---

① 由于在第二阶段开始时双方将对控制权进行再谈判,故双方在第二阶段各自的剩余并不是直接基于再谈判后的最优控制权得出的剩余,而是在上述剩余的基础上双方依据纳什谈判一方对另一方进行转移支付后所形成的剩余。

② 在研发项目的第一阶段中,披露决策是基于全局考虑进行的,而努力程度的决策是基于局部考虑进行的。这论证结构的合理性来自作为创新关联特征的知识的非独占性——知识一旦在第一阶段被披露给对方,那么它将不可能被收回,在第二阶段仍将为对方所获知。

阶段的努力程度）。①由此可见，Rosenkranz 和 Schmitz（1999，2003）所讨论的当企业将研发诉诸另外的同质企业共同进行时的最优组织形式不仅在论证上具有审美合意性，而且更重要的是在多重产权结构的定义上还具有相当的理论合理性。然而不可否认的是，尽管 Rosenkranz 和 Schmitz（2003）给出了上述多重产权结构及其演化所对应的现实例子，但他们并未对这类更复杂的组织内容作更进一步的发掘，这不仅造成了上述组织形式的设定本身缺乏现实基础而更多地依赖于同质性假设，还造成了静态和动态含义上组织结构的区分本身只限于理论层面但于实际而言无太大意义。为此，Bhattacharya 和 Guriev（2004）就认为，这种有关共同控制的所有权结构在研发的现实背景下表现得相当抽象。尽管如此，Rosenkranz 和 Schmitz（1999，2003）将基于创新关联特征的事前不可合同化的知识披露决策视作研发外包的组织形式拟要解决的关键要素，无疑为研发外包最优组织形式的论证提供了一个更为现实的视角。

Subramanian（2004，2005a）则通过引入 Rajan 和 Zingales（1998，2001a）的通路（Access）概念在不完全合同的理论框架下进一步模型化了具有创新关联特征的知识的非独占性与研发外包最优组织形式的关系。在 Subramanian（2004，2005a）看来，拥有专有知识的两个同质企业越接近于市场化的知识交易，则企业之间的通路水平（知识的相互接近程度）就越小；相反，两个同质企业之间的一体化程度越大，则企业之间的通路水平就越大。因而，作为研发外包主要组织形式的合资、战略联盟以及保持距离型的合同（前两者较之于保持距离型的市场合同以及一体化显然表现出杂合性的组织

---

① 由此看来，最优的组织形式的实现过程总是优先考虑相关方的知识披露决策（如前所述，知识披露对合作双方的总收益更为重要）。事实上，如果双方在两阶段收益的相对重要性存在差异或者双方在第一阶段投资的相对专用程度存在差异的非对称情况出现时，那么双方在第一阶段选择纵向的控制权结构以保证第一阶段收益相对重要的一方或者第一阶段投资相对非专用的一方披露信息是最优的。不仅如此，如果不拥有控制权的一方在第一阶段不披露信息，那么在第二阶段使其拥有单边的控制权以披露信息是最优的。

特征)所对应的通路水平是逐渐减小的。① 在企业合作研发的过程中,当双方的知识都容易(不易)被对方所私占时,双方都将进行过高(过低)的专用性投资,② 而为了降低(提高)双方的专用性投资水平,减少(增加)企业间的通路水平是最优的,这意味着所要选择的组织形式将更加非一体化(一体化);当一方的知识容易被对方私占而另一方的知识不容易被对方私占时,前者将进行过低的专用性投资而后者将进行过高的专用性投资,而为了缓解这类无效率的投资状况,前者对后者实行购并(通过转移所有权)进而实现一体化的组织形式将是最优的。③ 由此看来,Subramanian(2004,2005a)的意义不仅在于依托不完全合同的理论框架和创新的关联特征(知识的非独占性),将作为研发外包的组织形式(尤其非一体化的组织形式)具体化和现实化进而拓深了研发外包对应于实践层面的理论根基,④ 而且在于更明确地通过专用性投资将知识的泄露视作研发外包最优组织形式的治理对象,而这无疑凸显了知识的非独占性在形塑研发外包最优组织形式过程中的重要地位。

3.2.3 对不完全合同与产权理论框架下最优组织论证的总结

上述文献对研发外包组织形式的论证都是在不完全合同与产权的理论框

---

① 事实上,正是因为通路水平(企业间知识的相互接近程度)是不可合同化的,所以才需要诉诸现实中的组织形式来执行合意的通路水平。

② 尽管 Subramanian(2004)将这种专用性投资理解为学习对方知识的投资而 Subramanian(2005a)又进一步将其正式化地称作专用性投资,但这种称谓的变化并不影响对研发外包最优组织形式的论证。

③ 在这个意义上,产权对双方的专用性投资具有非对称的效应:获得所有权的一方会提高专用性投资水平而失去所有权的一方会降低专用性投资水平,这显然不同于通路所具有的对称效应:通路的增加(减少)会同时提高(降低)双方的专用性投资水平。事实上,Subramanian(2004,2005a)意义上研发外包的最优组织形式正是通过上述产权和通路的双重效应得以实现的。

④ Arora 和 Merges(2004)以及 Lai 等(2006)尽管也强调了信息外溢与研发外包组织形式的关系,但他们关于研发外包组织形式的论证仍拘泥于传统自制或外购决策所对应的研发的一体化或非一体化,并没有对研发外包非一体化的组织形式做出理论和现实的拓展。

架下进行的。在此框架下,由于合同的不完全性,创新产权的配置就很重要。创新产权分配给企业和研发单位分别对应着研发一体化和非一体化的组织形式。① 由于研发单位可能面临着财富约束,而财富约束问题通常会限制研发的最优组织,② 故最优的组织形式往往伴随着公司风险资本与私人风险资本对外部研发单位的共同资助而实现。特别地,由于有效的非一体化的组织形式与研发单位进行的外部融资是紧密结合的,因而在这个意义上,研发外包的最优组织问题也就表现为一体化与(企业视角下)针对外部研发单位的最优资助结构的权衡,此时组织形式的职能体现在治理由狭义的合同不完全性所引发的研发外包成本上(Aghion 和 Tirole,1994;Fulghieri 和 Sevilir,2003)。进一步的拓展体现于继续遵循不完全合同与产权的理论框架并依托具有创新关联特征的知识的非独占性,在企业与研发单位的异质性假设条件下,考察研发外包在创新背景下更具有现实含义的组织形式与相应的资助结构,此时组织形式的职能已更多地指向了如何更有效地治理由知识的非独占

---

① 值得一提的是,Hart 和 Holmstrom(2002)不再着力于强调资产所有权通过相关方的投资激励所决定的企业边界,而是在企业由其活动的范围所刻画的基础上通过决策的不可合同性(事前和事后),经理可享有不可转移的私人收益以及所有者可转移企业利润等关键假定来完成针对企业边界的论证:对于两个企业在纯粹协作的情况下,如果不合作(合作)有效率,那么非一体化(一体化)是最佳的,不仅如此,如果双方合作的利润增量分配不均(私人成本)很高,那么一体化(非一体化)就是唯一的最优组织选择。在针对研发外包最优组织的理论拓展中,若存在一个购买者和一个供应者,那么一体化将优于非一体化;若存在两个购买者和两个供应者(两个单位的产能),那么一个购买者一体化一个供应者是最优的(组成两个一体化的企业);如存在两个购买者和一个供应者(一个单位的产能),那么采用何种组织形式将取决于其他变量的值:或者全部一体化是最优的,或者一个购买者和一个供应者形成外包关系是最优的。事实上,这类由其活动的范围所刻画的企业及其所衍生的企业边界和产业组织理论(研发外包中的不同组织形式)也正为企业研发外包的理论研究提供了一个更具操作性的理论方向。在这一点上,科斯(1988)就曾试图寻求"一种有关能够在企业间最优地配置活动或功能的理论",由此他还进一步指出,"在任何特定企业内组织一项活动的成本依赖于企业所进行的另外一些活动,特定的活动集有利于促进一些活动的执行同时又可以妨碍另一些活动的绩效"(转引自 Hart 和 Holmstrom,2002)。

② Acemoglu 等(2007)在讨论企业针对上游技术供应商进行技术获取时的启示意义中就强调,合同的不完全性以及技术供应商的财富约束问题(表现为资本市场的不完备)都将使得企业更可能采用纵向一体化的组织形式。

性所引发的研发外包成本（Bhattacharya 和 Guriev，2006、2007）；在同质性假设条件下，考察具有多重特征的产权结构所构成的组织形式（Rosenkranz 和 Schmitz，1999、2003）以及在此基础上，考察更为现实和具体的组织形式（Subramanian，2004、2005a）。

3.3 授权理论框架下的最优组织形式

尽管如此，塑造研发外包组织形式的创新关联特征仍需要作进一步的发掘。Puga 和 Trefler（2002）在授权（委托代理）的企业理论框架下考察了企业研发外包的最优组织问题。[①] 在他们看来，研发外包过程中合同的不完全性、知识的非独占性以及累积性创新的不完全替代性共同决定着研发外包的最优组织形式。基于代理方是否创造知识和控制知识的二维选择，他们首先定义了企业的三种组织形式：I 型（执行型）组织形式、K 型（知识型）组织形式与 C 型（控制型）组织形式（如图 3-2 所示）。其中，代理方不创造知识意味着代理方仅仅执行委托方的创新蓝图，而本身并不参与到创新过程中；代理方不控制（控制）知识意味着当多个创新蓝图同时存在时，委托方（代理方）有权决定执行何者的创新蓝图。[②] 显然，作为授权的对象，代理方

[①] 在授权的企业理论框架下，尽管外部研发单位也很有可能存在财富约束问题，但是我们并不单独强调这类问题对研发外包最优组织形式的影响。

[②] Puga 和 Trefler（2005）进一步明确了三种组织形式在创新层面上的现实含义：I 型表示代理方不参与的创新；K 型表示代理方协助的创新；C 型表示代理方管理的创新。Puga 和 Trefler（2007）进一步将 I 型表示为委托方主导的创新，将 K 型和 C 型共同表示为代理方主导的创新。事实上，更现实的含义可以理解为，I 型组织形式对应着委托方的生产外包；K 型组织形式对应着一般意义上的研发外包；C 型组织形式对应着进一步的研发外包。因此，此种组织形式的划分方式不仅仅限于理论上的逻辑推演，还有更现实的组织含义隐藏在其中。

拥有对知识的控制权（Aghion 和 Tirole（1997）意义上的激励工具）可以更好地激发其投入更多的创新性努力。① 图中的虚线箭头既可以表示代理方创新参与程度与控制权的增加，又可以表示委托方研发外包程度的增加。

依照图 3-2，在一般意义上，随着累积性创新替代程度的增大，委托方将分别选择 I 型、K 型和 C 型的组织形式。②③ 然而，最优的组织形式在很大程度上还会受到知识非独占性的影响：在委托方知识被私占的风险很小的情况下，当累积性创新的替代程度逐渐增加时，委托方将依序分别选择 I 型、K 型和 C 型的组织形式，这说明如果知识不易被占用，委托方随着累积性创新替代性程度的增大将会加大外包的程度；在被私占的风险居中的情况下，当

---

① Aghion 和 Tirole（1997）意义上的授权框架已成为讨论（包括跨国公司内部的）最优组织问题的一个重要的理论分析工具。比如，Marin 和 Verdier（2007）就依托了上述意义上的授权框架主要探讨了 FDI 中跨国公司内部诸如 P 型（委托型）和 A 型（代理型）等组织形式的最优选择问题（该组织选择聚焦于控制权与代理方收集公司相关信息的努力之间的最优权衡）。然而，不同于 Puga 和 Trefler（2002）将累积性创新的替代程度作为影响最优组织形式的主要因素，Marin 和 Verdier（2007）所强调的影响（FDI 中）最优组织形式的主要因素为跨国公司在东道国所遭遇的市场竞争强度：当市场竞争强度较小时，跨国公司可以有很大的自由度来选择相应的组织形式；当市场竞争强度居中时，跨国公司在很大程度上将赋予东道国下属机构很大的自主权；当市场竞争强度很大时，跨国公司可能选择的组织形式都将不会使得东道国下属机构做出任何程度的努力水平（此时跨国公司选择的组织形式被称作 O 型组织形式）。

② 笔者单独强调了累积性创新的替代程度对研发外包组织形式的影响并提供了具体的案例加以佐证：电视纯平款式的引进所引致的 Sony 与承包商之间关于玻璃设计与制造的累积性创新替代程度的降低确实改变了研发外包的组织形式。在传统的组织安排中，Sony 把玻璃的设计与生产外包给承包商，这在组织形式上可看作 C 型。当累积性创新的替代程度降低后，组织形式发生了如下改变：其一，Sony 与承包商 Corning - Asahi 组成了一个合资企业 AVG，这一合资企业为 Sony 控制并生产 Sony 所意愿的玻璃类型。Sony 对 AVG 的控制权体现于该合资企业定位于 Sony 的一个生产企业（Pittsburgh）中。因此，这一组织结构兼具 K 型和 I 型的特征。其二，Sony 将玻璃的制造外包给诸如 Techneglass 等既有的承包商，但这仅仅表现为生产外包。显然，这一组织安排与 I 型组织形式相对应。因此，基于累积性创新替代程度的组织理论很好地诠释了这一产业内企业间组织结构的改变路径。

③ 这在很大程度上也契合了 Ernst（2006）有关代理方实验室类型的判断：Ernst（2006）将代理方承包研发的实验室划分为三种类型：跟随型、合同型以及参与型。其中，跟随型与合同型反映了较低水平的研发外包，这类实验室只是执行委托方的设计蓝图，与委托方的知识交流受到严格控制；而参与型的实验室则被授予设计某一地区或全球产品的权力，并享有与委托方进行充分交流知识的权力。对中国所承揽的研发外包合同而言，跟随型与合同型占主导地位；而对于移动通信和软件等产业，由于中国代理商有着很强的设计能力，故存在参与型的实验室——这显然意味着随着累积性创新替代程度的加大，代理方承揽研发外包所依据的是否参与创新过程的最优组织形式将依次递进。

累积性创新的替代程度逐渐增加时，委托方将分别选择 I 型和 C 型的组织形式；当被私占的风险很大时，委托方只会选择 I 型的组织形式，这说明如果知识很容易被私占，委托方将尽可能地减少外包的程度，只进行生产外包。显而易见，通过将累积性创新的不完全替代性等创新的关联特征置于理论分析的中心位置，Puga 和 Trefler（2002）很好地掌握了研发外包过程中的复杂性，同时又不以牺牲理论的清晰性为代价，由此形成的论证结构做到了决策变量的现实化、成本治理的多维化以及组织形式的梯度化。

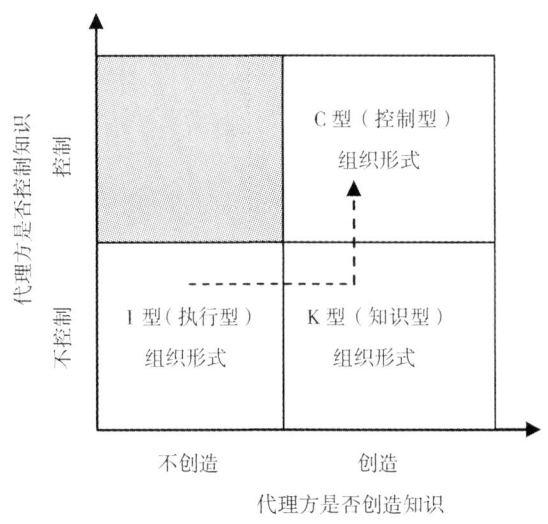

图 3-2　授权框架下研发外包的三种组织形式

3.4　总结

总体而言，同研发外包的成本一样，研发外包最优组织的形成过程在很大程度上也根源于合同的不完全性。由于它从职能意义上而言是依托既有的不同企业理论分支,最大可能地缓解了研发外包过程中由合同的不完全性所带来的各种效率损失,因而在这个意义上研发外包的组织形式可看作一种内生的非合同机制——事前不可合同化或者即使事前可合同化事后也不可执行的要素可以通过选择相应的组织形式来加以缓解(如相应的组织形式可以提高相关方的专用性投资水平或者可以减小相关方对知识私占的程度)。然而,通过组织形式来缓解研发外包的成本毕竟是有限度的,因为现实中研发外包的组织形式更多地表现为 Subramanian(2004,2005a)意义上的战略联盟与保持距离型的合同。在组织形式既定的情况下,研发外包的成本只有诉诸更为具体的合同(机制)设计才能得以最大限度地消除。因此,如何在既定的组织形式下设计更为现实的合同(机制)以最大限度地消除研发外包中的各类成本,就成为研发外包理论论证的另一个关键议题。而在此之前,我们尚需在多渠道研发外包的背景下对研发外包的最优组织形式作更深层次的研究。

当药物的开发逐渐更多地依赖于对现代生物学的洞察与领悟，在一个领域内的发现常常就会牵连另一个领域的工作，因而那些具有规模与洞察力从而能将跨行业的机会资本化，并且拥有组织机制来适当地利用机会的公司就能够获得巨额的收益。

——皮萨诺

第4章 多渠道研发外包背景下的战略联盟：一种作为治理机制的最优组织形式

4.1 多重的研发外包渠道：从一个简单的产业组织模型说起

在生物医药产业，[①] 在位大企业的研发外包趋势已转变到聚焦于特定的研究领域并通过研究和许可协议为之寻求更多的外包渠道（Audertsch 和 Feldman，2003）。我们的问题是，既然寻求多重渠道会带来更多的交易成本（如搜寻成本等），那么为什么现实中企业还要采用多重的研发外包渠道而非单向研发外包呢？为此，本节将通过一个简单的产业组织模型[②]来说明在一定条件下多重的研发外包渠道将为企业带来更多的经济价值。在此基础上，

[①] 在研发外包的脉络下生物医药产业的发展轨迹、具体案例以及诸如药品开发程序的相关细节，我们将着另文进行专门的介绍。
[②] 该模型是在 Pack 和 Saggi（2001）论证生产外包的基础上结合研发外包的一些成本特征进行构建的。

我们将进一步讨论多重研发外包渠道的潜在价值（作为一个重要的考虑因素）是如何影响研发外包的最优组织形式的。

4.1.1 基本假设

考虑一个垄断的下游企业 C 以及在上游创意市场中存在潜在竞争关系的两个研发单位 RU_1 和 RU_2，并且两个研发单位的初始生产成本均为 $\bar{c}$。下游企业 C 与每一个 RU 在进入研发外包关系（匹配）之前，双方都要进行搜寻；[①] 在双方匹配后，双方还要承担上游 RU 生产成本降低所需要的固定支出（见下文）。假设双方此类匹配前后的总成本为 S，其中 C 承担 αS，RU 承担 $(1-\alpha)S$。同 Lai 等（2006）类似，我们也假定研发外包的主旨在于降低下游投入品的成本，然而，在本节同时存在上下游企业的背景下，上游研发单位的"产品"是作为下游企业的投入品出现的，因此任何能够导致上游研发单位"产品"价格降低的特定因素都可被视为研发外包的诉诸对象。由于上游研发单位生产成本的降低会引致上游研发单位"产品"售价的降低（后文将进一步说明），因而我们特别地假定研发外包的实现体现在上游研发单位生产成本的降低上：RU 承揽研发外包后其自身的生产成本从 $\bar{c}$ 下降到 c_1。

如果 C 只与其中一个 RU（RU_1）进行匹配（单向外包），那么在不存在信息泄露或者知识产权保护充分的情况下，上游企业 RU_1 在上游市场中显然处于垄断地位；然而，在知识产权保护不充分的情况下，C 会将与 RU_1 在进行知识交流过程中所获得的信息全部地泄露给未进入研发外包关系中的 RU_2（此时由于双方在上游市场形成 Bertrand 竞争进而降低上游投入品的价格，因而 C 显然有激励泄露信息），此时 RU_2 的生产成本会从 $\bar{c}$ 下降到 c_2。需要注意的是，由于 C 和 RU_1 在信息交流的过程中并不能完全地掌握 RU_1 通过承揽研

[①] 有关外包过程中搜寻与匹配的详细讨论，可参见 Grossman 和 Helpman（2002）以及 Hellmann（2007d）。

发外包所获得的新工艺，因而 $c_2 \geq c_1$。我们用 k 表示信息交流的完备程度（$0 \leq k \leq 1$，k 越大，信息交流越完备），并进一步假定 $\bar{c} \geq c_2 = c_1 + (1-k)c_1$。假定一个单位的下游产品需要一个单位的上游投入品。最后，我们用 λ 表示知识产权的保护强度：信息泄露以 λ 的概率能够被阻止，信息泄露以 $1-\lambda$ 的概率不能被阻止。

为了方便论证，我们首先用图 4-1 表示该模型的时间结构。

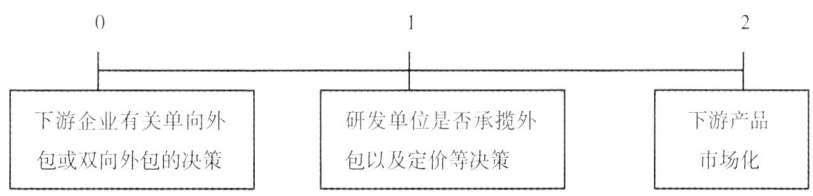

图 4-1 产业组织模型的时间结构

4.1.2 单向外包的情形

1. 信息泄露能够被阻止

在此情况下，上下游企业在各自市场中都处于垄断地位。用 m 表示 RU_1 所索取的价格。在下游企业的市场化阶段，C 的最优化问题可表示为：

$$\operatorname*{Max}_{p} \pi_C \equiv (p-m) q(p)^{①}$$

该式的一阶条件为：

$$q(p) + (p-m)\frac{dq(p)}{dp} = 0 \quad (4-1)$$

显然，最优价格和最优产量均可表示为下游投入品价格 m 的函数，也

---

① 在本节中，我们用 π_C、π_{RU_1} 和 π_{RU_2} 分别表示下游企业和上游研发单位的利润。

即，$p^* = p(m)$ 以及 $q^* = q(p^*) = q(p(m)) = q(m)$。

上游研发单位预期到上述最优产量函数，其最优化问题可表示为：

$$\underset{m}{\text{Max}} \pi_{RU_1} \equiv (m - c_1) q(m)$$

该式的一阶条件为：

$$q(m) + (m - c_1) \frac{dq(m)}{dm} = 0 \quad (4-2)$$

令该一阶条件的解为 m^*，① 则 RU_1 的均衡利润为：

$$\pi_{RU_1}^* = (m^* - c_1) q(m^*)$$

下游企业 C 的均衡利润为：

$$\pi_C^*(m^*) = (p(m^*) - m^*) q(m^*)$$

2. 信息泄露不能够被阻止

根据前文，如果信息泄露不能够被阻止，那么 RU_2 的生产成本将为 c_2。由于 Bertrand 竞争，上游产品的最优价格将为 c_2：RU_2 的利润为 0，RU_1 的利润为 $\pi_{RU_1}(c_2)$。② 显然，由于 c_2 偏离了满足于式（4-2）的 m^*，因而 $\pi_{RU_1}(c_2) < \pi_{RU_1}^*$。③ 由于下游企业 C 的利润为 $\pi_C^*(m) = (p(m) - m) q(m)$，根据包

---

① 在前文的假设中我们认为，研发单位生产成本的降低会导致其"产品"售价的降低。在此，我们给予一个形式化的证明。令 m^* 通过式（4-2）对 c_1 求导，可得，$\frac{dm^*}{dc_1} = \frac{q'(m^*)}{2q'(m^*) + (m^* - c_1) q''(m^*)}$。由式（4-2），$q'(m^*) = -\frac{q(m^*)}{m^* - c_1} < 0$；由于 m^* 可以最大化利润函数，故利润函数关于 m 的二阶导数在 $m = m^*$ 时应该小于 0，即 $2q'(m^*) + (m^* - c_1) q''(m^*) < 0$。因此，$\frac{dm^*}{dc_1} > 0$。

② 为了区分于上游企业的垄断情形（信息泄露能够被阻止），我们假定 $c_2 < m^*$，因为一旦 $c_2 > m^*$，对下游企业而言，价格将变为 m^*。

③ 此时我们已经不自觉地假定了在信息泄露不能被阻止的情况下，RU_1 也会接受同下游企业的匹配（进入研发外包的关系）。更正式地，我们假定 $\pi_{RU_1}(c_2) - (1 - \alpha) S > 0$。显然，根据此假定，在信息泄露能够被阻止的情况下，RU_1 更愿意同下游企业承揽研发外包（$\pi_{RU_1}(c_2) < \pi_{RU_1}^*$）。

络定理，$\frac{d\pi_C^*(m)}{dm} = -q(m) < 0$，因而上游产品的价格下降会使得下游企业 C 的利润增加。另外，根据假定，由于信息交流的完备程度 k 越大，c_2 越小，因而下游企业的利润也越大。故我们有引理1。

引理1：信息泄露会使得下游企业的利润增加；下游企业 C 同上游企业 RU_1 在研发外包过程中的信息交流越充分，下游企业在信息泄露后的利润就越大。

在单向外包的情形下，由于信息泄露以 λ 的概率能够被阻止，以 1 - λ 的概率不能被阻止，因而下游企业的净利润（需要支付固定成本）为：

$$\pi(1) = \lambda \pi_C^*(m^*) + (1-\lambda) \pi_C^*(c_2) - \alpha S \quad (4-3)$$

4.1.3 双向外包的情形

在单向外包的情形下，无论信息泄露是否能够被阻止，上游企业都会承揽研发外包（见本节脚注中的讨论）。在双向外包的情形下，假定 RU_1 已决定承揽研发外包，则如果 RU_2 也决定承揽研发外包，那么双方的成本都将为 c_1，此时双方通过 Bertrand 竞争，利润都将为 0。考虑到固定投资，RU_2 的净利润为 -（1-α）S；如果 RU_2 决定不承揽研发外包，其利润为 0（无论信息泄露能否被阻止）。因此，在 RU_1 已决定承揽研发外包的条件下，RU_2 将决定不承揽研发外包，除非下游企业 C 额外承担（1-α）S 的固定投资。同样的分析也适用于 RU_2 已决定承揽研发外包，RU_1 是否承揽研发外包的情形。故如果下游企业要采用双向外包，就必须支付两个研发单位在与其匹配前后的所有固定成本 2S。此时，C 的净利润为：

$$\pi(2) = \pi_C^*(c_1) - 2S \quad (4-4)$$

4.1.4 下游企业的决策

下游企业有关单向外包和双向外包的决策将依据式（4-3）和式（4-

4) 进行，令：

$$\Delta = \pi(2) - \pi(1) = \pi_C^*(c_1) - \lambda \pi_C^*(m^*) - (1-\lambda)\pi_C^*(c_2) - (2-\alpha)S \qquad (4-5)$$

式 (4-5) 关于 λ、S 分别求导，$\dfrac{d\Delta}{d\lambda} = \pi_C^*(c_2) - \pi_C^*(m^*) > 0$，$\dfrac{d\Delta}{dS} = 2 - \alpha < 0$。因此，我们有命题 1。

命题 1：知识产权保护强度越大，下游企业越倾向于进行双向外包；在研发外包关系的形成前后所需的固定支出越少，下游企业也越倾向于进行双向外包。

命题 1 在一定程度上可以解释本节开头所阐述的现象：在生物医药产业中，知识产权的保护强度通常很大（Cohen 等，2000），因而制药企业通常会选择进行多渠道的研发外包。事实上，在本节的理论背景下，知识产权保护强度越大，信息泄露就越有可能被阻止，如果下游企业选择单向外包而非双向外包，那么上游研发单位就越有可能索取垄断价格 m^* 进而在更大程度上压低下游企业的利润。因此，在下游企业所承担的固定支出 $2S$ 不是很大的情况下，下游企业将选择双向外包。此时，上游研发单位由于竞争只会索取同其生产成本相等的价格，因而下游企业所获得的收益将达到最大。

尽管命题 1 对本节的研究起点——生物医药产业（对应于强知识产权保护）中的下游企业通常会采用多重的研发外包渠道——能够提供一个基于产业组织的解释，但我们更愿意将这类解释看成是纵深化研究上述重要现象的一个引子。更明确地，本节中的模型及其核心结论与其说对生物医药产业中的多重研发外包现象具有解释意义，倒不如说对生物医药产业中研发外包的组织形式的深入研究具有启示意义。在此，为了凸显上述核心命题的引申性含义，我们完全可以先行将下一节的核心结论结合进如下的讨论中。根据命题 1，由于双向外包能够带来更多的基于变动成本的优势，即便单向外包可以为下游企业节省一定的固定开支，下游企业仍会选择双向外包。事实上，

第4章　多渠道研发外包背景下的战略联盟：一种作为治理机制的最优组织形式

类似的讨论也可以应用于研发外包的最优组织形式：如果一种组织形式将阻止其他上游研发单位的市场进入进而导致多重研发外包态势下净利润的丧失，即便它能够在下游企业与既有研发单位之间产生一定的相对收益，该组织形式也是不足取的（显然，这类组织形式若被采用将对应于本节中单向外包的情形）；相反，如果另一种组织形式不会阻止其他上游研发单位的市场进入，尽管它不会带来上述单向外包态势下的相对收益，但由于其具有多重研发外包渠道的相对占优性，该新的组织形式也会被下游企业所采用（该新的组织形式对应于本节中的双向外包）。因此，作为类比，我们可以做进一步的总结：在一定条件下，生物医药产业中对应于双向外包的组织形式[①]将占优于对应于单向外包的组织形式。

此外，在单向外包的情形下，根据引理1，上下游企业在研发外包过程中信息交流越密切（k 越大），下游企业在信息泄露后的利润就越大（当然，如果信息泄露能够被阻止，那么下游企业就不会获得这方面的额外收益）。显然，下游企业利润的增加是以降低上游研发单位的利润为代价的（c_2 降低），但无论如何，引理1却具有一定的启示意义：不考虑信息泄露能否被阻止，充分的信息交流至少会使得进入研发外包关系的双方都享有 Arora 和 Merges（2004）意义上的协同性收益。因此，我们有推论1。

推论1：在研发外包的过程中，上下游企业信息交流越密切，双方所获得的协同性收益就越大。[②]

[①] 需要首先说明的是，一种组织形式对应于双向外包的确切含义在于，下游企业同原有研发单位所形成的组织形式不会阻止其他研发单位进入上游市场，并且其他上游研发单位的市场进入还会给下游企业带来收益（这种另外渠道的收益是通过研发外包获得的；假定下游市场只有一家企业，上游研发单位的市场进入会自动地同下游企业进入研发外包的关系）；一种组织形式对应于单向外包的确切含义在于，下游企业同原有研发单位所形成的组织形式会阻止其他研发单位进入上游市场进而下游企业只面临着单一的研发外包渠道（即便该研发单位被下游企业一体化，我们也可以称之为研发外包渠道，因为一体化是实现研发外包的一种特殊的组织形式，具体分析见组织形式文献综述中的讨论）。

[②] 显然，该推论也适用于双向外包的情形。需要强调的是，双向外包中下游企业同每个研发单位信息交流的密切程度可能有差异。

事实上，如果我们遵循 Subramanian（2004），将信息交流的密切程度以及相应的协同性收益归因于企业间的通路（Access）水平：从独立企业、战略联盟到一体化通路水平将依次提高，[①] 那么协同性收益显然又与组织形式联系在了一起。此时，我们有推论2。

推论2：在研发外包的过程中，通路水平越高的组织形式会使得双方享有更多的协同性收益。

上述针对命题1的讨论以及推论2都为下一节有关研发外包最优组织形式的深入讨论提供了前提假设。在此基础上，我们还将结合研发外包过程中合同不完全性的成本特征来论证作为治理机制的最优组织形式。

4.2 多渠道研发外包背景下的战略联盟：一种作为治理机制的最优组织形式[②]

鉴于战略联盟这一特殊的组织形式在一些产业（如生物医药产业）中普遍存在，[③] Lerner 和 Rajan（2006）提出了如下理论问题："……战略联盟是如何区别于通过兼并而形成的完全的一体化的？"对于这一重要的理论问题，本书将通过一个基于一体化相较非一体化资本投资事前不可合同性的最优组织模型进行解读。

在我们看来，如果制药企业一体化生物技术公司而不是在它们之间形成

---

① Gomes-Casseres 等（2006）通过实证分析也认为，知识流动的程度在单一企业中最大，在非联盟企业间最小，联盟则居于其中。
② 对该问题更为精炼意义上的以及更为一般的组织比较（战略联盟与一体化）意义上的论证，可参见李靖等（2012a）。
③ 对这一现象进行了描述和讨论，可参见费方域、李靖等（2009）。

战略联盟，那么其他生物技术公司由于一体化在事后状态好时所进行的较多的资本投资将不会进入上游技术市场，而这显然会对制药企业的研发外包渠道产生负面影响；相反，如果制药企业与生物技术公司形成战略联盟，那么双方间的协同不但不会受到影响（这种协同也存在于一体化中），而且这种不同于一体化的组织形式也将不会妨碍其他生物技术公司的上游市场进入决策进而制药企业的研发外包渠道也就相对地得以拓展。因此，在这种一体化会阻止其他生物技术公司进入上游市场的情况下，制药企业在进行组织形式的决策时就有可能会选择战略联盟。①

4.2.1 理论问题的提出与阐释

在正式对上述有关最优组织的总体思路进行模型化之前，我们有必要先显化其中所潜藏着的几个有待于在下文中作进一步回答的理论问题：其一，为什么一体化较之于战略联盟更有可能会阻止其他上游企业进行资本投资（在本节的语境中，一体化会阻止其他研发单位进入上游市场而战略联盟不会阻止其他研发单位进入上游市场）？更明确地，一体化较之于非一体化而言具有哪些鲜明的理论特征？其二，紧接着上一问题，在最优组织的实现过程中，作为嵌入其中的一个重要因素，企业间的研发竞赛及其结果又是如何反作用于组织形式的？正如 Fulghieri 和 Sevilir（2003）所认为的，"在现实中，研发活动的一个重要特征就是它们典型地实施于研发竞赛的背景之中。因此，研发竞赛过程中的竞争压力对所有权结构以及创新融资的影响依旧是一个有待解答的议题"。其三，为什么研发外包渠道的减少能够使得战略联盟可能成为最优的组织形式——多重研发外包渠道给下游企业所带来的影响

---

① 显然，此时作为最优组织形式的战略联盟是作为一种成本治理机制存在的：战略联盟可以治理一体化对应的单个研发外包渠道给下游企业所带来的成本。事实上，正如我们在文献综述中所强调的，这类成本系源于（一体化内部所具有的）合同不完全性的理论特征，具体讨论见下文中的理论阐释部分以及本章结尾的讨论部分。

将如何体现？更明确地，在存在多重研发外包渠道的特别背景下，非一体化（战略联盟）将通过何种机理才有可能成为最优的组织形式？

针对上述第二个和第三个问题，如果一种特定的组织形式在研发竞赛中可以阻止对方的投资，在不存在其他影响因素的情况下，该组织形式当然会被选择。事实上，即便受到其他因素的影响（如研发外包渠道的减少），如下文所表明的，在研发竞赛中更具优势的组织形式也很有可能占优于相对弱势的组织形式。然而，研发外包渠道的减少毕竟会给下游企业带来一定的损失（这是本节的一个重要假设条件，具体见下文），当这类损失超过在研发竞赛中所形成的优势时，在研发竞赛中相对弱势的组织形式也就有可能成为最优的选择了——该组织形式可以带来多重的研发外包渠道。总之，每个研发外包渠道都能够为下游企业带来一定的收益，这正是战略联盟之所以可能会成为最优组织形式的原因所在。针对上述第一个问题，鉴于其所具备的重要理论价值，我们有必要通过整理最新的相关文献①对之进行较为详细的理论阐释。

事实上，一体化（及其相关的机制）较之于企业间的合同所具备的事前的不可合同性（相机适应性）实际上是一个较为普遍的理论问题。比如，Anand 和 Galetovic（2000）就特别强调，由公司资助的项目（该资助可视为公司风险资本）并不能在事前获得利润分享规则的承诺（即便可以获得，事后也是不可实施的），原因就在于"企业内部多重活动的交叉性将使得公司能够在各个活动（项目）间虚报成本和转移收益进而使得净收益不可验证"；相反，由于风险资本家所资助的项目往往是相互独立的，因而受资助的项目在事前就可以获得上述承诺。事实上，这类在公司风险资本和私人风险资本间有关剩余分配的区别也正是我们在最优组织形式的文献综述中所致力于说

---

① 最新的有关研发外包最优组织形式的文献大都强调了内部资本市场（一体化）资本投资不可合同化或者说一体化所具有的灵活性（相机适应）的理论特征。

明的:"……由于私人风险资本家在研发单位中所拥有的股权是可合同化的(不会面临着事后的再谈判),因而他也就可以根据这一可合同化的股权来索取事后的剩余;而公司风险资本家(企业)对外部研发单位的任何资助所形成的基于股权的分配都将面临事后的再谈判(即便事前可列入合同),从而也就不能依据该股权来索取事后的剩余……这正是 Agion 和 Tirole(1994)意义上关于企业对研发单位投资的'无关性论断'(Irrelevance Argument)。"在此基础上,我们在讨论公司风险资本和私人风险资本共同资助研发单位问题的理论前景时就断言:"在理论深化的过程中,Aghion 和 Tirole(1994)以及 Anand 和 Galetovic(2000)所强调的公司风险资本意义上的合同不完全性显然可视为一个有效的理论切入点。"

在较为普遍的理论意义上,Lacetera(2009)关注了一体化较之于企业间的合同(外包)所具有的事前不可合同性(事后相机适应性)及其组织影响。在他看来,通过正式合同将研究活动外包意味着委托方(企业)做出了不在中途更换研究方向的承诺,代理方将由此在事前付出较大的努力;相反,若该研究活动在企业内进行,企业在事后可以根据情况相机地将研究更换到更有前途的方向上,但代理方的事前努力水平将会打折扣,原因在于一旦企业在事后做出调整,代理方将不会获得任何收益。在此情况下,企业将通过比较两种组织形式下由高能激励所带来的相对收益与由事后相机调整所带来的相对收益来决定是否选择外包。比如,当研究的周期较短时,由高能激励所带来的相对收益较大,企业会选择外包;而当研究的周期较长时,由事后相机调整所带来的相对收益较大,企业则会选择一体化。

Novak 和 Stern(2008)则在实证层面上考察了汽车产业产品开发过程中一体化对企业绩效的动态影响。在他们看来,尽管外包能够为上游技术供应商提供一个高能激励合同并能够使企业获得最前沿的技术,但它却不像纵向一体化那样能够对事前不可预期的相机事件做出适应(一体化具有更大程度的灵活性），其结果是，外包在产品开发周期的最初阶段显示出较高的绩效，而一体化基于其绩效改进的功能在产品开发的后期有着较好的绩效，并且随着一体化程度的加深这类效应就表现得越明显。

在更为具体的理论意义上，Guedj（2006）以及 Robinson（2008）都直接将内部资本市场所具有的特征当作最优企业边界理论的基本依托。在 Guedj（2006）看来，一个研发单位的项目通过合同存在于下游企业的边界之外，如果通过研发单位的研究努力后项目所面临的外部状态是好的，那么无论项目本身的质量如何（是否能以较高的概率实现收益），该项目都将进入开发阶段；[①] 而如果研发单位及其项目存在于一体化的内部资本市场中，那么项目进入开发阶段所要满足的条件不仅包括研究阶段实现后项目所面临的外部状态是好的，还包括项目本身进入开发阶段后能以较高的概率实现收益，因此从这个意义上讲，企业内的资本市场可以在项目的研究阶段完成后有选择地决定是否进行下一阶段的投资，而企业间的合同则显然缺乏这类决策的灵活性——进一步投资的决策仅依赖于事前的合同而独立于开发前项目本身的质量。[②] Robinson（2008）所论证的战略联盟的占优性也正是基于该组织形式可以合同化地对高风险的项目配置执行性资本，而这正是内部资本市场所缺乏的：内部资本市场在事后很可能会根据"赢者摘取"（Winner–picking）的原则最优地配置执行性资本而不能够在事前承诺对那些高风险的项目配置执行性资本（这显然会影响该项目经理的事前激励）。

Mathews 和 Robinson（2008）更为深刻地探讨了内部资本市场中资本投资的事前不可合同化是如何作用于最优组织形式的。在他们看来，如果竞争双方的组织形式都为非一体化，那么双方在市场状态实现前会同时选择最优

[①] 在此，我们将项目的进程简单地划分为研究阶段和开发阶段（对药品开发进程中各个阶段的详细介绍，可参见后面的章节）。

[②] 现实的表现是，尽管非一体化的项目较之于一体化的项目更有可能进入下一阶段，但项目最后的成功率却低于一体化的项目。

第4章 多渠道研发外包背景下的战略联盟：一种作为治理机制的最优组织形式

的资本投资数量；如果作为竞争的一方其组织形式为一体化，那么在市场状态实现后，该方会在内部资本市场中重新配置资本：如果市场规模为正，那么它将根据市场规模和另一方的投资水平配置最优的资本投资数量；如果市场规模为零，它将选择零投资。竞争的另一方会根据正的市场规模出现的概率以及在该情况下由竞争态势（双方投资数量）所决定的收益在市场状态实现前选择最优的资本投资数量。在此基础上，下游企业（与相关研发单位）在组织决策时会通过比较一体化与非一体化情形下由双方的投资数量所决定的期望净收益来择优进行（在一体化情形下，一体化的投资数量为状态实现后正的市场规模出现时的投资数量）。[①]

与上述文献综述的思路相一致，我们的理论模型也将遵循一体化较之于非一体化所具有的灵活性或者说内部资本市场中资本投资事前不可合同性的理论特征。[②] 我们将通过一个存在连续的投资和连续的市场规模（如果市场状态实现后其规模为正）的理论框架来考察下游企业在相互独立、战略联盟和一体化三者之间的最优组织选择问题，其中，同样作为非一体化的组织形式，相互独立与战略联盟的区别在于后者具有协同效应（这将使得战略联盟占优于相互独立）；而在战略联盟与一体化具有相同协同效应的假定下，战略联盟与一体化的区别则在于一体化有着上述理论特征。

---

① 在 Mathews 和 Robinson (2008) 看来，如果事后的状态很好（市场规模很大）的话，一体化的组织形式在事后会进行更大程度的投资，竞争的另一方预期届时（市场规模很大时）自己将处于研发竞争上的弱势，在事前很可能根本就不进入上游市场。我们正是充分注意到了这一思想并试图在多重研发外包渠道的视角下对之进行一个相对一般化的模型化处理（Mathews 和 Robinson (2008) 只是在投资离散化的假设下对之进行了较为局部化的论证）。

② 事实上，大的制药企业一般都是拥有内部资本市场的（Guedj 和 Scharfstein, 2004），因此，我们对内部资本市场的理论特征的遵循在很大程度上契合了现实。

4.2.2 基于上述理论问题及阐释的最优组织模型

1. 基本假设及说明

与上节类似,我们仍考虑一个垄断的下游企业 C 以及两个研发单位 RU_1 和 RU_2(各方都是风险中性的)。RU_1(和 C)和 RU_2 都将投资于一项新产品的研发并通过 C(下游企业 C 是垄断的,故只能通过 C)进行市场竞争。我们假定研发竞争的双方所进行的是 Bertrand 竞争:如果一方研发成功,它将占有整个市场;如果双方都研发成功,那么双方的市场收益都为 0。我们还特别地假定竞争的双方在初始投资时所面临的期望市场规模(收益)为 1,以 q 的概率面临着 1/q 的收益(正的市场规模),以 1 - q 的概率面临着 0 的收益(零市场规模)(q 反映了市场状态实现前的不确定性,q 越大,不确定性就越小)。事实上,研发单位通过下游企业实现新产品市场收益的过程在很大程度上也是下游企业研发外包的过程,原因在于如果每个研发单位研发成功进而实现新产品市场收益的话,下游企业也将由此获得一定的收益。[①] 为此,我们特别地假定在此意义上的研发外包的过程中,如果只有一个研发单位研发成功,下游企业将获得同该方相同的收益;而如果竞争的双方都研发成功,那么尽管两个研发单位的收益都为 0,下游企业却能够获得只有一方成功研发后的较大的收益的双倍收益量(当然,如果只有 RU_1 研发成功后的收益同只有 RU_2 研发成功后的收益相等,那么双方同时成功时下游企业的

[①] 一方面,以工艺创新为例,研发单位进行的一项工艺创新当然会给下游企业带来一定的收益,这一点可以通过上一节的模型轻易地得以说明:对该模型中下游企业的利润函数应用包络定理,$\frac{d\pi_C^*(m)}{dm} = -q(m) < 0$,即下游企业生产成本的下降会使其利润得以增加。故我们有理由断定,研发单位所进行的产品研发也会给下游企业带来一定的收益。另一方面,(生物医药产业中的)下游企业会承担一定的临床试验、制造以及销售等工作(更详细的讨论,可参见 Lerner 和 Merge (1998) 以及 Robinson 和 Stuart (2007)),而这类创新劳动的分工本身就会给下游企业带来收益。

收益量为双倍的该相等的收益)。① 这同时也就明确了此类研发外包过程中相关各方的收益。② 另外,为了便于论述,我们有必要用图4-2描述出本模型的时间结构。

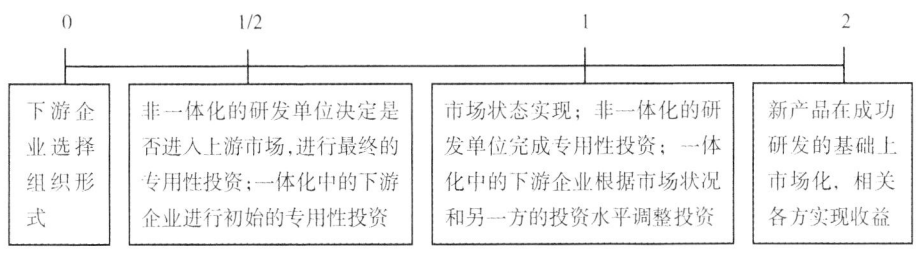

图4-2 研发外包组织模型的时间结构

针对图4-2中的组织形式,我们假定下游企业最多只能一体化一个研发单位（RU_1）并把在 C 和 RU_1 之间的组织形式划分为三种:相互独立、战略联盟和一体化,在此基础上,图4-2中非一体化的研发单位既包括相互独立和战略联盟组织形式下的各研发单位,也包括一体化组织形式下处于内部资本市场之外的同一体化本身形成竞争关系的研发单位（该研发单位并没有被一体化）。根据上文的理论阐释,这类非一体化的研发单位能够在第1/2期承诺研发投资的数量（能够做最终的投资）,而在一体化的组织形式下,由于内部资本市场的灵活性,下游企业（和研发单位）并不能承诺研发投资的数量（不能做最终的投资）——研发投资会在市场状态实现后（1期）被相机

---

① 举例而言,假定如果只有 RU_1（RU_2）能够研发成功,那么其获得的产品市场收益为 π_1（π_2）,并且 $\pi_1 \geq \pi_2$,下游企业也将获得收益 π_1（π_2）;而如果双方都研发成功的话,那么尽管双方的收益都为0,下游企业却能够获得 $2\pi_1$ 的收益。

② 需要特别强调的是,在非一体化的组织形式下,尽管下游企业通过研发单位的新产品研发进行了本书意义上的研发外包,但新产品的最终所有权却归属于研发单位（本书意义上的研发外包在很大程度上是从下游企业能够获得收益的角度而言的）。

调整。需要说明的是,各方投资于研发的资本必须是专用性的,因而投资各方都需要 1/2 期和 1 期这一时段来培育专用性资本(假定一个单位的初始资本对应于一个单位的专用性资本)。① 另外,一体化内部的 1 期(正的市场规模时)投资数量之所以能够被调整是因为下游企业可以在内部资本市场重新配置专用性的投资:如果 1/2 期的投资对 1 期的状况而言过少,那么下游企业就可以将其他类似部门的专用性投资配置到当前的研发项目中;如果 1/2 期的投资对 1 期的状况而言过多,那么下游企业同样也可以将多余的专用性投资挪用于其他类似的部门。

根据上节中的推论 2,我们针对组织形式的具体假定还包括:其一,在战略联盟和一体化的组织形式下,C 和 RU_1 都享有协同性收益:市场状态实现后的正的市场规模将从 $1/q$ 变为 $(1+\tau)/q$,其中,$0<\tau<1/3$;② 其二,在 C 和 RU_1 之间具体组织形式的选择过程中,C 选择最优组织的标准是该组织能够最大化 0 期时 C 和 RU_1 的净收益③之和(假设不存在折现问题)。④ 而针对上游市场的进入决策(是否愿意投资)以及新产品的研发,对于每个研发主体而言,我们有如下具体的假定:其一,一旦决定进入上游市场(进行资本的投资),每个研发主体将承担固定成本 S,这包括新产品研发过程中所需要的固定成本以及对下游企业 C 的搜寻和匹配成本,并且 $1/16 < S < [(1-\tau)/(3-\tau)]^2$;其二,研发成功的概率为 $p_i = \sqrt{K_i}$,K_i 表示(专用

---

① 正是在此意义上,Robinson(2008)将上述专用性资本称之为"执行性资本"并强调了这类资本的稀缺性。

② 为了能够突出内部资本市场的灵活性这一重要的理论因素在战略联盟和一体化比较中的作用,我们特别地假定两种组织形式下的协同性程度是相同的。

③ 在本节中,我们对净收益、利润、净利润几种称谓不做区分。

④ 只要双方可以进行有效的谈判,最大化双方净收益的组织形式就可以保证能够最大化下游企业的净收益。在此,我们有必要做一个延伸性的说明:在一方的外部选择能够在事前被确认的情况下,如果不存在不确定性,那么存在着的一个子博弈精炼均衡是,最大化双方的组织形式即是最大化另一方的组织形式。对此,Grossman 和 Hart(1986)以及 Antras 和 Helpman(2004)都给予了特别的说明。

性）资本的投入数量并且 $K_i<1$；① 其三，资本投资的成本即为资本的数量本身（每个单位的资本投资有一个单位的成本），因而数量 K_i 的资本投资的成本也可以表示为 $K_i = p_i^2$（由上一假设得出）；其四，每个研发主体都不存在财富约束；② 其五，在 1 期时专用性资本的投资数量不超过 1/4，这意味着非一体化的研发单位的初始投资数量不超过 1/4（根据第一个假设，每个研发主体成功的概率将不超过 1/2）。

2. 最优组织的选择

1）C 和 RU_1 相互独立的情形。

在此情形下，RU_1 和 RU_2 在 1/2 期将同时对投资的数量做出决策，RU_1 和 RU_2 所面临的最优化问题分别为：

$$\operatorname*{Max}_{p_1} \pi_{RU_1}^1 \equiv p_1(1-p_2^*) \cdot 1 - p_1^2 - S$$

和 $\operatorname*{Max}_{p_2} \pi_{RU_2}^1 \equiv p_2(1-p_1^*) \cdot 1 - p_2^2 - S$ ③④

通过求一阶条件，上述最优化问题的解将分别满足 $p_1^* = \frac{1}{2}(1-p_2^*)$ 和 $p_2^* = \frac{1}{2}(1-p_1^*)$。由此，该子博弈中研发成功概率的纳什均衡解为 $p_1^* =$

---

① 针对本假设，需要说明的是，在本节中我们是将研究和开发作为一个整体来看待的：每个研发主体通过投资既承担研究工作，又承担开发工作，研发成功的概率为 $p_i = \sqrt{K_i}$，C 在每个研发主体成功研发后所进行的工作可以是临床试验、制造以及销售等活动。这种假设的合理性来于以下的事实：如果我们对研究和开发做出区分，即每个研发单位通过投资承担研究工作，下游企业承担开发工作（以及上述工作）并将研发成功的概率完整地假设为 $p_i = \sqrt{K_i E}$（E 表示下游企业针对新产品开发在 0 期所进行的投资并特别地假定 E=1），那么虽然此时研发成功的概率依旧为 $p_i = \sqrt{K_i}$，但这类假设本身却削弱了组织形式比较的基础，原因在于，对于那些对应于多渠道研发外包的组织形式而言，下游企业将承担 2 个单位的开发性投资成本；对于那些对应于单渠道研发外包的组织形式而言，下游企业将承担 1 个单位的开发性投资成本。

② 事实上，只要满足外部资本市场的竞争是完全的以及外部资本提供者是风险中性的假设，财富约束不会对研发主体形成任何影响，具体讨论可参见 Mathews 和 Robinson (2008)。

③ 在本节中，π^1、π^2 和 π^3 分别表示相互独立、战略联盟和一体化情形下的利润。

④ 由于 $p_i = \sqrt{K_i}$，故我们完全可以将 p_i 当作决策变量，此时成本为投资数量 p_i^2。

$p_2^* = \frac{1}{3}$，更进一步，RU_1 和 RU_2 的最优投资数量为 $K_1^* = K_2^* = \frac{1}{9}$。

RU_1 和 RU_2 的利润都为 $\frac{1}{3}(1-\frac{1}{3}) \cdot 1 - \frac{1}{9} - S = \frac{1}{9} - S$，由于 $\frac{1}{16} < S < (\frac{1-\tau}{3-\tau})^2$（根据假设），因而 $S < \frac{1}{9}$ [$\frac{1-\tau}{3-\tau}$ 为 τ 的减函数，而 $0 < \tau < \frac{1}{3}$（根据假设），故 $\frac{1}{16} < (\frac{1-\tau}{3-\tau})^2 < \frac{1}{9}$]。由此，$RU_1$ 和 RU_2 的利润都大于 0：双方都将在 1/2 期进入上游市场并做出 $\frac{1}{9}$ 数量的资本投资。

同时，下游企业 C 的收益为 $p_1^*(1-p_2^*) \cdot 1 + p_1^* p_2^* \cdot (1+1) + (1-p_1^*)p_2^* \cdot 1 = \frac{2}{3}$；C 和 RU_1 的联合净收益为 $\frac{1}{9} - S + \frac{2}{3} = \frac{7}{9} - S$。

2) C 和 RU_1 结成战略联盟的情形。

在此情形下，尽管 C 和 RU_1 形成了战略联盟关系，但在 1/2 期投资决策的主体仍是 RU_1。所不同的是，由于享有协同性收益，RU_1 在 1/2 期所面临的期望市场收益将从 1 变为 $q \cdot \frac{1+\tau}{q} + (1-q) \cdot 0 = 1 + \tau$。因此，$RU_1$ 在 1/2 期所面临的最优化问题为：

$$\underset{p_1}{\text{Max}} \pi_{RU_1}^2 \equiv p_1(1-p_2^*) \cdot (1+\tau) - p_1^2 - S$$

通过求一阶条件，上述最优化问题的解 p_1^* 将满足：

$$p_1^* = \frac{1}{2}(1-p_2^*)(1+\tau) \qquad (4-6)$$

由于 RU_2 在 1/2 期的期望市场收益将仍为 1，因而 RU_2 在 1/2 期所面临的最优化问题及其最优解 p_2^* 所满足的条件将仍为：

$$\underset{p_2}{\text{Max}} \pi_{RU_2}^2 \equiv p_2(1-p_1^*) \cdot 1 - p_2^2 - S$$

和 $p_2^* = \frac{1}{2}(1-p_1^*)$ \qquad (4-7)

第4章 多渠道研发外包背景下的战略联盟：一种作为治理机制的最优组织形式

结合式（4-6）和式（4-7），我们可得出战略联盟情形下（作为一个子博弈）研发成功概率的纳什均衡解：$p_1^* = \frac{1+\tau}{3-\tau}$，$p_2^* = \frac{1-\tau}{3-\tau}$。更进一步，均衡的投资数量为 $K_1^* = (\frac{1+\tau}{3-\tau})^2$，$K_2^* = (\frac{1-\tau}{3-\tau})^2$。

我们尚需验证1/2期时两个研发单位的净利润以确定它们是否愿意进入上游市场并完成上述投资。在均衡状态下，RU_1 的利润 $\pi_{RU_1}^2 = p_1^* (1-p_2^*) \cdot (1+\tau) - (p_1^*)^2 - S = (\frac{1+\tau}{3-\tau})^2 - S$；$RU_2$ 的利润 $\pi_{RU_2}^2 = p_2^* (1-p_1^*) \cdot 1 - (p_2^*)^2 - S = (\frac{1-\tau}{3-\tau})^2 - S$。由于 $S < (\frac{1-\tau}{3-\tau})^2$（根据假设），因而 RU_1 和 RU_2 在1/2期都会进入上游市场并做出上述 K_1^* 和 K_2^* 数量的资本投资。

通过简单的比较，我们很容易发现，RU_1（RU_2）在战略联盟下的最优投资数量将多于（少于）C 和 RU_1 相互独立时的最优投资数量，① 其原因是显然的：RU_1 同下游企业结成战略联盟后会享有协同性收益，这将使得它在研发竞赛中采取较具"侵略性"的投资策略，同时由于 RU_2 不具有此类优势，其最优的反应只能是缩减投资数量。因此，我们有引理1。

引理1：由于享有协同性收益，RU_1 在 C 和 RU_1 结成战略联盟时的最优投资数量将多于 C 和 RU_1 相互独立时的最优投资数量；由于 RU_2 不享有此类收益，C 和 RU_1 结成战略联盟会削减其最优投资数量。

根据引理1，较之于 C 和 RU_1 相互独立的情况，RU_1 研发成功的概率将增大，RU_2 研发成功的概率将减小。而鉴于这类研发成功概率的变化会给 C 和 RU_1 的联合净收益带来复杂的影响，我们接下来也就有必要详细考察这类

---

① $\frac{1+\tau}{3-\tau}$ 在 $0 \leq \tau < \frac{1}{3}$ 时为 τ 的增函数；$\frac{1-\tau}{3-\tau}$ 在 $0 \leq \tau < \frac{1}{3}$ 时为 τ 的减函数，因而前者大于当 τ 取 0 时的值（$\frac{1}{3}$），后者小于当 τ 取 0 时的值（$\frac{1}{3}$）。

影响以比较相互独立和战略联盟两种组织形式。

在战略联盟的组织形式下,下游企业 C 与 RU_1 的联合净收益将变为 $p_1^*(1-p_2^*)\cdot(1+\tau)+p_1^*p_2^*\cdot 2(1+\tau)+(1-p_1^*)p_2^*\cdot 1+p_1^*(1-p_2^*)\cdot(1+\tau)-(p_1^*)^2-S=2(1+\tau)p_1^*+(1-p_1^*)p_2^*\cdot 1-(p_1^*)^2-S=\dfrac{-2\tau^3+3\tau^2+4\tau+7}{(3-\tau)^2}-S$。

由于在 C 和 RU_1 相互独立时双方的联合收益为 $\dfrac{7}{9}-S$,因而我们在将相互独立和战略联盟两种组织形式进行比较时,只需比较 $\dfrac{-2\tau^3+3\tau^2+4\tau+7}{(3-\tau)^2}$ 和 $\dfrac{7}{9}$ 的大小。在此,我们令 $f(\tau)=\dfrac{-2\tau^3+3\tau^2+4\tau+7}{(3-\tau)^2}$ 并对 $f(\tau)$ 求导,得:$f'(\tau)=\dfrac{2\tau^3-18\tau^2+22\tau+26}{(3-\tau)^3}$。显然,当 $0\leq\tau<\dfrac{1}{3}$ 时,$f'(\tau)>0$,即 $f(\tau)$ 在上述区间内是严格递增的,因而 $f(\tau)>f(0)=\dfrac{7}{9}$。由此,我们可得命题 1。

命题 1:在 C 和 RU_1 相互独立与 C 和 RU_1 结成战略联盟两种组织形式的权衡中,下游企业 C 将选择同上游研发单位 RU_1 结成战略联盟。

对于上述命题,需要说明的是,尽管战略联盟占优于相互独立,但正如引理 1 所表明的,战略联盟也会给下游企业 C 带来成本(RU_2 最优投资量的削减会降低其研发成功的概率进而 C 的期望收益减少)。而鉴于本书主要聚焦于战略联盟与一体化的比较,我们的模型设计也就特别地使得相互独立被战略联盟所占优(后文对此有补充性的说明)。

3)C 和 RU_1 一体化的情形。

在上述两种情形下,RU_1 和 RU_2 不能在 1 期重新配置(专用性)投资的数量;而在一体化的情形下,C 会根据研发竞争的态势(RU_2 在 1/2 期所投资的数量)和市场状态实现后(1 期时)的市场规模大小重新配置专用性资本。更正式地，在 1 期时，如果新产品的市场规模为 0，C 将不进行投资；如果新产品的市场规模为 $\frac{1+\tau}{q}$，C 会根据如下最优化问题选择投资数量（其中，π 表示一体化内部对 C 和 RU_1 而言的共同收益）：

$$\underset{p_1}{\text{Max}} \pi^3 \equiv p_1(1-p_2) \cdot \frac{1+\tau}{q} + p_1 p_2 \cdot 2 \cdot \frac{1+\tau}{q} + (1-p_1)p_2 \cdot \frac{1}{q} + p_1(1-p_2) \cdot \frac{1+\tau}{q} - p_1^2 - S$$

对此最优化问题求一阶条件，可得：

$$p_1 = \frac{1+\tau}{q} - \frac{1}{2q}p_2 \qquad (4-8)$$

另外，根据假设，1 期时专用性资本的投资数量不能大于 $\frac{1}{4}$，也即 $p_i < \frac{1}{2}$。在此基础上，我们有如下讨论：在式（4-8）中，p_1 为 p_2 的减函数，当 p_2 取最大值 $\frac{1}{2}$ 时，$p_1 = \frac{3+4\tau}{4q} = \frac{1}{2} \cdot \frac{3+4\tau}{2q} > \frac{1}{2}$（由于 $0 < q < 1$）。因此，无论 p_2 在 $p_2 \leq \frac{1}{2}$ 的范围内取何值，p_1 都只能取最大值 $\frac{1}{2}$（配置数量为 $\frac{1}{4}$ 的专用性投资）。

对于 RU_2 而言，其在 1/2 期时进行投资决策时将有如下考虑：如果市场规模为 $\frac{1}{q}$（以 q 的概率出现），那么收益将为 $p_2(1-\frac{1}{2}) \cdot \frac{1}{q}$；如果新产品的市场规模为 0（以 $1-q$ 的概率出现），那么收益也将为 0。另外，投资只能发生于市场状态实现前（1/2 期）。在此基础上，RU_2 在 1/2 期时的最优化问题可总结为：

$$\underset{p_2}{\text{Max}} \pi^3_{RU_2} \equiv q\left[p_2\left(1-\frac{1}{2}\right) \cdot \frac{1}{q}\right] + (1-q) \cdot 0 - p_2^2 - S = p_2\left(1-\frac{1}{2}\right) \cdot 1 - p_2^2 - S$$

显然，满足此最优化问题的 $p_2 = \frac{1}{4}$，然而，由此所产生的利润为 $\frac{1}{16} - S$，由于 $S > \frac{1}{16}$（根据假设），因而 RU_2 在 1/2 期将选择不进入上游市场。这意味着，对于很小的固定成本，RU_2 都将选择不进入上游市场。

综上，在 1/2 期，RU_2 不进入上游市场，在 1 期，如果市场规模为正，那么 C（与 RU_1）所选择的（专用性）投资量为 $\frac{1}{4}$ 进而研发成功的概率为 $\frac{1}{2}$；如果市场规模为 0，C（与 RU_1）将不作投资。由此，C 与 RU_1 的联合期望净收益为 $q\left[\frac{1}{2}\left(\frac{1+\tau}{q} + \frac{1+\tau}{q}\right) - \frac{1}{4}\right] + (1-q)\cdot 0 - S = (1+\tau) - \frac{1}{4}q - S$①。

4）战略联盟与一体化的比较。

命题 1 告诉我们，对于下游企业 C 而言，战略联盟将占优于相互独立的组织形式。因而接下来我们将重点讨论战略联盟与一体化的比较问题。

在一体化的情形下，如果状态实现后市场规模为正，那么下游企业 C（与 RU_1）所选择的投资数量 $(\frac{1}{2})^2$ 显然大于战略联盟情形下 RU_1 所选择的投资数量 $(\frac{1+\tau}{3-\tau})^2$（因为 $0 < \tau < \frac{1}{3}$，并且 $\frac{1+\tau}{3-\tau}$ 为 τ 的增函数）；对于 RU_2 而言，不同于 C 和 RU_1 结盟情形下它在 1/2 期进入上游市场并选择 $(\frac{1-\tau}{3-\tau})^2$ 的资本投资，在 C 和 RU_1 一体化的情形下，它将由于 1 期正的市场规模实现时 C（与 RU_1）较多的资本投资而在 1/2 期选择不进入上游市场。因此，我们有引理 2。

---

① 根据对 M 的假设，一体化下的期望净收益显然是大于 0 的。

第4章 多渠道研发外包背景下的战略联盟：一种作为治理机制的最优组织形式

引理2：在 C 和 RU_1 一体化的情形下，如果状态实现后市场规模为正，那么下游企业 C（和 RU_1）所选择的投资水平将多于战略联盟情形下 RU_1 所选择的投资水平。在此基础上，RU_2 将从战略联盟情形下的正的投资水平下降到一体化情形下的零投资水平（在此情形下，RU_2 将不进入上游市场）。

为了确定在战略联盟和一体化两种组织形式之间何者占优，我们需要比较 $f(\tau) = \dfrac{-2\tau^3 + 3\tau^2 + 4\tau + 7}{(3-\tau)^2}$ 与 $(1+\tau) - \dfrac{1}{4}q$ 的大小。容易验证，在 $0 < \tau < \dfrac{1}{3}$ 的假设下，当 $q=0$ 时，$f(\tau) < 1 + \tau - \dfrac{1}{4} \cdot 0 = 1 + \tau$；当 $q=1$ 时，$f(\tau) > 1 + \tau - \dfrac{1}{4} \cdot 1 = \tau + \dfrac{3}{4}$。事实上，我们可以令 $g(q) = f(\tau) - [(1+\tau) - \dfrac{1}{4}q]$，显然，$g'(q) = \dfrac{1}{4} > 0$，由上述比较，$g(0) < 0$，$g(1) > 0$。因此，必定存在一个 $q^* \in (0, 1)$，满足 $g(q^*) = 0$。我们可以用图4-3来描述此类情况。

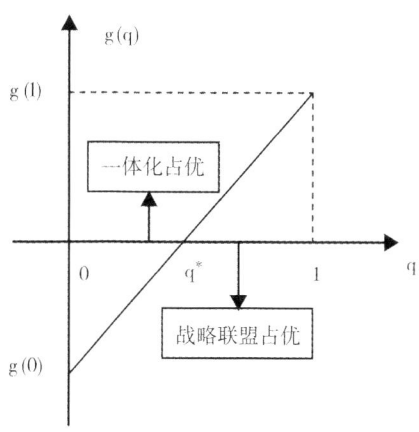

图4-3 不确定性的大小与最优组织形式

正如图 4-3 所标示的，当 $0 < q < q^*$ 时（不确定性较大时），一体化将占优于战略联盟；当 $q^* < q < 1$ 时（不确定性较小时），战略联盟将占优于一体化。由此，我们得到命题 2。

命题 2：当新产品市场规模的不确定性较大时（此时，不确定性消失后的正的市场规模较高程度地大于期望市场规模），下游企业 C 在其本身与上游研发单位 RU_1 之间所选择的最优组织形式为一体化；当新产品市场规模的不确定性较小时（此时，不确定性消失后的正的市场规模接近于期望市场规模），下游企业 C 在其本身与上游研发单位 RU_1 之间所选择的最优组织形式为战略联盟。

命题 2 为本节的核心结论，因为它直接关系到我们所强调的理论问题及阐释。事实上，当新产品市场规模的不确定性较大时，一体化的灵活性将占优于战略联盟所带来的研发外包渠道的多重性：不确定性越大（不确定性消失后的正的市场规模大于期望市场规模的程度越高），将投资推迟于市场状态实现后进行就越有价值，而一体化中的内部资本市场具有这类市场状态实现后重新配置资本的功能，因此即便一体化会阻止其他研发单位进入上游市场进而不能享有战略联盟所带来的更多研发外包渠道的收益，一体化也是占优于战略联盟的；当新产品市场规模的不确定性较小时，战略联盟所带来的研发外包渠道的多重性将占优于一体化的灵活性：不确定性越小（不确定性消失后的正的市场规模越接近于期望市场规模），一体化所具有的灵活性收益也就越小，因而如果此时仍选择一体化，那么由其所带来的研发外包渠道减少的成本将很有可能大于其本身所具有的灵活性收益，在此基础上，选择战略联盟而非一体化更有可能是最优的。

4.2.3　案例

对于上述命题，尤其是与多渠道研发外包相联系的战略联盟较之于一体化的占优性,我们将采用生物医药产业中的相关案例进行佐证。需要首先说明的是,在企业研发的组织机制中,虽然对于所有产业而言,内部研发(一体化)较之于研发外包仍居于主导地位,[1] 但对生物医药产业而言,(在位)企业的研发外包(通过研发联盟)已成为一个相当普遍的现象,比如,根据Roijakkers 和 Hagedoorn(2006),制药企业 Merck(默克)和 Ciba–Geigy[2] 在20世纪90年代前半期所组成的研发联盟数量分别为15家和18家,Eli Lilly(礼来)在20世纪90年代后半期所组成的研发联盟数量达到了19家。[3][4] 而事实上,对于生物医药产业而言,我们所要关注的已不仅仅是研发外包日趋增多这一现象本身,还应该包括对于给定的研发项目而言,是否存在多重的研发外包渠道。对此,Audretsch 和 Feldman(2003)就强调,生物医药产业中研发外包的趋势已从广泛学习(通过广泛的研发外包)的阶段转变到了聚焦于特定技术的阶段,而且对于此类特定技术,制药企业(如 Ciba–Geigy)则通过研究和许可协议为之寻求更多的外包渠道。

在明确了上述基本背景后,我们就完全可以针对上述有关与多渠道研发外包相联系的战略联盟同与单渠道研发(外包)相联系的一体化相比较的命题展开讨论。实际上,在一体化和战略联盟等组织形式间的最优组织选择已经成为制药企业至为重要的决策内容,[5] 而对于采用何种形式的组织,我们有必要陈述这样一个事实:在欧洲和日本,大多数的生物技术创新都是由已

---

[1] Subramanian(2006)为此给出了这样的数据:在2000年,内部研发的投资总额为1820亿美元,而风险资本(包括公司风险资本和私人风险资本)对研发投资的总额为1140亿美元;皮萨诺(2006)也注意到,制药公司财政预算的绝大部分(可能达到75%~80%)都被用于内部活动;Anand 等(2004)甚至认为,尽管风险资本在过去的二十年间对研发的投资取得了成功,但有90%的旨在商业化的研发仍是在企业内部进行的。

[2] Ciba–Geigy 与 Sandoz 在1996年合并成 Novartis 公司(一家总部位于瑞士巴塞尔的制药及生物技术跨国公司)。

[3] Audretsch 和 Feldman(2003)为此就论述,为了推进研究,(制药)企业通过不同领域联盟内的多家合作伙伴组成了密集的网络,这已成为一个共识。

[4] 对生物医药产业中研发外包系统性的理论介绍,可参见费方域、李靖等(2009)。

[5] 对此,费方域、李靖等(2009)已给出详细的说明。

建立的公司推动的:在法国,进入市场的大都是分散化投资于生物技术的企业以及其他研究机构;在德国,几乎没有新企业进入;在日本,具有很强的加工能力(如发酵)的大型食品与化学公司是进入生物技术领域的先导力量。相反,在美国,绝大多数已建立的制药公司通过对小规模的初创企业进行并购或与之合作进而形成新的药物开发技术。因此,生物技术商业化的发展是由美国的初创期企业主导的,分子生物学变革在很大程度上是一个美国现象(皮萨诺,2006)。换言之,欧洲和日本的生物技术研发以一体化的组织形式为主,而美国的生物技术研发则越来越多地依赖于战略联盟、许可证交易等非一体化的组织形式。

表4-1 基因工程专利的百分比(1987~1993年)

单位:%

	新公司	已成立的公司	大学
德国	3	80	17
法国	17	35	48
日本	3	87	10
美国	40	38	22

对于上述不同的组织表现,尽管皮萨诺(2006)详细阐述了其出现的多重原因,但一个关键的与更多研发外包渠道密切相关的原因似乎被忽略了。为此,我们有必要做出如下的推测性讨论:由于在欧洲和日本,特定生物技术下的上游企业为零或较少;在美国,特定生物技术下的上游企业较多——这一判断可以从不同国家基因工程专利的统计数据得以说明,具体见表4-1(转引自皮萨诺,2006),因而对于欧洲和日本的下游制药企业而言,选择一体化(内部研发)的组织形式不但能够享有一体化的灵活性收益,而且更重要的是无须承担由研发外包渠道的减少所带来的成本,于是一体化较之于非

第4章 多渠道研发外包背景下的战略联盟：一种作为治理机制的最优组织形式

一体化更有可能成为其最优的组织选择；对于美国的下游制药企业而言，选择一体化（内部研发）固然可以享有一体化的灵活性收益，但一体化所带来的阻止进入效应导致研发外包渠道的减少，这使其承担巨大的成本，此种情况下选择战略联盟等非一体化的组织形式就更有可能是最优的，诚如皮萨诺（2006）所认为的："……对于已建立的制药公司而言，联合进行新技术开发的研究就显得很正常了，即使它们具有向新进入者进行'外部采购'整个流程的组成部分的能力，也同样会进行联合开发。"事实上，生物医药产业中集群（Clusters）的产生也在很大程度上印证了上述推测：上游企业越多，上下游企业越是有可能结成纵向的战略联盟，于是更多的上游企业就越有可能出现。①

值得说明的是，即便组织形式对研发外包渠道的潜在影响并不一定进入下游企业的考虑范围，下游企业仍倾向于以在外部进行研发竞赛的方式实施生物技术创新。对此，考虑生物医药产业中如下的早期经典案例（转引自Gans 和 Stern，2003）：为了开发合成的胰岛素，② Eli Lilly（礼来）——当时为牛胰岛素和猪胰岛素主要的在位供应商——组织了三家旨在探知胰岛素基因的研究团队。在这三家研究团队中，有两家来自于大学（分别为哈佛大学和 UCSF（加州大学旧金山分校）），一家为 Genentech（为风险资本资助的在1976年创立的第一家生物技术公司），而它们的研究任务之所以为探知胰岛素基因，是因为这一任务本身是商业化开发人体胰岛素基因的先决条件。1978年8月，Genentech 成功地合成了人体胰岛素基因从而在这类研发竞赛中获胜。在该研究成果被确认的当天，Genentech 申请了专利并同 Eli Lilly 签

---

① 在上述讨论中，虽然我们假定上游技术供应商的数量影响着下游企业的组织选择，但下游企业的组织选择又影响着上游企业的数量，因此，很难分清哪个为因，哪个为果。

② 胰岛素是在1922年被发现的（后来胰岛素从动物胰腺中提炼成功进而使得糖尿病人能够得到治疗），而这也许构成了20世纪20年代出现在生理学上的最大的技术飞跃（乔·莫克亚，2006）。

署了旨在进行商业化合作的排他性许可协议。① 对于这一案例，Gans 和 Stern（2003）指出，Lilly 在当时对生物技术企业在医药产业中所发挥的作用并不明确，但还是发起了这类外部的研发（竞赛）以求冒着竞争优势被削弱的风险获得来自创意市场的收益。② 因此，我们有理由认为，Lilly 当时未必意识到非一体化的组织方式本身就支持着这类研发外包渠道的多重性，而只是利用研发竞赛的组织方式尽可能地获得上游技术。事实上，这恰恰折射出如下更为深刻的组织含义：只要多渠道研发外包的客观条件满足，通过非一体化的组织形式来获取生物技术对制药企业而言就是一个至为重要的选择——在上述案例中，如果 Lilly 在初始阶段购并了某一研究团队，那么研发竞赛将很可能会受到影响进而基于创意市场的获利性也就很可能会大打折扣。

作为对战略联盟占优性理据的补充，我们还需要在既有相关论述的基础上做一些必要的引证，前文已经交代出制药企业在不同研究领域内同时组成多家研发联盟（如礼来组成的研发联盟数量为 19 家）以及更重要的针对某个研究领域也形成多重研发外包渠道的基本事实，而与此基本事实相辅相成的还有 Guedj（2006），Comanor（2007）以及 Robinson 和 Stuart（2007）所做的进一步强调：生物医药产业中的联盟数量很大并日趋增加。尽管在联盟中新创企业接受来自大的制药公司的资助，但这些大的制药公司已经越来越依赖于这类作为新产品渠道的联盟。综上所述，我们已经有足够的理据验证，当纵向战略联盟成为一种组织选择时我们的理论模型所显示的企业边界观，而不难看出的是，在对案例的具体讨论中，我们更倾向于验证我们理论模型企业边界观基础上的与多渠道研发外包相联系的战略联盟较之于一体化（内部研发）的占优性。事实上，我们之所以有着此类倾向，是因为我们的模型中与此相关的理论命题更契合于制药企业研发的现实进展，而由此形成的验

---

① 根据 Audretsch 和 Feldman（2003），在 1993 年，人类胰岛素的市场销售额为 5.6 亿美元。
② 实际情况是，Lilly 的竞争优势不但未被这类外部研发（竞争）所削弱，相反还得到了巩固。

证本身也有着切实而独特的实证意义。当然，在验证的过程中，我们并没有否认一体化（内部研发）的主导地位（前文对此已做出说明），所要做的只是力求在生物医药产业战略联盟日趋增多的现实中寻求深刻而精准的组织机制含义。

最终，我们有必要继续上述有关生物医药产业的案例讨论，对组织比较过程中作为重要条件的不确定性在战略联盟占优时的大小进行验证。根据上述讨论，战略联盟占优于一体化要求不确定性不能太大以保证战略联盟对应的多重研发外包渠道所带来的相对收益能够大于一体化的灵活性收益。对于这一要求，生物医药产业的相关事实并不能够满足：Auderetsch 和 Feldman（2003）所陈述的生物医药产业的三个知识性条件之首即为高度的不确定性；Robinson 和 Stuart（2007）针对药品的开发过程引证，被认定了的每 5000～10000 个药品化合物结构，只有 250 个能够到达前临床实验阶段，而即便所开发的药品最后能够获得 FDA（食品与药品管理局）的批准，也并不意味着药品开发的成功。[①] 鉴于这类有关不确定性的论述在很大程度上与我们在理论层面上对不确定性的要求是相悖的，[②] 我们的理论也就存在着一定的缺憾。而这一理论上的缺憾也正是我们在下文中所要进一步说明的。

4.2.4 总结与进一步的讨论

在本节中，我们比较了研发竞赛中作为竞争的一方所面临的非一体化（包括相互独立和战略联盟）和一体化的三种组织形式。这种比较是以下游企业为参考点并主要在权衡一体化所具有的灵活性与非一体化（战略联盟）

[①] 正如 OECD（2005）所指出的，知识和技术的未来开发、市场、产品需求以及技术的潜在用途都是高度不可预测的。当然，为了契合于我们的理论模型，我们特别将关注点更多地放在市场上。事实上，Robinson 和 Stuart（2007）就进一步地引证，1980～1984 年所批准的 5 种药品中，只有 1 种药品的销售收入超过了平均的税后研发成本。

[②] 当然，在研发的后期阶段，由于市场状态等不可预测的程度不会太大，这一要求基本上可以得到满足。

所具有的研发外包渠道的多重性的基础上进行的。

首先,在同为非一体化的相互独立和战略联盟两种组织形式的比较中,由于战略联盟能够为竞争的一方带来协同性收益,因而这一方在研发竞赛中将投入较之于相互独立时更多的资本,与此同时,由于不具有协同性收益,因而在研发竞赛中相对弱势的另一方将投入较之于相互独立时更少的资本(引理1)。在此基础上,下游企业通过比较相互独立和战略联盟两种情形下(下游企业与相关研发单位)的联合净收益会选择战略联盟(命题1)。①

其次,在战略联盟和一体化两种组织形式的比较中,由于相关方在这两种组织形式下享有相同程度的协同性收益,因而我们的主要关注点在于(一体化中)内部资本市场的不完全合同性所带来的较之于战略联盟的收益和成本:一方面,由于一体化可以在市场状态实现后重新(在内部资本市场中)配置资本,因而一体化较之于战略联盟享有灵活性收益(这是我们在理论问题的提出与阐释部分所重点强调的);另一方面,在研发竞赛中,另一方基于市场状态实现后正的市场规模出现时一体化的较高投资水平在初始阶段将选择不进入上游市场(引理2)——一体化会带来阻止更多研发外包渠道进入的成本,而这类成本在战略联盟的组织形式下是不会出现的,因为战略联盟总是对应于多重的研发外包渠道。在此基础上,如果相关方在初始阶段所面临的新产品市场规模的不确定性较大时,下游企业(和相关的研发单位)将选择一体化的组织形式以利用一体化的灵活性;如果上述不确定性较小时,下游企业(和相关的研发单位)将选择战略联盟的组织形式以利用战略联盟所带来的研发外包渠道的多重性(命题2)。由此,我们在很大程度上回答了 Lerner 和 Rajan (2006) 所提出的有关战略联盟如何区别于一体化的理论问

---

① 特别地,尽管战略联盟会使得研发竞赛中处于相对弱势的一方选择较少的投资水平进而影响下游企业的收益,但 C(和 RU_1)在综合权衡各种因素的基础上仍会选择战略联盟而非相互独立。

第 4 章　多渠道研发外包背景下的战略联盟：一种作为治理机制的最优组织形式

题（见本节开头）。①

事实上，在下游企业多渠道研发外包的背景下，如果相关方在初始阶段所面临的新产品市场规模的不确定性较小时，战略联盟完全可以被视作针对（一体化中）内部资本市场所具有的合同不完全性的成本治理机制，② 原因在于，当内部资本市场的不完全合同性所带来的阻止更多研发外包渠道出现的成本大于其灵活性收益时（这也就形成了由合同不完全性所带来的（净）成本），战略联盟的优越性也就体现出来了——采用战略联盟的组织形式可以治理这类由合同的不完全性所带来的成本。图 4-4 具体描述了这类情况。顺便还要说明的是，当上述不确定性较大时，一体化也可以被视作针对不完全合同性的成本治理机制，所不同的是此时一体化所导致的净成本为负（净收益为正）：一体化所带来的阻止更多研发外包渠道出现的成本小于其灵活性收益。因此，当这类特殊的成本出现时，能够治理这类成本的一体化当然是最优的。综上，我们可以在成本治理机制的视角下对上述讨论做一总结：针对多重研发外包背景下的最优组织形式，如果下游企业所面临的由合同的不完全性③所导致的成本越大（小），那么作为治理机制的战略联盟（一体化）

---

① 这类理论问题的提出结合了战略联盟现实的普遍性与企业边界理论的重要性。针对前者，可参见下一章的讨论（还需指出，鉴于公司联盟日趋普遍的现实，NBER 在 2002 年专门就公司联盟召开了一次会议（当然，公司联盟在经济和金融领域受到较少的关注也是这次会议召开的原因之一（Lerner 和 Rajan，2006））；针对后者，我们还需特别交代的是，企业边界问题是经济学界一个经久不衰的话题，为此，2009 年诺贝尔经济学奖又一次授予了在企业边界理论领域内做出突出贡献的学者（威廉姆森作为两个获奖人之一是企业边界理论的集大成者）。

② 2009 年诺贝尔经济学奖在表彰威廉姆森对企业边界问题做出突出贡献的同时，也着重表彰了威廉姆森（和奥斯特罗姆）在治理问题上所做出的突出贡献。这至少说明了治理问题的理论重要性。而事实上，我们针对企业研发外包问题的研究也正是在成本治理机制的视角下进行的（更详细的讨论，可参见第 1 章）。在下文中，为了对应于前文研发外包最优组织形式文献综述中的成本治理机制视角，我们尚需将本节中有关最优组织形式的论证也最终归结到成本治理机制的视角之下。

③ 这类合同的不完全性当然是在一体化的情形下具有的，然而，根据文献综述中的讨论，一体化也是研发外包的一种特殊的组织形式，因此我们完全可以将之理解为下游企业在研发外包的背景下所面临的成本特征。另外，也正是基于这类原因，我们在图 4-4 中完全可以将一体化对应于单渠道的研发外包。

是最优的。

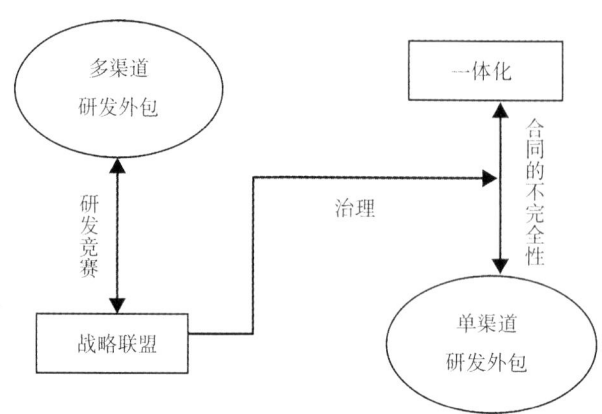

图 4-4　战略联盟：多渠道研发外包背景下作为治理机制的最优组织形式

针对本节中的模型及其改进，我们需要作如下几点说明：第一，不同于 Mathews 和 Robinson（2008），我们并未强调相互独立的组织形式的占优性：在我们的假设下，战略联盟是恒占优于相互独立的。这虽然能够更好地突出战略联盟的效应，但要完成对组织形式的完整讨论，显化相互独立的组织形式在一定条件下的占优性显然是必要的。为此，未来的研究尚需修改相关假设进而对组织形式展开一个更为完整的讨论。①

第二，在我们比较战略联盟和一体化的过程中，战略联盟的占优性对应于新产品市场规模较小的不确定性，这显然是由于一体化具有灵活性从而不确定性较大时一体化占优，但就生物医药产业而言，战略联盟的研发项目面

---

① Mathews 和 Robinson（2008）是通过这样的假设——处于垄断地位的下游企业的资产专用于投资被一体化的研发项目进而另一研发单位在正的市场规模的情况下通过下游企业进行市场化时其收益将受到削减——来显化相互独立的组织形式的占优性的。

临的风险往往也是很大的（如药品开发的高风险性）[①]（事实上，在我们的模型中，这一点可以通过较小的 q^* 得以说明），因而未来的研究尚需要关注如何增加战略联盟和高风险的额外联系。

第三，我们关于内部资本市场不完全合同性的假设其实是很强的，如果我们不对相关研发主体的投资量设定一个额外的上界（1/4），那么战略联盟将恒被一体化所占优。当然，我们假设的合理性来自于 Robinson（2008）：即便是在大企业内部，执行性资本也是稀缺的。然而即便如此，对内部资本市场的不完全合同性进行一个相对弱化的处理似乎更为合理（比如，我们可以效仿 Guedj（2006）进而做出这样的假设——当正的市场规模出现时下游企业将以一定的概率重新配置资本）。

第四，我们在模型中并未考虑 RU_1 处于一体化内部时其努力水平受到的影响，而事实上，正如 Grossman 和 Hart（1986），Aghion 和 Tirole（1994）以及 Arora 和 Merges（2004）等所强调的，较之于非一体化中的努力水平（此时存在高能激励），相关方在一体化内部的努力水平将减少,[②] 故如果我们将这类因素也考虑在内，那么一体化较之于战略联盟的优势将削弱。由此，一个可能的后果是，即便新产品市场规模的不确定性很大时，战略联盟也是占优的，这也就在一定程度上解释了上述第二点所讨论的关于战略联盟往往针对高风险项目的现象。需要说明的是，Guedj（2006）在对战略联盟和一体化的比较中实际上综合了一体化所具有的灵活性与项目经理的激励等因素：在项目经理存在高能激励的情况下，尽管一体化能够在很大程度上保证项目的质量（对低成功率的项目不做进一步的投资，可视为灵活性收益），但对

[①] 在很多情况下，战略联盟的合理性建立在能够应付项目的高风险的基础上（Robinson，2008）。另外，Lerner 和 Rajan（2006）就认为："在某种程度上，（对联盟协议的设计所进行的）创新在反映代理问题中信息不对称性的同时，更加反映出潜在技术和市场的高度不确定性。"

[②] 在 Aghion 和 Tirole（1994）以及 Arora 和 Merges（2004）中，被一体化的一方的努力水平为 0。

于相关各方而言,战略联盟却都占优于一体化。因此,在我们的模型中加入研发单位的激励因素将是一项有着重要理论意义的研究工作。①

第五,在针对研发成功概率的假设所进行的讨论中(见上文中的脚注),我们认为,如果我们将作为整体的研发细化为研究和开发两个阶段并假定由下游企业承担开发的成本,那么一体化的优势将由此增强。然而,如果我们将相关研发单位的激励因素也综合到研发成功概率的假设中(比如,可以依照 Guedj(2006)将研发单位所做的努力视作针对研究所做的投资并进而视为研究成功的概率),那么上述一体化的优势将减弱甚至根本就不存在。② 因此,在研发成功的假设中考虑到激励因素的条件下,我们也完全可以在此假设中考虑将作为整体的研发细化为研究和开发两个阶段(由研发单位承担研究,由下游企业承担开发)并对之做合意的处理。

第六,由于本节只是对 Mathews 和 Robinson(2008)中内部资本市场的上游市场阻止效应在研发外包的背景下做一个较为一般的模型化处理,因而我们在假设和论证中只是旨在强调内部资本市场在正的市场规模出现时配置较多资本的灵活性。事实上,在另外一些条件满足时,内部资本市场在正的市场规模出现时还可以配置较少的资本,竞争的另一方将由此投入较之于非一体化时更多的资本(在这类情况出现时,一体化和非一体化的比较又将成为一个新的议题),但无论如何,正如我们在理论问题的阐释部分所强调的,在对一些问题进行深化研究的过程中,内部资本市场及其相关机制的不完全合同性完全可以作为一个有效的理论切入点。因此,未来针对战略联盟的进一步研究中,以内部资本市场及其相关机制的不完全合同性为切入点的理论

---

① 当然,在研发竞赛的情况下对这类因素进行一个较具说服力的理论处理,将是一项颇具挑战性的研究工作(对此,Fulghieri 和 Sevilir(2003)在 Aghion 和 Tirole(1994)有关最优组织的论证的基础上给出了一个极具包容性的理论处理模式)。

② 激励因素对一体化优势的负面影响也是上述第四点所致力于强调的,我们在第五点中主要强调的是,如果在针对研发成功概率的假设中考虑了激励因素,那么我们也完全可以在该假设中考虑研发分工的因素。

诠释势必有着重要而独特的意义。实际上，Fulghieri 和 Sevilir（2003）以上述理论特征为切入点对战略联盟这一特殊组织形式的诠释——在非一体化中，当研发竞争的强度较大时，下游企业可以利用公司风险资本较之于私人风险资本的不完全合同性来提高研发单位的投资水平进而阻止竞争对手的投资，而当研发竞争的强度充分大时，下游企业将对研发单位提供完全的资助从而双方也就形成战略联盟①②——就已经显示出契合于现实的独特理论意义。

尽管如此，本节在多渠道研发外包的背景下对战略联盟日趋重要和增多现象的系统解读仍不失新颖性和合理性，未来进一步的研究需要建立在这种新颖性和合理性的基础上进行。另外，本节针对战略联盟的系统论证是建立在经济学（和金融学）的方法之上的，这就在很大程度上回应了 Lerner 和 Rajan（2006）对战略联盟研究现状的基本认识：尽管战略联盟日益重要和增多的现象令人振奋，但经济学和金融学却对之关注甚少。因此未来针对战略联盟的研究需要在经济学和金融学的领域内做进一步的充实。

---

① 在非一体化下游企业为研发单位提供公司风险资本的情况下，如果研发竞争的强度充分大，那么下游企业不但不会要求研发单位对非一体化做出偿付（此时下游企业拥有最初的谈判力），而且还会提供研发单位所需要的投资，此时的情形即为 Fulghieri 和 Sevilir（2003）意义上的战略联盟。

② 当然，在此我们只是突出由上述理论切入点所直接形成的对战略联盟的理论诠释，而对这类意义的战略联盟的更完整的理论解读，可参见 Fulghieri 和 Sevilir（2003）。

真正的问题在于我们如何才能够使尽可能多的可以获得的知识得到运用。因此，这种情形给一个竞争社会所提出的问题，并不是我们如何才能够"发现"拥有最多知识的人，而是我们必须拥有什么样的制度性安排（Institutional Arrangements），才能使任何拥有特别适合于某项特定工作之知识①的人在激励之下尽可能地去从事该项特定工作。

——F. A. 冯·哈耶克

---

① 尽管在市场语境中谈论知识的时候，哈耶克所指的似乎一直是市场秩序传递分散的、默会的个人知识的潜力，而不是指全新的知识的生成，即形成某种不同的分类系统这一意义上的新知识（威廉·N. 布托斯和托马斯·J. 麦克夸德，2003），但在《知识在社会中的应用》这篇著名论文（Hayek，1945）中，哈耶克进一步明晰地提出并区分了两种类型的知识："科学知识"（Scientific Knowledge）与"有关特定时空之情势的那种知识"（the Knowledge of the Particular Circumstances of Time and Place）。这其中，科学知识固然重要，"然而我们只要稍加思索就会发现，现实生活中无疑还存在着一种极其重要但却未经系统组织的知识，亦即有关特定时空之情势的那种知识——它们不可能被称为科学知识（也就是一般性规则之知识那种意义上的科学知识）。正是在这个方面，每个人实际上要比其他所有的人都更具有某种优势，因为每个人都掌握这种有可能极具助益的独一无二的信息，但是只有当基于这种信息的决策是由每个个人做出的或者是经由他的积极合作而做出的时候，这种信息才能够得到运用"（转引自哈耶克（2003）；有关哈耶克知识观（包括隐形知识或默会知识）的进一步讨论，可参见邓正来（2003））。

第5章 企业研发外包中的最优合同设计

5.1 合同作为战略联盟（研发外包）的治理机制

在研发外包的现实组织形式中，由于合资企业通常涉及建立一个基于股权的新的法律意义上的组织实体，在事前并没有明确的治理合同，而除保持距离型的合同（如许可合同）外①，战略联盟②的治理机制也往往更多地表现为事前的正式合同（Subramanian，2004、2005a）。事实上，Roijakkers 和 Hagedoorn（2003）就指出，在生物医药产业中最新形成的研发合作关系往往

---

① 在大的制药企业对小的生物技术公司的研发外包中，许可协议（通过保持距离的合同）往往也是双方所优先选择的组织形式（Arora 等，2001）。

② 1990～2002 年，战略联盟的数量平均每年增长 25%（Subramanian，2004），在这种情况下，战略联盟已成为企业间合作的主要组织形式（Chan 等，1997），而同时战略联盟也是新创企业（或研发项目）通过公司风险资本的方式获取联盟企业资助的重要方式（Lerner 和 Tsai，2000；Roijakkers 等，2005；Subramanian，2006）。值得强调的是，在生物医药产业，制药企业一般都是通过战略联盟的组织形式进行研发外包的，而同时生物技术公司也是通过战略联盟获取制药企业的资助的——在 1995 年，对生物医药产业中战略联盟的总投资规模甚至达到了其他所有产业风险资本投资规模的总和（Lerner 和 Merges，1998；Lerner 和 Tsai，2000）。

具有合同性治理的性质,并且这种合作关系很少是通过基于股权治理的合资企业进行的(有85%的研发合作都具有这类特征),[①] Lerner 和 Tsai(2000)就直接将战略联盟称作合同性机制,而 Guedj(2006)也强调生物医药产业中的战略联盟是通过与所有权(一体化)相对应的合同来治理的。[②] 因而在这种情况下,探讨保持距离型合同以及战略联盟组织形式下的事前合同设计对于认识整个研发外包背景下的运行机制无疑也是必要的。[③] 在这两种组织形式下,由于合同的不完全性构成了研发外包最主要的成本特征,故合同设计的关键在于如何在事前诉诸显性机制来最大限度地消除由合同的不完全性

[①] 进一步而言,上述论断具有两层含义:其一,生物医药产业中的研发合作关系在组织形式上是基于战略联盟而非合资企业进行的;其二,针对这种合作关系的治理机制是基于战略联盟性质下的合同而非合资企业性质下的股权。另外需要说明的是,尽管战略联盟对先进材料、信息技术以及通信产业的研发也是一种主导性的外部融资方式(Lerner 和 Tsai,2000),但鉴于生物医药产业是研发支出最大的产业(在2000年,其研发支出占整个美国研发总支出的25%,参见(Guedj,2006)),我们有必要单独强调生物医药产业中战略(研发)联盟的重要性(本书对战略联盟与研发联盟两种称谓不做区别)。事实上,本章前半部分有关合同设计的论证在很大程度上都是基于生物医药的产业背景进行的。

[②] Subramanian(2004,2005a)在论证研发外包的组织形式时认为,由于完全一体化的企业是通过所有权治理(企业内部的科层控制)而完全非一体化的市场是通过合同治理的,因此存在股权参与的合资企业更接近于有着科层控制的企业(准企业而非准市场),而存在事前正式合同的战略联盟更接近于保持距离型的市场(准市场而非准企业)。基于这一认识,上述文献有理由可以直接强调与所有权相对应的有关战略联盟的合同性治理。也正是基于此,本章中我们在合同设计的论证主旨下并不强调有着股权参与的研发合资企业(战略联盟通常不存在联盟双方的股权参与(Chan 等,1997),更何况企业对外部研发单位的股权参与也通常是无关的(Aghion 和 Tirole,1994))。

[③] 研发外包中的合同设计与研发外包的组织形式所强调的重点是不同的:组织形式虽然在很大程度上也是通过合同进行规范的,但它强调的仍是组织层面上的合同性规定;而本章中研发外包中的合同设计却强调的是在既定的组织形式下针对研发外包各类成本的合同设计。因而从这个意义上来讲,研发外包中的合同设计相对于研发外包组织形式中的合同性规定有着更为深层次的机制含义,也因此,本章在探讨具体的合同设计时将组织形式视作外生变量处理的因素。

所引起的诸如项目交叉资助和信息泄露等类型的道德风险。①

5.2 战略联盟（研发外包）中的具体控制权

在战略（研发）联盟的组织形式下，②研发外包中合同双方的控制权不可能通过控制整个企业或进行合资来体现，而只能体现在更为具体的对创新过程的控制权上，这包括制造权、销售权、终止权以及知识产权等形式（Lerner 和 Merges，1998）。此类不同表现形式的控制权都是通过具体的合同性条

---

① 在更广的意义上，Lerner 和 Merges（1998），Lerner 等（2003）以及 Robinson 和 Stuart（2004）讨论有关联盟治理的控制权类型与配置问题以及有关联盟治理的更为复杂的（基于合同的、基于股权的以及基于关系的）机制设计问题（Robinson 和 Stuart（2004）实际上在很大程度上采用了 Baker 等（2004）有关战略联盟的宽泛概念）。本书则主要讨论研发外包中基于显性合同的机制设计问题（不考虑基于股权的以及基于关系的治理机制）。事实上，由于上述意义上的显性合同也往往表现为一个复杂的文本结构——如在生物医药产业的战略联盟中，包含控制权配置的各类具体合同的文本一般都多达一百多页（Lerner 等，2003），因而本书对显性合同设计的评述仅仅局限于在理论层面上能够更有效地缓解由合同的不完全性所引发的各类成本（在本章中我们只关注代理方泄露委托方信息的情况）的相关机制。为此，我们将更多地聚焦于合同双方局部的控制权配置问题以及相关支付合同的设计问题。

② 研发联盟作为研发外包的重要组织形式其在现实中的广泛流行在很大程度上是对 Schumpeter 意义上有关大企业和小企业创新能力的两种论述的折中。Schumpeter（1911，1939）强调了企业家（小企业）在创新过程中的核心地位——正是由于企业家进行了"生产工具的重新组合"，创新才会随之产生；而 Schumpeter（1942）则强调大企业主导了创新过程并且创新在大企业的研发部门已完全成规化和自动化，同时企业家（小企业）的创新功能也就此消失。针对上述两种截然不同的观点，既有的很多文献（如 Bhide（2000）以及鲍莫尔（2004）等）往往更加强调大企业和小企业存在创新职能上的互补性而非替代性：大企业通常拥有创新过程中的资源优势和后续创新优势，而小企业则在创意的产生上存在优势。显然，上述互补性的观点是很有解释力的，因为它足以为研发联盟在现实中的大量存在提供理论支持。事实上，研发联盟也通常产生于存在双重市场结构的产业（如生物医药产业）——该产业往往由一小群大企业和一大群小企业所构成（有关双重市场结构及其研发联盟特征的更多讨论，可参见 Roijakkers 等（2005））。

款进行配置的。① 其中，终止权的合同性配置更为重要，这不仅表现为 97.7% 的研发外包合同都包含有终止权条款（Lerner 和 Malmendier，2005），而且终止权条款往往是合同双方需要"花大力气进行谈判"的条款（Somers，2003）。由于在研发外包的过程中合同双方的相互信任并非主要的协调机制（Roijakkers 等，2005），因而研发外包合同中的终止权条款作为一种针对代理方道德风险的治理机制其重要性也就得以体现。

Robinson 和 Stuart（2004）首先通过实证描述了研发外包中对项目终止权②的合同性规定。在合同设计中，关于终止权的条款涉及两个关键因素：其一，哪一方有权行使终止权，以及在什么情况下行使终止权；其二，现存知识产权的归属问题。一般而言，委托方在诸如代理方被委托方的竞争对手兼并或项目进展不力等情况下较之于代理方将更多地拥有终止项目的权力（特别地，当代理方的关键人员用于研究其他项目的情况发生时，仅仅委托方有权行使对项目的终止权）。③ 在此基础上，委托方的终止权可进一步划分为"严厉型"的（Severe）和"友善型"的（Amicable），通常情况下，"友

---

① 这些控制权的配置一般不涉及联盟双方的股权交换，而仅仅是通过合同进行的（Chan 等，1997）。值得一提的是，Robinson 和 Stuart（2004）由于沿用了 Baker 等（2004）意义上更广义的战略联盟概念（其包含合资企业等组织形式），因而他们讨论的联盟之间的控制权配置也就涉及股权参与问题。

② 需要说明的是，研发外包（表现为企业提供公司风险资本给外部研发单位）大都是基于某个具体项目进行的，而私人风险资本家（IVC）对外部研发单位的资助一般都是基于整个企业进行的。这一点可以在董事会席位上得到说明：基于项目的公司风险资本家在外部研发单位中一般不拥有董事会席位，而基于整个企业的私人风险资本家在外部研发单位中拥有绝大部分的董事会席位。事实上，正是因为研发外包是基于项目而非基于企业进行的，才会出现代理方的项目交叉资助等道德风险问题（Robinson 和 Stuart，2004）。而关于为何提供公司风险资本的企业在外部研发单位中不拥有董事会席位，Chesbrough（2003）给出了来自 Intel 公司的现实解释——避免公司内的人员同时对 Intel 公司和外部研发单位负责所带来的信用冲突。有趣的是，Chesbrough（2003）还特别交代了 Intel 公司风险投资的执行者针对这一问题的形象化表述，"如果不能提前明确'会得到什么'和'要付出什么'的话，那么即使获得董事会席位也没什么用处"（这显然也在强调事前合同设计的重要性）。

③ Gilsing 和 Nooteboom（2006）还认为，由于委托方（如制药企业）承担了研发、制造以及市场化的成本，因而委托方通常享有首先终止的权力（First - Right - of - Refusal），并且这种权力作为一种治理手段也是战略联盟（以及相应的合同）之所以能够产生价值的主要原因。

善型"终止权行使后的知识产权通常归代理方,因为这样可以缓解由终止权所带来的事前投资不足的问题。然而,"严厉型"终止权行使后的知识产权通常并不一定归代理方,这更多地发生在当外包的项目为长期性项目时(此时委托方存在被套牢的风险)以及当代理方表现为老企业时(此时代理方由于存在很多正在进行的项目而有可能进行项目交叉资助)。

5.3 治理合同不完全性(项目交叉资助)的合同

显然,上述有关终止权的合同性条款已凸显了对项目交叉资助等道德风险的治理问题。其中,治理的关键在于委托方不仅要行使终止权,而且还可能享有现存的知识产权。[①] Lerner 和 Malmendier(2005)则进一步将委托方的终止权上升到理论的高度并论证了这种治理机制在解决代理方的项目交叉资助等道德风险时的可行性。在他们看来,由于研发外包过程中研究活动的确切性质在事前是不可合同化的,所以必须有相应的剩余控制权来治理此类不可合同化的要素,这种剩余控制权作为一种内生的决策权在战略联盟中就表现为委托方拥有对研发项目的终止权并享有对被终止研发项目的知识产权。在此基础上,可以进行显性机制的设计来治理由合同的不完全性所引起的项

[①] 研发外包中多种形式的控制权在很多情况下是结合在一起行使的。Lerner 和 Tsai(2000)就特别强调,尽管不同方面的控制权在合同中被区别对待,但重要的是把控制权的配置看成一个整体,而不是孤立地看待单个控制权。

目交叉资助等道德风险。[①]

在显性的合同设计中，合同的不完全性意味着不可合同化的要素要么不能列入事前合同，要么即使能够列入事前合同，事后也是不可执行的，因而合同设计的关键不在于是否将这些要素列入合同，而在于选择相应的机制使得不实施道德风险行为对相关方而言是自执行的。[②] Lerner 和 Malmendier（2005）所设计的显性激励合同正是循着这一思路进行的。由于研发活动是可观察而不可验证的，代理方就可能进行项目交叉资助，此时委托方可以通过行使终止权并享有相关的知识产权来解决这类 Holmstrom 和 Milgrom（1991）意义上的多任务委托代理问题。对代理方而言，其多任务在于既要实现委托方所要求的商业化目标，又要实现基于基础科学研究的学术目标，因而就会产生两种类型的剩余：来自生产、销售最终产品的"商业"剩余 C 和"科学"剩余 S。假定"科学"剩余归代理方所有，但如果委托方在实行终止权之后享有其知识产权，代理方只能获得 εS 的剩余（显然，将知识产权赋予委托方意味着效率损失，但这对于激励代理方选择所要求的努力类型却是必需的）。因为代理方缺乏商业化所需的相关经验与资源，故如果商业

[①] Robinson 和 Stuart（2004）通过实证分析认为，由于可验证性是执行合同的基础，而代理方的项目交叉资助等道德风险是可观察而不可验证的，故很难设计显性的合同来解决这类道德风险行为或者即使能够设计现实中也很难操作。此时，企业通常会诉诸隐性机制——关注外部研发单位在以往交易中所形成的声誉——来解决此类道德风险问题。事实上，Baker 等（2002）就强调了与正式合同相对应的关系合同在解决这类多任务委托代理中的道德风险行为的重要性（Motta 和 Roende（2002）在讨论企业内部员工的项目选择问题时在很大程度上就应用了这类关系合同），而 Robinson 和 Stuart（2004）则在实证层面上给予了进一步的佐证。然而，不得不强调的是，在一些存在双重市场结构的产业中（如生物医药产业），委托方针对代理方的研发外包往往是一次性的：先前的交易不会促进（相反会阻止）委托方与此代理方再次形成合作关系（Roijakkers 等，2005），因而在这种情况下，上述隐性机制在缓解项目交叉资助等道德风险时就可能存在很大的局限性。为此，我们将更多地关注事前显性合同的设计。

[②] Tirole（1999）就认为，如果双方可以承诺在事后不进行再谈判，那么仅仅事前的不可描述性不会限制此类显性机制的设计。正是在这个意义上，我们在合同不完全性的前提下关于研发外包的合同设计在很大程度上是循着基于完全合同方法论的最优合同设计而进行的（更详细的讨论，可参见 Maskin 和 Tirole（1999））。

第5章 企业研发外包中的最优合同设计

化的努力让代理方执行的话,则 C 为 0。然而,在委托方拥有相关知识产权的情况下,若没有代理方的合作,委托方也只能获得 αC 的剩余。

假设代理方要么执行商业化的努力类型 e_c,要么执行学术化的努力类型 e_s。如果努力类型为学术(科学)导向的,那么知识产权会给代理方带来 $\bar{S}$ 的价值;而如果努力类型为商业导向的,那么知识产权只会给代理方带来 $\underline{S}$ 的价值,$\bar{S} > \underline{S}$。最终产品对委托方的价值是随机的并依赖于研究努力的类型:如果代理方的努力类型为 e_c,那么最终产品的价值以 q_c 的概率为 $\bar{C}$,以 $1 - q_c$ 的概率为 $\underline{C}$,$\bar{C} > \underline{C}$。如果代理方的努力类型为 e_s,那么最终产品的价值以 q_s 的概率为 $\bar{C}$,以 $1 - q_s$ 的概率为 $\underline{C}$,$q_c > q_s$,为了便于表达,我们用 E 表示上述概率下的期望回报。假定代理方受到完全的财富约束限制,其保留效用为 $\underline{S}$,委托方对代理方的初始投资为 I。另外,为了更好地讨论代理方的激励相容条件,假定 $\underline{S} > \varepsilon \bar{S}$。

在这种情况下,如果努力类型可以合同化,委托方将要求代理方选择 e_c 的努力类型,并把知识产权配置给代理方。此时委托方获得的期望回报为 $E[C|e_c] - I$,代理方获得保留效用 $\underline{S}$。值得一提的是,这一结果并不一定是有效率的,因为代理方执行学术化努力类型时双方所获得的总剩余 $E[C|e_s] + \bar{S}$ 有可能大于代理方执行商业化努力类型时双方所获得的总剩余 $E[C|e_c] + \underline{S}$。然而,由于面临着完全的财富约束限制,代理方不可能通过转移支付来执行有效率的努力类型 e_s。一般而言,代理方的努力类型是不可合同化(可观察而不可验证)的,此时代理方为得到更大的科学剩余 $\bar{S}$,将可能选择努力类型 e_s。针对这一努力类型,若委托方选择继续合作,他将获得 $E[C|e_s] - P_c$ 的剩余(P_c 表示继续合作的条件下委托方对代理方的支付);若委托方行使终止权并享有现存的知识产权,他将获得 $\varepsilon \bar{S} + \alpha E[C|e_s] - P_T$ 的剩余(P_T 表示委托方行使终止权后对代理方的支付)。在代理方选择的努力类型 e_c 的情况下,若委托方选择继续合作,将获得 $E[C|e_c] - P_c$

的剩余；而若委托方行使终止权并享有相应的知识产权，将获得 $\varepsilon \underline{S} + \alpha E[C | e_C] - P_T$ 的剩余。

最优的激励合同（P_C，P_T）将满足如下条件：在代理方选择努力类型 e_S 时，委托方将行使终止权并享有相关的知识产权；当代理方选择努力类型 e_C 时，委托方将选择继续合作。而要使这一合同对委托方而言是自执行的，必须满足的条件为：在代理方选择 e_S 时，委托方行使终止权的回报大于继续合作的回报，即 $\varepsilon \overline{S} + \alpha E[C | e_S] - P_T > E[C | e_S] - P_C$；当代理方选择 e_C 时，委托方继续合作的回报大于行使终止权的回报，即 $E[C | e_C] - P_C > \varepsilon \underline{S} + \alpha E[C | e_C] - P_T$。因此，委托方为了诱使代理方选择努力类型 e_C，所选择的最优激励合同应满足 $(1-\alpha) E[C | e_C] - \varepsilon \underline{S} > P_C - P_T > (1-\alpha) E[C | e_S] - \varepsilon \overline{S}$。在此合同下，代理方选择 e_C 将获得 $P_C + \underline{S}$ 的剩余，选择 e_S 将获得 P_T 的剩余，而 $P_C - P_T > (1-\alpha) E[C | e_S] - \varepsilon \overline{S} > -\varepsilon \overline{S} > -\underline{S}$（根据假设），故代理方选择努力类型 e_C 的激励相容条件自动满足。[1]

5.4 针对知识非独占性（信息泄露）的治理

5.4.1 知识非独占性（信息泄露）的组织治理及其他

项目交叉资助作为研发外包的普遍性问题反映了代理方在合同不完全情况下的道德风险，而作为另一类道德风险的信息泄露问题（知识的非独占

---

[1] Lerner 和 Malmendier（2005）对 Lerner 和 Malmendier（2004）的理论部分进行了拓展。虽然在理论推导上前者表现得更为严谨，但在激励合同的形成与具体设计上后者表现得更为直观。我们对这部分合同设计的论证是在结合两者优势的基础上进行的。

性）则是合同的不完全性在研发外包背景下的进一步体现（这类问题显然会出现在知识产权保护强度较弱的产业中，具体可参见第3章的相关讨论）。事实上，信息泄露一直是企业的组织理论所关注的问题，如 Anton 和 Yao（1995）从产业组织的视角设计了具体的激励合同（包括事前和事后合同）以阻止雇员利用与雇主有关的信息创立新的企业；Rajan 和 Zingales（2001a）从内部组织（扁平型组织或垂直型组织）的视角设计了具体的通路（Access）管制机制使雇员保护而不是泄露与雇主有关的信息。[①] 在研发外包的背景下，Biais 和 Perotti（2004）通过在不同的代理方之间利用"阿罗悖论"以及资源供应者之间的互补性设计了缓解信息泄露问题的相关机制。[②] 尽管如此，研发外包中针对信息泄露问题的机制设计（合同性规定）更多的是通过选择与代理方之间支付合同的类型来实现的。

[①] 为此，Rajan 和 Zingales（2001b）特别强调，信息的私占而不是经理的卸责，可能已成为更重要的企业治理问题。

[②] 从严格意义上讲，Biais 和 Perotti（2004）更多地关注了拥有创意的企业家获取外部资源以对创意进行评估和执行的过程。由于重新整合各种生产性资源是企业家的关键性职能（Schumpeter, 1911、1939），因而这一过程也通常被称作"企业家过程（Entrepreneurial Process）"。一般而言，企业家过程中的外部资源及其提供者是一个相当广义的概念，其中外部资源包括物质资产、人力资本、金融资本以及知识资产等，而资源提供者则包括雇员、资助者、顾客以及联盟成员等（Hellmann, 2007a）。基于这些认识，我们可以总结出企业家过程对于研发外包的启示意义：其一，尽管企业家过程较之于研发外包的过程有着更为广泛的含义，但企业家过程无疑在很大程度上涵盖了企业研发外包的诸多功能，这一点在外部知识资产的获取上表现得尤为明显。举例来说，在 VCD 出现之际，作为 VCD 创意的拥有者（姜万勐）为使得该创意付诸执行就征求了上游解码芯片供应者（孙燕生）的评估意见并随即得到了正的反馈，此后便有了 VCD 的问世（成立了万燕电子系统公司）以及大规模的商业化生产（路风，2006）。显然，这一过程是企业家的过程，但同时也很难说不是研发外包的过程。在这个意义上，企业家过程与本书中所论证的企业研发外包无论在现实描述还是在理论论证上都存在一定程度的契合性（有关企业家过程的更多论证，可参见 Bhide (2000)）。其二，由于创意一旦经过旨在寻求互补性资源的市场流动都存在着被私占的风险（Hellmann 和 Perotti (2007) 更多地关注了创意的流动性问题），因而企业家过程中的任何有关信息泄露及其缓解机制的论证对企业研发外包中的机制设计都有着很强的借鉴意义。事实上，上例中生产世界上第一台 VCD 的万燕电子正是由于上游供应商对包含有 VCD 创意的解码芯片的信息泄露才最终导致了企业的破产（路风，2006）。因此，在治理机制上对企业家过程中的信息泄露问题给予更多的关注是必要的。

5.4.2 设计针对信息泄露的合同的困难性

在进一步地介绍研发外包中的支付合同之前，我们可以利用研发外包中项目的淘汰率并通过一个简单的模型来说明为什么研发外包中的委托代理双方并不能在事前签订一个不泄露信息的合同。实际上，对于任何一个（研发外包）项目而言，企业（委托方）在事前往往并不知道其最后能够被成功开发的概率，而代理方由于在项目的甄别方面拥有很大的比较优势，因而也就可以在未做关系专用性投资的情况下粗略地计算出项目的成功率。[①] 假定项目刚开始未遭淘汰的概率为 p，项目在代理方做出关系专用性投资之后被成功研发的概率为 q，代理方关系专用性的投资成本为 c。假定委托代理双方能够签订一个让代理方不泄露该项目及与该项目相关的委托方的信息的合同，而该合同将为代理方带来 K 的机会成本。由于该合同可以阻止代理方泄露相关信息，委托方完全可以将此类相关信息（包括该项目的信息及委托代理双方在交流过程中所涉及的委托方的其他信息）以价格 P 卖于代理方，而此类相关信息可以带来的价值为 π。因此，要使得交易能够完成，于代理方而言必须满足的条件为 pq（π-c）>P+K，如果 pq（π-c）-K<0，也即，p<K/q（π-c），那么将不会出现正的交易价格，而事实上，根据本页中的脚注①，这一条件是很容易满足的，故我们也就很难在事前设计一个不让代理方泄露相关信息的合同。

5.4.3 支付合同作为治理信息泄露的合同

在通过简单的市场合同（如许可合同）或通过战略联盟的研发外包中，可以选择两种类型的支付合同：固定支付合同和按收益比率支付的合同（更

[①] 一般而言，有90%的项目在代理方投资之前即被代理方所摒弃，而即便其余的10%（在代理方做出关系专用性投资之后）也只能以一定的概率被成功地研发。

多地表现为混合性支付合同,即固定支付与按收益比率支付相结合的合同)。① 一般而言,由于让代理方参与了收益提成,按比率支付的合同能够阻止代理方泄露与委托方相关的信息,② 此时收益提成的比率应使得代理方由于信息泄露在委托方减少的收入至少等于代理方由于信息泄露在其他相关方所获得的最大收入(Bhattacharya 和 Guriev,2006)。然而,尽管按比率支付的合同在一定程度上可以缓解代理方的信息泄露问题,但过高的收益提成比率可能会影响委托方的收益进而影响其投资激励(Liebeskind,1997)。③ 在这种情况下,委托方更有可能选择固定支付合同。Lai 等(2006)则由此更深入地探讨了信息泄露条件下支付合同的选择问题。

在他们看来,研发外包的过程中代理方的信息泄露会为委托方造成一定的市场损失(市场占有率降低),但由于存在租金耗散,代理方不可能完全攫取委托方的收益损失,而只能体现为从委托方的收益损失中攫取一定的份额。作为从信息泄露中获得的收益,这种攫取份额越大,委托方的市场损失也越大,研发外包就不太可能发生。当代理方从信息泄露中获得的收益较小时,混合性支付合同下的研发外包更可能发生。尤为值得注意的是,即使代理方从信息泄露中获得很大的收益,只要委托方的市场损失不是很大,那么委托方将允许信息泄露的存在,并更多地选择固定支付合同下的研发外包。对此,Lai 等(2006)在委托方的市场占有率和代理方从信息泄露中所获得

---

① 根据一项调查,软件产业中有58%采用一次性支付合同,而有27%采用混合型支付合同(转引自 Arora 等,1999)。另外值得一提的是,一般而言,混合型支付合同可以为代理方带来更高的收入,如 Hoffman‑La Roche's 在针对 Antisoma 的研发外包的过程中所涉及的支付合同为先期一次性支付4300万美元并另加10%~20%的收益提成,其结果是,如果 Hoffman‑La Roche's 可以成功地商业化其项目,那么 Antisoma 将最终获得超过5亿美元的报偿(Featherstone 和 Renfrey,2004)。

② 提成之所以基于委托方的收益而非基于委托方的净利润,是因为委托方可能虚报成本进而使净利润减少(Anand 和 Galetovic,2000)。尽管如此,对代理方而言,收益仍是委托方的私人信息,故按收益提成的合同在现实中并非总是有效的(Arora 等,2001)。更进一步,由于公司风险资本资助项目的情况较之于私人风险资本资助项目的情况通常意味着委托方还可以在各个项目之间转移收益(Anand 和 Galetovic,2000),故按收益提成的合同在执行过程中有着很大的局限性。

③ 在现实中,研发外包的收益提成比率一般不超过30%(Teece,2000)。

的收益两个维度的基础上采用了图 5-1 来具体描述研发外包条件下支付合同的选择以及企业内部研发的边界。

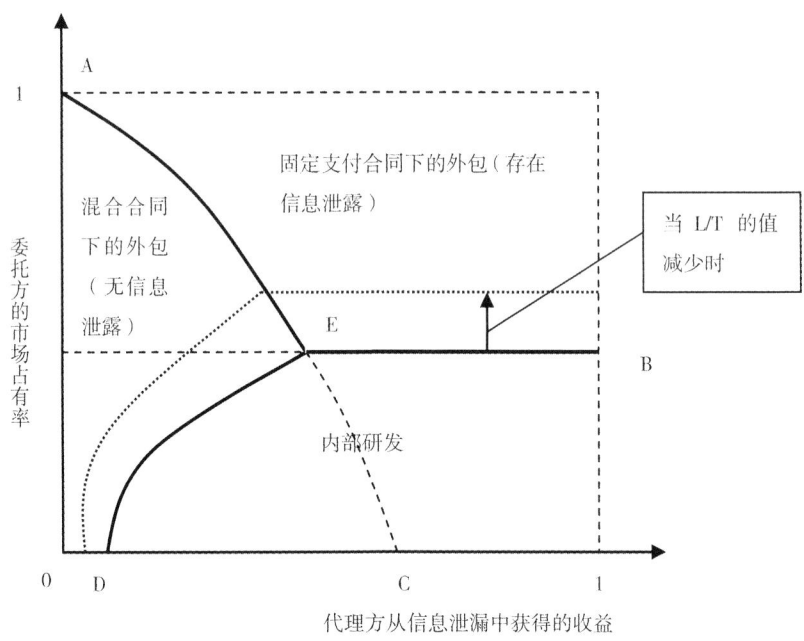

图 5-1　研发外包条件下的支付合同选择以及企业内部研发的边界

在图 5-1 中，曲线 AEC 把整个区域划分为两个不同特征的区域。在曲线 AEC 的右侧，研发外包将更可能以固定支付合同的方式发生；在曲线 AEC 的左侧，研发外包将更可能以混合性支付合同的方式发生。在上述两种情形下，研发外包与内部研发的界限取决于研发外包相对于内部研发的优势，如由内部研发所造成的创新的延迟（L）相对于整个产品周期（T）来说很大时，研发外包显然更有可能发生。图中的曲线 EB 和 ED 更具体地勾勒了两种情形下研发外包与内部研发的界限。① 总体看来，当代理方从信息泄露中获取的收益很小或委托方的市场占有率很大时，内部研发将被研发外包所占优，此时的均衡结果不仅包括按比率支付的合同，还包括固定支付的合同：尽管按比率支付的合同可以阻止代理方泄露信息，但让代理方参与收益提成显然会降低委托方投资于产品生产的激励，而为了强化这种投资激励，选择固定支付的合同可能是最优的。②

5.4.4 针对信息泄露的更复杂的合同设计

由此看来，仅仅依靠选择不同类型的支付合同并不能完全消除由合同的不完全性所引起的信息泄露问题。事实上，Lai 等（2006）就已经意识到，为了更有效地解决研发外包中的信息泄露问题，必须考虑更复杂的相机合同设计。对此，Gambardella 和 Panico（2006）关于企业就代理方是否在企业内部开发创意的合同设计显然具有一定的启示意义。在此合同设计中，为了使代理方自执行地披露其创意的价值，委托方还要在混合性支付合同的基础上加入具有控制权性质的合同性条款（如委托方规定代理方开发创意的时间）以实现仅仅支付合同所不具备的激励效应。而仅就支付合同而言，Anton 和

---

① 实际上，Lai 等（2006）意义上的图 5-1 可以更为明确地说明研发外包的组织形式与研发外包中合同设计的区别：研发外包的组织形式指的是有关内部研发与（两种合同下的）研发外包的选择问题（以曲线 DEB 为分界线），而至于选择何种类型的合同，研发外包的组织形式不作深究；研发外包中的合同设计指的是内部研发以外两种合同类型的选择问题（以曲线 AE 为分界线），而这显然是组织形式已经确定的情况下设计具体的合同性机制的问题。

② 具体而言，在研发外包中，委托方给予代理方一定的收益提成一般会阻止代理方的信息泄露，但过高的收益提成会影响委托方的投资激励，此时如果信息泄露不是很严重（知识产权保护强度不至于太弱）的话，那么委托方将放弃收益提成，允许代理方泄露信息。事实上，Bhattacharya 和 Guriev（2006）在有关开放式和封闭式的研发外包的组织形式的论证中（见第 3 章）也存在着类似的思想：委托方（被许可方）在封闭式的研发外包中为了防止代理方（许可方）将相关的知识再许可给委托方的竞争对手，往往也会给代理方一定的收益提成，但当这一提成过高从而损害委托方的投资激励（开发创意的激励）时，委托方往往也会考虑选择采用一次性支付的开放式的研发外包形式（在知识产权保护不是很弱的情况下允许信息泄露）。这一思想在很大程度上也解释了为什么现实中研发外包的两种支付方式能够共同存在。

Yao（1995）关于企业就代理方创意的披露所设计的支付合同对解决不完全合同化的信息泄露问题显然也具有一定的启示意义。事实上，正是在此意义上，Baccara 和 Razin（2006）从产业组织和内部组织的综合视角设计了事前相机的支付合同进而使雇员以最大化企业所有者（股东）剩余的方式来执行与雇主有关的创意（包括是否执行创意以及在何处执行创意），而这无疑会给研发外包背景下的合同设计提供更为直接的启示。①

5.5 研发外包合同社会效率的不合意性及研究展望

在企业研发外包的过程中，如果可以设计更为复杂的相机合同以缓解由合同的不完全性所引起的道德风险，那么此类相机合同相对于社会效率意义上（First-best）的最佳合同也是存在着租金损失的。这是因为，在不完全合同中，不可合同化的要素（如信息泄露）本身就限制了最佳合同的达成。即便在完全合同的世界中（标准机制设计方法的假设前提），委托代理双方可能签订的可以达到最佳结果的最优合同仍依赖于一系列的强假设（比如相关参与方不存在财富约束问题等）（Hellmann，2005）。在研发外包的背景下，代理方通常会存在财富约束问题，因而有着最佳结果的最优合同就很难达成。② 事实上，如果此时我们转换假设条件，将讨论的视角重新放到不完

---

① 值得一提的是，在企业所有者（股东）授权 CEO 来进行创新决策的内部组织中，Baccara 和 Razin（2006）为企业所有者设计了用以激励 CEO 基于委托方的利益进行相关创新决策的混合性支付合同。该机制设计的确可以使得代理方以最大化委托方利益的方式行事，同时自身的激励相容条件也是满足的，这对于研发外包背景下针对信息泄露的合同设计显然具有很强的启示意义。

② 比如，在讨论代理方可能进行的项目交叉资助的道德风险问题时，即便努力类型在事前可以合同化，能够达到最佳结果的最优机制安排由于代理方的财富约束问题也未必就能得以实现。

第5章 企业研发外包中的最优合同设计

全合同的假设前提下,那么财富约束问题还会限制最优合同(更不用说最佳合同)的达成,①② 而即便财富约束问题不构成最优合同设计的限制因素(如代理方拥有充足的资金),上述一系列强假设所要求的完全合同世界中的其他现实条件也往往是不完全具备的(如 Pisano(1997)所强调的研发外包中

---

① 在不完全合同的假设前提下,为了实现组织的有效性(一般来说非最佳),委托方也很有可能在事前合同中规定代理方的初始支付条件。比如,Antras 和 Helpman(2004)就论证,委托方在事前选择的合意组织形式总是能够最大化委托代理双方的总利润,条件是代理方在事前必须支付初始合同中所规定的"参与费"(当然其值也可能为负)。事实上,Grossman 和 Hart(1986)也强调了这一问题:只要双方可以自由地转移支付(无财富约束),在满足代理方保留效用情况下最大化委托方净收益的最优机制就等价于最大化委托代理双方净收益的最优机制。在这种情况下,如果代理方存在财富约束问题,那么有效机制的实现当然会受到很大的限制。

② 在前文中我们已经论证,在一体化或非一体化的组织形式下,只要代理方拥有对创新的初始产权,那么其财富约束问题不会限制有效结果的实现。然而,在非一体化的组织形式以及在创新更严格的概念背景下,这一结论还有待于作进一步的讨论。其一,由于创新活动本身就体现在从创意到商业化一整套完整的价值链上(Nelson 和 Winter,1982;Ernst,2001;路风,2006),如作为一项创新的复印机(打印机)从创意申请专利并获取对创意的知识产权到最终的商业化就用了 15 年的时间(杰夫和勒纳,2004),因而对创新的产权远非体现在单个权力(如知识产权)上,而实际上体现在由多种控制权形式所构成的一组控制权上(包括制造权、销售权、知识产权等具体形式)(Lerner 和 Merges,1998)。在 Aghion 和 Tirole(1994)意义上一体化和非一体化组织形式下,由于一体化本身就意味着企业可以对创新拥有全部的控制权,因此也就不存在控制权的分割问题。然而,在非一体化的组织形式下,研发单位对所谓的创新的产权实际上只表现在知识产权上,而严格定义下创新产权所包含的制造权以及销售等权力则为企业所拥有,故此时由于存在着控制权的分割问题也就不存在完整意义上的创新产权(因而也就无所谓初始产权)。其二,在作为非一体化的更为具体的战略联盟的组织形式下,由于控制权的分割使得不同形式的控制权为两方所拥有,因而外部研发单位要获得效率意义上作为整体(但非完整)而言的控制权则首先必须突破财富约束问题(假设研发单位拥有控制权是有效率的):研发单位在委托代理双方合作开始时可能拥有对研发项目的创意,也可能会获得事后创新成果的专利拥有权(知识产权),但是要最大限度地获取诸如临床试验管理权、制造权以及销售权(如在生物医药联盟中)等能够增加效率的重要控制权形式则必须要求研发单位拥有充足的资金,而一旦这一条件不能满足,则有效的合同性产权配置就很难达成(Lerner 等(2003)也对此进行了实证分析)。其三,在上述讨论的基础上,我们仍有必要单独强调这样一个事实:由于在更严格的意义上不存在完整的创新产权(在非一体化的情况下),因此代理方可以拥有对研发项目的初始创意而不可能拥有对创新完整意义上的初始产权,而正是在初始创意上,代理方的财富约束问题也就很有可能会阻止有效结果的实现。基于这一认识,Subramanian(2006)所进行的关于财富约束的讨论——只要创意拥有者能够有效地拥有创意而企业不存在财富约束问题,那么仅仅创意拥有者的财富约束问题不会限制最优机制的实现——显然有待于商榷。

的逆向选择问题),从而最佳的状况是很难实现的。① 因此,在这种存在相对较低的社会效率的情况下,对道德风险本身的降低较之于更复杂的相机合同设计可能有着更大的社会效率意义——从源头上寻求更为直接的针对研发外包中道德风险的治理机制是必要的。具体而言,由于不同制度层面上的知识产权保护措施可以更有效地缓解研发外包中的信息泄露问题,因而我们有必要聚焦于知识产权保护(IPR Protection)(包括保护措施以及保护强度)这一治理机制以及与此相关的研发外包问题。

事实上,上述合同设计所要求的强假设在企业研发外包的现实中往往是不能满足的,这不仅会限制更多社会有效结果的达成,还会阻止委托代理双方研发外包关系的形成(企业是否进行研发外包或者技术供应方是否愿意在技术市场中出售技术)。比如,在代理方的财富约束等制约因素存在的情况下,委托代理双方不仅不会寻求更具效率性的针对信息泄露的事前相机合同的设计;相反,委托代理双方可能根本就不会形成研发外包的关系,也正是在这个意义上,委托代理双方在合作过程中签订最优合同是一回事,而进入旨在建立合作关系的合同化过程(缔约过程)则是另一回事(Hellmann,2005、2007a)。② 本着这一认识,我们的问题便是,在不改变其他相关变量的情况下,仅仅通过改变知识产权保护强度是否会促进这类委托代理双边意义上研发外包关系的形成?更进一步,由于在创新劳动有效分工③的意义上,任何能够为委托方减少损失或者减少代理方通过信息泄露所获得收益的治理

---

① 当然,委托方还可以利用代理方的初始财富来设计能够缓解逆向选择问题的相关机制:只要代理方的初始财富超过一定的临界值,那么有效的(最佳意义上的)事前甄别合同就能够达成(具体可参见 Anton 和 Yao(1995),在此我们不作进一步的讨论)。

② 前文已经论及,委托方的企业家过程在很大程度上契合于企业研发外包的过程。Hellmann(2005,2007a)认为,机制设计意义上的最优合同设计是在既有的合作关系内获得最优结果,而作为企业家过程的合同化过程则是委托方寻求合作伙伴(存在失败的可能)的过程。两种合同(过程)存在着方法论上的不同,为此,Hellmann(2007a)论证道:"依赖于最优合同的合同化过程本身就类似于通过假定答案回答问题。"

③ 事实上,在更广泛的意义上,这涵盖了上游的技术市场(创意市场)和下游的产品市场。

措施都将促进企业的研发外包从而增加经济效率（Lai 等，2006），因此我们接下来需要研究的问题就是，在是否增加经济效率[①]的考量下，探讨知识产权保护强度通过治理信息泄露对技术市场中企业的研发外包决策所产生的影响。

而在更详细地论述上述问题之前，我们仍需通过以下两章（第 6 章和第 7 章）更加深入地考察企业研发外包中的合同设计问题：从研发路径转移的视角以及从先导化合物学术（商业）化程度的视角分别考察（制药）企业研发外包中控制权以及更具体的终止权的最优配置问题（研发外包中的控制权配置合同以及终止权配置合同）。而之所以聚焦于（制药）企业研发外包中的权力配置合同，是因为这类权力配置合同在研发外包的整个合同类型中至为重要（如第 7 章中终止权的最优配置合同）；另外，这类权力配置合同也能够较好地解决研发外包中由合同的不完全性所带来的问题（如在第 6 章中，控制权的最优配置合同可以在很大程度上解决代理方将新的研发路径（若存在）披露给第三方的问题）。当然，正如我们在第 6 章中的总结与进一步研究部分所特别说明的，在控制权合同的基础上加入相关的支付条款或者单独设计支付合同以形成更有效的治理体系或治理机制将成为重要的研究任务（事实上，这也正是我们现在所致力于研究的问题），而在这一系列的研究完成前，将一些处理得相对完善的权力配置模型首先呈现出来无疑更为必要。[②]

[①] 此时的经济效率存在着两层含义：其一，在既定的研发外包关系中，信息泄露的缓解可以减少租金损失，从而可以增加经济效率。其二，在委托代理双方未进入外包关系之前，信息泄露的缓解可以促进相关方进行研发外包的决策。我们在第 8 章的论证将主要关注第二层效率含义。

[②] 值得说明的是，这些有关合同设计的权力配置理论已经能够形成学术增量。

科学家可能乐见于研究的失败，……因为它……会导致新的路径出现，但从占有者的角度来说，这似乎并不妙。

——Lacetera

如果一方所执行的任务在合同中并不能被确切地描述，那么企业（另一方）将通过配置单边的决策权加以回应。

——Lerner 和 Malmendier

第6章 研发外包中的路径转移：重议不完全合同下的控制权配置

6.1 引言

在生物医药产业的药物研发过程中，有时会出现如下现象：研发人员对一种药物进行临床试验时，发现该药对特定的目标疾病并无疗效，但与此同时，该药对另外一些疾病却有疗效并进而可能有着商业化前景（Lacetera，2009）。比如，辉瑞公司最初开发的"伟哥"（Viagra），是作为治疗高血压的药物，但后来却成为一种对治疗勃起功能障碍卓有成效的药物（皮萨诺，2006）。[①] 这类药物新研发路径的出现固然可以使制药企业获益良多，但在制药企业对生物技术公司进行研发外包的情况下，[②] 药物新研发路径的出现却在很大程度上意味着作为委托方的制药企业将蒙受损失：作为代理方的生物

[①] 另一个例子是，某生物技术公司针对肿瘤所研发的药物在治疗眼疾上却比在治疗癌症上更为有效（转引自 Lacetera，2009）。

[②] 研发外包已成为生物医药产业中一个相当普遍的现象。对这一现象更为详细的描述，可参见费方域、李靖等（2009）。

技术公司为获得更大的收益，完全可以通过进一步承揽研发外包的方式将药物的新研发路径披露给其他制药企业（Lerner 和 Malmendier, 2005、2010）。① 而本书所要解决的问题是，制药企业将如何最优地配置控制权以更好地治理生物技术公司的这类行为。②

在我们看来，如果在研发过程中未出现新的路径，那么生物技术公司将自动地遵循初始的研发路径，制药企业在此情况下将不行使控制权；而如果新的研发路径出现，那么对生物技术公司而言，选择向第三方披露该路径将占优于遵循初始的研发路径，此时制药企业将会行使控制权以阻止代理方的这类披露行为——生物技术公司的这类披露行为将使得制药企业不能获得任何收益。然而，对制药企业而言，尽管其所能获得的收益会随着合同中规定的控制权的增大而增大，但控制权越大，其所要承担的成本也越大，因此最优的控制权配置应该在权衡该收益和成本的基础上进行。而在控制权配置的过程中，未来新的研发路径出现的可能性越大（这意味着初始合同的不完全性越明显），制药企业所配置的最优控制权就越大。另外，不同于 Lerner 和 Malmendier（2010）的论断，制药企业配置最优控制权并在新的研发路径出现时行使该控制权会占优于不配置任何控制权。

而在经验层面上，有关控制权配置的证据可以验证上述结论。以研发外包中控制权的两种形式——终止权和知识产权——为例，既有的经验性证据表明，研发项目的期限越长进而未来相机事件出现的可能性越大时，制药企业就越有可能拥有对项目较为严厉的终止权；在制药企业同生物技术公司签订研发外包合同时，如果没有确切的先导化合物进而未来不同的化合物都有

---

① 特别地，在经验层面上，Lerner 和 Malmendier（2005）所描述的有关 Ciba – Geigy 同 ALZA 进行研发合作的经典案例很大程度上阐明了代理方的此类行为。
② 生物技术公司的这类行为可归为典型的道德风险问题，而对道德风险问题的治理，在完全合同的条件下，委托人可以通过设计让代理人激励相容的支付（激励）合同或更复杂的机制；在不完全合同的条件下，委托方则需要诉诸控制权的配置（这也正是本书所要讨论的）。而对这类理论性总结更为详细的阐述，可参见蒋士成和费方域（2008）以及蒋士成等（2012）。

可能出现时,那么制药企业将更有可能拥有项目的终止权以及项目终止后的知识产权。

本章余下的安排为:在第 2 节,我们将具体描述制药企业在研发外包中所面临的合同不完全性并以治理(机制)为主线对相关文献进行评述;在第 3 节,我们将构建研发外包中路径转移视角下的最优控制权配置模型;在第 4 节,我们将较为系统地为本章的理论命题寻求经验性证据;第 5 节为结论与进一步的研究方向。

6.2 研发外包中的合同不完全性及其治理

在制药企业同生物技术公司形成研发外包关系之时,生物技术公司所提供的针对未来药物的先导化合物(Lead Compound)往往并不能被确切地描述,药物的研发通常也就在并无清晰产品概念的情况下进行(Lerner 和 Malmendier,2005、2010)。进一步讲,由于该先导化合物在后续优化(研究阶段)及临床试验(开发阶段)的过程中[1]存在着很大的或然性,因此未来所要开发的目标药物在事前并不能被合同化。这就很有可能造成研发外包过程中代理方的道德风险问题。对此,Lerner 和 Malmendier(2005)给出了更为具体的描述。

在 Lerner 和 Malmendier(2005)看来,生物技术公司(代理方)在药物研发之初,会围绕着某个虽有前途,却对之了解甚浅的化合物,同多个制药企业(委托方)签订研发外包合同,在此过程中,对一个制药企业承诺该化

---

[1] 对药物研究和开发过程中不同阶段的具体描述,可参见 Pharmaceutical Research and Manufacturers of America(2007)。

合物未来可以治疗某一种疾病,对另一个制药企业承诺该化合物未来可以治疗另外一种疾病。而随着研究和开发的进行,药物的不确定性会逐渐减小,(不同)药物的获利前景将逐步显现。代理方基于自身利益的考量就会选择终止对一种药物的研发,与此同时对另一种获利前景更为明朗的药物做进一步的研发。在这种情况下,代理方虽获得了某个制药企业(委托方)所提供的研发资助,但药物研发并未按照初始合同规定的路径进行,而是针对新的研发路径同其他制药企业做了进一步的合作,这对原制药企业而言,显然构成了道德风险问题。①

对于代理方的这类道德风险行为,Lerner 和 Malmendier(2005,2010)是通过终止权以及知识产权的配置来实现治理的,其中,终止权是配置给委托方的,但委托方是否行使终止权则是相机的,而知识产权的配置则依赖于委托方是否行使终止权:如果代理方遵循原来的研发路径,那么委托方将不行使终止权,此时即便存在新的研发路径,委托方也只是拥有原有路径下研发成果的知识产权,新路径下研发成果(如原有路径下研发成果的副产品)的知识产权则归代理方所有;如果代理方选择新的研发路径,那么委托方将行使终止权,并且,终止后新路径下研发成果的知识产权也将归委托方所有。通过这样的权力配置,代理方将从一开始就按照初始合同规定的路径进行研发。然而,不得不说明的是,具体到上述代理方的道德风险行为上,这一治理机制却是存在问题的。

由于研发过程中存在着的合同不完全性,就连代理方自身在最初阶段也不确定何种药物最后能够被成功地研发,但上述机制设计却表现有这样的含义:代理方从一开始就明确了药物研发的不同路径,而这明显与药物研发过程中的或然性是不相符合的。当然不可否认的是,上述能够使代理方在既定

---

① 在本书中,我们可能对某一个文献有着多个评述。需要说明的是,我们的这类评述在不同问题下有着不同的侧重,因而绝非简单意义上的重复。

的路径下进行研发的机制设计是存在理论合理性的（事实上，我们的理论框架也将遵循这一理论基础），但更合理的机制设计无疑应该在充分考虑药物研发的不完全合同性的前提下进行。不仅如此，在更一般的理论意义上，上述机制还存在着以下两点可商榷之处：其一，上述机制中的相机性合同条款是相对完善的，但这并不一定能够保证事前的有效率。根据 Comino 等（2010），太过完善（较为简单）的合同条款会使得相关方关系解体后的善后处理更为容易（困难），相关方的事前行为很可能会因此变得相对无（有）效率。其二，上述机制虽着力于配置具体的控制权，但拥有这类控制权的成本并没有被纳入理论考察的视野之内（Lacetera（2009）有关控制权配置的论述就涉及这类成本）。

值得强调的是，Azoulay（2004）关于临床试验外包的讨论对我们所要解决的问题而言具有更为直接的理论启示意义。在他看来，外包意味着放弃一种关键的决策权：能够将特定员工匹配于特定项目。具体来说，如果一些临床试验项目（如知识密集型项目）交由企业内部执行，那么企业完全可以指定特定员工来完成；而如果将这些项目外包出去，即便代理方在事前承诺将由老练的团队来完成，但由于员工的身份、技艺水平以及工作实际状况的不易合同化，委托方也通常面临着代理方的"机会主义再配置（Opportunistic Reassignment）"风险：代理方在项目执行过程中将老练的员工配置到其他项目中去。在这种情况下，"把临床试验外包定义为此类决策权由买方向卖方的转移将是有助益的"。而这一洞见显然能够给予我们这样的理论启示意义：在药物研发外包的过程中，一旦代理方发现药物的新路径（用途），为获得更大的收益，他将通过与其他制药企业进行研发合作的方式对这一信息进行披露。

针对代理方的上述道德风险行为，Azoulay（2004）给出的治理手段是将相关项目交由企业内部的团队来完成；而我们的治理手段是在事前通过合同配置控制权，进而一旦未来药物的新路径出现，委托方可以行使此类合同化的控制权以使得代理方继续遵循原有的研发路径。换言之，Azoulay（2004）的治理手段仍是传统的一体化或非一体化，[①] 而我们的治理手段是在研发外包（非一体化）既定的情况下配置最优的控制权。

Lacetera（2009）论证了委托方未来可能存在着更好获利机会的情况下是否选择一体化或者如何配置最优控制权的问题（上文已有所提及）。然而需要说明的是，虽然同样是配置权力，但我们的理论框架与 Lacetera（2009）的理论框架是不同的。其一，在合同的不完全性上，Lacetera（2009）强调的是与委托方相关的合同不完全性（未来有可能出现对委托方而言的更好的机会）；而我们同 Azoulay（2004）的精神相一致，强调的是与代理问题相关的合同不完全性。其二，在论证的主旨上，Lacetera（2009）强调的是委托方如何配置控制权以获得由合同的不完全性所带来的收益；而我们强调的是委托方如何配置控制权以治理代理方利用合同的不完全性给委托方所带来的损失。简言之，Lacetera（2009）对控制权配置的论述是基于获利的视角进行的；[②] 而我们对控制权配置的论述是基于治理的视角进行的。

针对上述评论并依循以上作为对比所阐述的理论构建的原则，[③] 我们将正式地模型化研发外包中的最优控制权配置问题（作为对 Lerner 和 Malmendier（2005，2010）意义上的控制权配置状况进一步的理论处理）。而尚需要更明确地以及更系统性地交代的是，在模型化的过程中：其一，研发外包过

[①] 对这类治理手段系统性的论述，可参见费方域、李靖等（2009）。

[②] 在这一视角下，先导化合物越能够被确切地描述，委托方所拥有的控制权就越大，而这与我们的结论是相反的（见后文）。

[③] 作为总结，我们可在是否一体化以及是否与代理问题相关两个维度上归纳出本节所遵循的逻辑顺序：其一，在与代理问题相关的合同不完全性的条件下研发外包（非一体化）中（具体）的控制权配置问题（Lerner 和 Malmendier，2005，2010）；其二，在与代理问题相关的合同不完全性的条件下是否选择一体化的问题（Azoulay，2004）；其三，在与委托方相关的合同不完全性的条件下研发外包（非一体化）中的最优控制权配置问题（Lacetera，2009）。

程中与代理方直接相关联的合同不完全性将得以凸显;其二,该意义上的合同的不完全性给委托方所带来的损失将通过控制权的配置进行治理;其三,将所配置的控制权作为一个整体看待,[①] 并且控制权本身是具有成本的。

6.3 最优控制权配置模型

6.3.1 基本假设

假定代理方在初始研发路径上的努力水平为 e,$0 < e < 1$,e 同时也表示在初始路径上研发成功的概率。而如果在初始路径上研发(不)成功,那么委托方将获得利润 π(0),代理方将获得收益 B(0),其中,$0 < \pi < 1$,$0 < B < 1$。因此,在初始研发路径上,委托方的期望利润为 $e\pi$,代理方的期望收益为 eB。

为了便于做进一步的假设以及接下来的论证,我们需要首先描述模型的时间线(见图 6-1)。依循该时间线,我们假定委托方在 0 期所配置的控制权为 c,$0 \leq c \leq 1$,并且控制权的成本为 $c^2/2$;[②] 在 1/2 期,代理方选择努力水平 e(有关 e 的假设,见上文),所付出的成本为 $e^2/2$;在 1 期,如果新的

[①] 由上文,Lerner 和 Malmendier(2005,2010)在合同中是将控制权的不同方面(如终止权、知识产权等)进行区别对待,然而,正如 Lerner 和 Tsai(2000)所特别强调的,尽管控制权的不同方面在合同中被区别对待,但重要的是把所配置的控制权看成一个整体,而不是孤立地看待单个控制权。

[②] 控制权具有成本是显而易见的,比如,监督委员会所拥有的监督权作为控制权的一种形式(Lerner 和 Merges,1998;Robinson 和 Stuart,2007),其被行使的程度越大(对研发进展情况进行监督的频率越大),则成本也就越大;另外,根据 Lerner 和 Malmendier(2010),终止权作为控制权的另一种形式,其一旦被行使,终止方要对被终止方进行一定的支付(Lerner 和 Malmendier,2010),而这当然可被视作终止权的成本。

研发路径未出现，代理方将继续遵循初始的研发路径，委托方也将不行使控制权（2期双方分别获得的利润和收益，见上文）。而如果新的研发路径出现并且代理方将该路径以同第三方合作的方式进行披露，那么委托方在2期将不能获得任何利润，① 而代理方将获得收益μ（假定也在2期获得），并且μ>B，由此，如果新的研发路径出现，对于代理方而言，披露该研发路径较之于遵循初始的研发路径严格占优，委托方于是将行使控制权以使其遵循初始的研发路径。

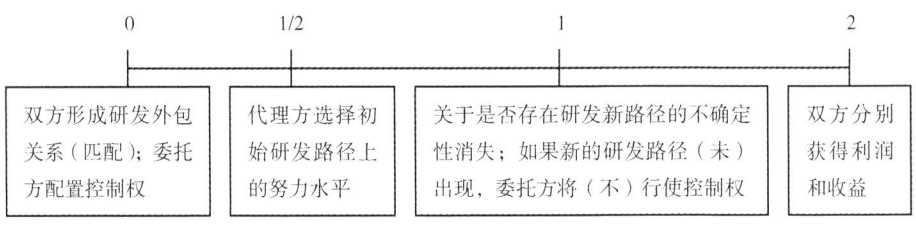

图6-1 控制权配置模型的时间结构

由于新的研发路径是否出现到1期方能确定，我们还假定在1期之前，对相关方而言，新的研发路径出现的概率为λ，并且λ<1/2：如果新的研发路径出现的概率过大，或者说，合同的不完全性表现得太明显，那么双方在0期根本就不会形成研发外包关系。最后，假定委托代理双方都是风险中性的，并且不存在折现。

6.3.2 控制权的最优配置

给定控制权c，如果1期时新的研发路径出现（以λ的概率），委托方将

---

① 特别地，我们假定代理方不能同时与多个委托方形成研发外包关系；在以同第三方形成研发外包关系的方式对新的研发路径进行披露的情况下，代理方的初始研发将自行终止进而原有的研发外包关系也将自行解体。

第6章 研发外包中的路径转移：重议不完全合同下的控制权配置

行使控制权 c。在控制权的范围内，由于代理方将继续遵循初始的研发路径，故委托方的（期望）利润为 eπ，代理方的收益为 eB；而在控制权的范围外，代理方将披露新的研发路径并获得收益 μ，委托方所获得的利润只能是 0。如果 1 期时新的研发路径未出现（以 1−λ 的概率），由于代理方将继续遵循初始的研发路径，委托方将不行使控制权 c，其获得的利润也就为 eπ，代理方所获得的收益也就为 eB。因此，委托方和代理方在 0 期时和 1 期时（控制权的配置在前，选择努力水平在后）所获得的（期望）净利润和（期望）净收益分别为：

$$u_p = \lambda [c \cdot e\pi + (1-c) \cdot 0] + (1-\lambda) e\pi - \frac{c^2}{2} \quad (6-1)$$

$$u_a = \lambda [c \cdot eB + (1-c) \cdot \mu] + (1-\lambda) eB - \frac{e^2}{2} \quad (6-2)$$

由于控制权的配置在 0 期进行，努力水平的选定在 1 期进行，因而我们可使用逆向归纳法来进行控制权的最优配置。

首先，对式（6-2）关于 e 的最优化问题求解，可得：

$$e^* = [\lambda c + (1-\lambda)] B \quad (6-3)$$

由于 $\frac{\partial e^*}{\partial c} = \lambda B > 0$，$\frac{\partial e^*}{\partial \lambda} = (c-1) B < 0$，我们可得如下引理。

引理1：代理方的最优努力水平随着控制权的增大而增大，随着合同不完全程度的增大而减小。

上述引理是显然的。由于代理方的收益可表示为 $(\lambda c + 1 - \lambda) Be + \lambda (1-c) \mu$，故 c 越大，努力水平的边际收益就越大：收益更多地依赖于变量 e 而更少地依赖于通过披露新的研发路径所获得的收益 μ，而努力水平的边际成本又不变，因此最优的努力水平也就越大；同样根据上述表达式，λ 越大，努力水平的边际收益就越小：收益更多地依赖于 μ 而更少地依赖于变量 e，而边际成本又不变，因此最优的努力水平也就越小。

其次,将式(6-3)代入式(6-1),可得:

$$u_p = \lambda \{c[\lambda c + (1-\lambda)]B\pi\} + (1-\lambda)[\lambda c + (1-\lambda)]B\pi - \frac{c^2}{2}$$

(6-4)

对式(6-4)关于 c 的最优化问题求解,可得:$c^* = \frac{2B\pi\lambda(1-\lambda)}{1-2B\pi\lambda^2}$,由于 $0 < 2B\pi\lambda(1-\lambda) = 2B\pi\lambda - 2B\pi\lambda^2 < 1 - 2B\pi\lambda^2$(根据假设),因而 $0 < c^* < 1$。故我们有命题 1。

命题 1:在与代理方的研发外包关系中存在着合同不完全性的条件下,委托方在 0 期合同中所配置的最优控制权水平为 $c^* = \frac{2B\pi\lambda(1-\lambda)}{1-2B\pi\lambda^2} \in (0, 1)$。

命题 1 明确了委托方所配置的最优控制权水平。需要强调的是,该最优控制权水平为内点解而非角点解($0 < c^* < 1$)。这是因为,过小的控制权水平虽然可以节省控制权本身所带来的成本,但并不能阻止代理方可能出现的道德风险行为;相反,过大的控制权水平虽然能够阻止代理方可能出现的道德风险行为,但过大的控制权本身却有着很大的成本,因此,控制权的最优配置应该在权衡通过阻止代理方可能的道德风险行为所带来的收益与控制权本身所带来的成本的背景下进行:最优控制权水平既不能太大,也不能太小。而在有着这类权衡的背景下,我们尚需进一步回答的问题是,如果代理方的道德风险行为出现的可能性增大,那么最优的控制权水平将如何变化呢?对此,我们有命题 2。

命题 2:合同的不完全性表现得越明显,委托方在 0 期合同中所配置的最优控制权就越大。

证明:对最优控制权水平 c^* 关于 λ 求一阶导,可得:$\frac{dc^*}{d\lambda} = \frac{2B\pi(1-2\lambda+2B\pi\lambda^2)}{(1-2B\pi\lambda^2)^2}$。令 $f(\lambda) = 1 - 2\lambda + 2B\pi\lambda^2$,显然,$f'(\lambda) = 4B\pi\lambda - $

第6章 研发外包中的路径转移：重议不完全合同下的控制权配置

2，$f'\left(\frac{1}{2B\pi}\right)=0$，这意味着，当 $0<\lambda<\frac{1}{2B\pi}$ 时，$f(\lambda)$ 是递减的，而由于 $\frac{1}{2}<\frac{1}{2B\pi}$（根据假设），故当 $0<\lambda<\frac{1}{2}$ 时，$f(\lambda)$ 也是递减的。容易验证，$f\left(\frac{1}{2}\right)=\frac{B\pi}{2}>0$，故当 $0<\lambda<\frac{1}{2}$ 时（假设范围内的 λ 的值），$f(\lambda)>0$，因此，$\frac{dc^*}{d\lambda}>0$。证毕。

作为对委托方所配置的最优控制权水平进行的比较静态分析，命题2的合理性是显然的：合同的不完全性表现得越明显意味着代理方的道德风险行为出现的可能性就越大，而为了阻止代理方可能出现的道德风险行为，委托方在0期合同中所配置的最优控制权就越大（尽管控制权越大，其本身所带来的成本也越大）。

最后，值得一提的是，尽管Lerner和Malmendier（2010）给出了针对代理方道德风险行为的治理机制（该机制包含作为控制权主要形式之一的终止权），但对于委托方而言，应用这类机制较之于不应用任何治理机制（委托方不作为）并不必然占优，这显然构成了理论论证上的缺憾，而为了对应于Lerner和Malmendier（2010）的此类论证并检验本书是否也存在着上述缺憾，我们有必要明确并进一步比较委托方针对代理方可能的道德风险行为（对第三方进行披露）行使最优控制权与不行使任何控制权两种情况下的净收益。

在委托方配置并行使最优控制权（当新的研发路径出现时）的情况下，$u_p(c^*)=[\lambda c^*+(1-\lambda)^2]B\pi-\frac{c^{*2}}{2}$（根据式（6-4））；在委托方不配置任何控制权的情况下，代理方在初始研发路径上的最优努力水平为 $e'^*=\mathrm{argmax}\left[\lambda\mu+(1-\lambda)e'B-\frac{e'^2}{2}\right]=(1-\lambda)B$，由此，$u'^*_p=\lambda\cdot 0+(1-\lambda)e'^*\pi=(1-\lambda)^2 B\pi$。而由于 c^*（根据命题1，$c^*\in(0,1)$）是对于委

托方而言的最优控制权，故 $u_p(c^*) > u_p(0) = (1-\lambda)^2 B\pi = u'^*_p$。① 因此，我们有命题3。

命题3：针对代理方可能的道德风险行为，不同于 Lerner 和 Malmendier（2010）意义上的治理机制并不必然占优的情形，在我们的理论模型中，委托方配置并在研发新路径出现时行使最优控制权占优于委托方不配置任何控制权。

命题3说明，我们的理论模型较之于 Lerner 和 Malmendier（2010）的理论论证更具现实合理性。尽管如此，我们仍需要对本书的理论命题进行经验分析。但显而易见的是，在以上诸命题中，最具验证价值的为命题2，因此我们就有必要依托既有的文献重点对命题2进行验证。

6.4 经验性证据

根据 Lerner 和 Merges（1998）以及 Lerner 等（2003），制药企业研发外包过程中的控制权可划分为25种形式，这包括临床试验的管理权、产品制造权、销售权、终止权、知识产权以及（在生物技术公司的）董事会席位等。② 在本书中，我们将把终止权、知识产权以及董事会席位视作控制权的主要形式。而对于合同的不完全程度，我们将以项目的期限或者签订合同时项目所处的研发阶段（合同阶段）③ 以及双方在签订合同时是否存在先导化合物来

---

① 事实上，上述探讨在论证框架上完全可以化约为行使水平为 c^* 的控制权和行使水平为0的控制权何者占优的问题——不配置任何控制权可视为行使水平为0的控制权。
② 有关董事会席位的一个例子是，在研发外包合同签订之时，作为委托方的生物制药企业 Ciba - Geigy 在作为代理方的 ALZA 中拥有11个董事会席位中的8个（Lerner 和 Merges，1998）。
③ 对合同阶段更为具体的划分，可参见 Lerner 等（2003）。

衡量：项目的期限越长（合同阶段越靠前），新的研发路径出现的概率就越大进而合同的不完全程度也就越大；双方在签订合同时不存在先导化合物（生物技术公司越不能确切地描述出先导化合物），新的化合物出现的概率就（越）大进而合同的不完全程度也就（越）大。① 在此基础上，我们所要验证的即是，项目的期限以及先导化合物被描述的确切程度与制药企业所拥有（保留）的终止权、知识产权以及董事会席位等控制权形式是否存在着正相关关系。

在 Robinson 和 Stuart（2007）看来，尽管在研发外包关系中制药企业拥有董事会席位远没有在风险投资（VCs）中普遍——在 85 个研发外包合同中，只有 12 个合同（15%）规定制药企业拥有董事会席位，但这 12 个合同几乎全部（11 个）是在研发的最初始阶段（发现阶段）签订的，而由于签订合同时所处的这一阶段意味着合同的不完全程度最大，故我们可以认为，合同的不完全程度越大，制药企业就越有可能（在生物技术公司中）拥有董事会席位。

对于终止权的配置，Robinson 和 Stuart（2007）在考察多个研发外包合同后认为，如果一方被第三方所控制（控制权转换），那么制药企业较之于生物技术公司更有可能拥有终止权，这显然与我们的假设是契合的：如果生物技术公司将新的研发路径以承揽研发外包的方式披露给第三方，那么制药企业将行使控制权。更为重要的是，Robinson 和 Stuart（2007）还进一步将终止权划分为"友善型"（Amicable）终止权和"严厉型"（Severe）终止权，前者表示为只是在不可弥补的违约行为发生时委托方才可行使的终止权；后者表示为委托方拥有可任意终止的权力（不只局限于当不可弥补的违约行为发生时）。在此基础上，Robinson 和 Stuart（2007）发现，当项目的期限越长

---

① Lerner 和 Malmendier（2005，2010）就是以是否存在先导化合物作为合同不完全性的判断标准的。

进而未来不可预期的相机事件更有可能出现时，制药企业越有可能拥有"严厉型"终止权而非"友善型"终止权。

在终止权行使后残余知识产权的归属上，Robinson 和 Stuart（2007）发现，大部分的残余知识产权归生物技术公司所有（这样可以激励生物技术公司在事前对项目做出更大的努力），但当所涉及的项目为长期性项目时，残余的知识产权却显然并不通常归生物技术公司所有。[①] 事实上，Lerner 和 Malmendier（2010）也正是通过配置给制药企业终止权以及项目终止后新路径下的研发成果的知识产权来治理生物技术公司在不完全合同下的道德风险行为的（见第二节）。其所对应的现实是，在双方签订合同时，如果没有确切的先导化合物，制药企业显然更有可能拥有项目的终止权以及项目终止后的（新路径下研发成果的）知识产权：较之于有确切先导化合物时制药企业拥有这类权力的可能性，在无确切先导化合物时制药企业拥有这类权力的可能性将增加97%。

基于以上的经验性证据，我们有理由认为，合同的不完全程度越大（新的研发路径出现的可能性越大），制药企业所拥有的控制权就越大。尽管如此，比照 Lerner 和 Merges（1998）以及 Lerner 等（2003）（尤其前者）在 Aghion 和 Tirole（1994）的理论基础上对代理方财富状况与其所拥有的控制权之间的关系所做的相对完整的实证分析，我们尚需为建立在本书理论框架下的上述两者之间的关系寻求更多的经验性支持。

[①] Higgins（2007）从相反意义上论证了合同阶段与委托方所拥有的控制权之间的关系。在他看来，在处于后期合同阶段的研发外包中，委托方将放弃更多的控制权。

第 6 章　研发外包中的路径转移：重议不完全合同下的控制权配置

6.5　总结与进一步的研究

既有的文献要么没有对合同不完全条件下（与代理问题相关的合同不完全性）的控制权最优配置问题做出令人满意的理论处理，要么没有直接地涉猎这类问题，本书则通过一个理论模型以及相关的经验性证据论证了上述不完全合同条件下企业研发外包的最优控制权配置问题：在与代理方形成的研发外包关系中（代理方会将未来可能出现的新的研发路径披露给第三方），委托方所配置的旨在治理代理方披露行为的最优控制权水平为 0 与 1 之间的某个值（内点解而非角点解），并且该最优控制权水平随着合同不完全程度（新的研发路径出现的可能性）的增大而提高；[①] 不同于 Lerner 和 Malmendier（2010）的理论性结论，委托方配置最优控制权并在新的研发路径出现时行使该控制权将占优于不配置任何控制权。而相关的经验性证据也验证了这类结论。然而，尽管我们通过理论模型演绎出了这类结论并进行了一定的验证，但尚需遵循如下的研究方向作进一步的讨论。

首先，本书是将研发外包中的控制权作为一个整体看待的，但不可否认的是，该意义上的作为概念的控制权于研发外包的现实背景而言显得过于泛化，因而对之更有针对性的化约就不仅具有理论意义（在理论层面上具有可操作性），而且更具有现实意义（对现实有着更明确的指涉）。根据 Lacetera（2009），在研发外包的背景下，与控制权最为接近的权力形式为终止权。而 Somers（2003）也认为，终止权条款往往是合同双方需要"花大力气进行谈

[①] 由此，我们在一定程度上回答了 Lerner 和 Rajan（2006）意义上有关研发外包中"各方的绩效如何被测度、监督和控制"的问题。

判"的条款。因此,将控制权化约为终止权进而在依托现实的情况下探讨终止权的最优配置显然是未来理论研究的着力点。①

其次,控制权本身会带来成本,这使得本书意义上的控制权合同并不能完全消除代理方可能的道德风险行为,故而在完全合同的理论背景下或者在控制权合同的基础上加入相关的支付条款或者单独设计支付合同以形成更有效的治理体系②或治理机制也就成为未来理论研究的一个重要任务。③

再次,本书是从委托方的视角来考察控制权的最优配置的,而鉴于研发外包中的代理问题会导致社会效率意义上的次优控制权配置(Lerner 和 Merges,2010),未来的研究也就需要结合本书所强调的代理问题,关注社会效率意义上的最优控制权配置。

最后,紧接上一节,通过借鉴 Lerner 和 Merges(1998),Lerner 等(2003),Lerner 和 Malmendier(2005,2010)以及 Lacetera(2009)依照特定的理论框架对控制权的最优配置问题所做的较为深入的实证研究,对本书的理论性结论(尤其命题2)进行正式的实证研究从而对研发外包中路径转移视角下控制权的最优配置问题形成系统、完整的讨论无疑是必要的。

---

① Lerner 和 Merges(1998)就认为,对合同性条款进行更为细致的微观分析将是未来值得深入研究的一个领域。而我们的工作论文《学术价值 vs. 商业价值:企业研发外包中的终止权配置研究》则是对这一研究领域所做的积极回应。
② 对这类治理体系的构建,可参照 Lerner 和 Malmendier(2005,2010)的机制设计精神。
③ 不仅如此,在治理体系上,如何通过显性合同与关系合同的互动来治理既有的机制所不能很好解决的代理方可能的道德风险问题,将成为一个亟须研究的课题(对这类互动机制的研究,可参见 Ryall 和 Sampson(2009))。

一个契约的结构依赖于……交换中资产标的物的技术特性。

——埃格特森

雇用合同其实就是一种不完整的协议,如果以不同的方式来履行这种协议,工作的业绩也会随之改变。

——威廉姆森

第7章 学术价值 vs. 商业价值：企业研发外包中的最优终止权配置

7.1 引言

根据 Lerner 和 Merges（1998），制药企业[①]研发外包合同中的控制权可划分为临床试验的管理权、制造权、销售权、终止权以及知识产权等形式。在这些权力形式中，终止权至为重要，其原因在于，终止权是研发外包合同的一个普遍的特征——几乎所有的研发外包合同（97%）都规定有某种类型的终止权（Lerner 和 Malmendier，2010）。而作为对终止权的合同性规定，终止权的配置条款往往是合同双方"花大力气进行谈判"的条款（Somers，2003），故终止权的配置也就成为企业研发外包的一个关键特征（Robinson 和 Stuart，2007）。遗憾的是，尽管 Lerner 和 Merges（1998）就曾强调，对

[①] 需要说明的是，由于研发外包集中体现在生物医药产业［更详细的讨论，可参见费方域、李靖等（2009）］，故本书意义的企业（委托方）也就专指制药企业，而合同的另一方（代理方）则为生物技术公司（也可为学术机构）。

（研发外包中的）合同性条款进行更为细致的微观分析将是未来值得深入研究的一个领域，但迄今为止，既有的文献并未对终止权的配置问题做出令人满意的理论处理。

有关终止性条款的经验性证据表明，在不同的研发外包合同中，终止权既有配置给制药企业的情况，也有配置给生物技术公司的情况（Robinson 和 Stuart，2007；Lerner 和 Malmendier，2010）。比如，Robinson 和 Stuart（2007）通过考察125个研发外包合同发现，针对项目进展不力这一终止性条款（终止理由），有20个合同规定仅制药企业拥有终止权，有1个合同规定仅生物技术公司拥有终止权，有9个合同规定双方都拥有终止权。对于这一现象，尽管 Lerner 和 Malmendier（2010）有所提及，但他们在理论上却并未给出明确的说明。由此我们就不禁要问，终止权的此类配置的理论依据是什么？实际上，针对这一问题，我们可以依托生物医药产业的具体背景进行回答。而首先需要交代的是，制药企业和生物技术公司在业已形成的研发外包关系中都致力于筛选出一种能够治疗某特定疾病的先导化合物，其中，制药企业所筛选的先导化合物具有完全的商业价值，生物技术公司所筛选的先导化合物具有部分商业价值（和部分学术价值）。

在制药企业（生物技术公司）拥有终止权的情况下，如果双方都筛选出了各自的先导化合物，那么制药企业（生物技术公司）所倾向的具有完全（部分）商业价值的化合物将得到执行，因为如果另一种具有部分（完全）商业价值的化合物得到执行的话，那么制药企业（生物技术公司）将行使终止权；如果仅仅是制药企业（生物技术公司）筛选出了化合物，那么这一具有完全（部分）商业价值的化合物当然被执行；而如果仅仅是生物技术公司（制药企业）筛选出了化合物，那么制药企业（生物技术公司）将退而求其次，选择执行这一具有部分（完全）商业价值的化合物。而通过制药企业拥有终止权和生物技术公司拥有终止权两种情况下所获期望效用（可理解为期望净收益)的比较,制药企业将选择是否拥有终止权。其结果是,如果代理方所筛选的化合物的学术(商业)价值的程度小(大)于某个临界值,那么制药企业会将终止权配置给生物技术公司,否则,制药企业拥有终止权(将终止权配置给自身)。[1]

上述讨论描述性地回答了终止权的配置机理问题。不仅如此,上述讨论(结合本节最初的讨论)也可以部分地回答 Lerner 和 Rajan (2006) 所提出的有关研发外包的合同性治理的问题:研发外包合同的性质是由什么来决定的?研发外包关键的合同性特征是什么?对于这类问题,我们的具体回答是,生物技术公司所致力于筛选的先导化合物的学术化或者商业化程度决定着研发外包合同的性质,在此基础上,研发外包关键的合同性特征为终止权的配置。[2] 事实上,我们还可以紧接着第二个问题及其回答而做出进一步的讨论,如果具有完全商业价值的化合物得到执行,那么生物技术公司将获得执行性工资,制药企业则获得除执行性工资以外的所有价值;而如果具有部分商业价值的化合物得到执行,那么生物技术公司将获得该化合物所包含的学术价值,制药企业将获得该化合物所包含的商业价值。在这种偿付结构下,随着生物技术公司获得的执行性工资与化合物总价值的比值的增大,制药企业将更有可能不拥有终止权,或者说,制药企业不授权的区间缩小;而对于授权而言,如果执行性工资与化合物总价值的比值较小(大),那么随着上述比值的增大,授权更有可能(不)发生,或者说,授权的区间扩大(缩小)。

显而易见,上述以先导化合物的学术(商业)化程度为视角的定性描述很好地诠释了制药企业研发外包中终止权的配置问题。毕竟,生物技术公司

---

[1] 尽管授权通常指的是在组织内部的科层中上级将权力授予下级,但在本书意义上的上下游企业之间的研发外包关系中,为了方便论述,我们将在下文中简单地将终止权配置给代理方的情况称之为"授权",而将终止权配置给委托方或者说委托方保留终止权的情况称之为"不授权"。

[2] 我们把研发外包合同的性质理解为控制权的配置状况,而鉴于终止权是最为重要的控制权形式,我们可以认为,生物技术公司所致力于筛选的先导化合物的学术化或者商业化程度通过决定终止权的配置状况来决定控制权的配置状况进而研发外包合同的性质。

通常有着不同于制药企业的学术化追求（Lerner 和 Malmendier，2010），其研究目标本身也确实存在着学术价值（Banal – Estanol 和 Macho – Stadler，2010），而合同的双方则可以在此基础上配置内生的决策权——终止权（Lerner 和 Malmendier，2010）。事实上，对于上述视角下的终止权配置状况，相关的经验性证据也给出了相对有说服力的佐证。比如，对于授权（区间比例）和不授权（区间比例）的比值问题，通过多个终止性条款（终止原因）下的合同数量所测度的经验性证据在很大程度上契合了相应的理论性结论。而本着这类认识，我们将对上述定性的描述展开正式的论证。

本章余下的安排为：在第 2 节，我们将更为具体地交代出研究背景并对相关的文献进行综述；在第 3 节，我们将以先导化合物的学术（商业）化程度为视角构建有关终止权最优配置问题的理论模型；在第 4 节，我们将对本章的理论部分进行拓展并为一些理论性结论提供经验性证据；第 5 节为结论与进一步的研究方向。

7.2 研究背景与相关文献综述

如上所述，我们将研究所依托的产业限制在生物医药产业。而在此产业背景下，我们需要首先明确药物的研发过程。根据 PhRMA（2007），药物的研发是从理解疾病开始的，尔后进行药物靶的识别与确认，在此基础上，药物正式地进入先导化合物的发现阶段。而如果先导化合物被成功地发现，那么在经过对先导化合物的早期安全性测试、优化以及前临床试验后，药物将

第7章 学术价值 vs. 商业价值：企业研发外包中的最优终止权配置

进入开发阶段,[①] 这包括三个阶段的临床试验以及之后 FDA 对药物的审批等。需要强调的是,对于药物研发的不同阶段,本书将聚焦于先导化合物的发现阶段,这是因为,在此阶段中,通过搜寻、合成以及筛选等方法（皮萨诺)[②]来找寻适当的化合物正是本书意义上相关方（制药企业和生物技术公司）的努力所在；而相关方所致力于筛选的具有不同学术（商业）化程度的化合物本身也将构成本书进一步讨论的基础。

对于化合物本身所具有的学术（商业）价值,我们可以通过生物医药产业早期的一个经典案例（转引自 Gans 和 Stern, 2003）来进行说明：为了开发人类胰岛素, Eli Lilly（礼来）组织了三家旨在合成胰岛素基因的研究团队。在这三家研究团队中,有两家来自于大学（分别为哈佛大学和 UCSF（加州大学旧金山分校））,一家为 Genentech（1976 年创立的第一家生物技术公司）,而它们的研究任务之所以为合成胰岛素基因,是因为这一任务本身是商业化开发人类胰岛素的先决条件。1978 年 8 月, Genentech 成功地合成了人类胰岛素基因从而在该研发竞赛中获胜。在此案例中,我们所要强调的是, Genentech 合成的胰岛素基因具备商业价值而不具备学术价值；相反,同一时期哈佛大学致力于合成的胰岛素基因却只具备学术价值而不具备商业价值（转引自 Banal – Estanol 和 Macho – Stadler, 2010）。事实上,从更为广泛的层面而言,现实中不仅仅是同一领域中的化合物,对于同一领域中的创意或发现而言,往往有些具有较高的学术价值和较低的商业价值；而另一些则

[①] 在通常意义上,我们可以将药物开发之前的发现（及后续）阶段理解为药物的研究阶段。
[②] 鉴于上述各类方法都是为了筛选或找寻出先导化合物,本书在笼统意义上将发现先导化合物的方法称为"筛选"。事实上,发现先导化合物的常用方法也正是（从成千上万个化合物中进行）筛选（PhRMA, 2007）。

具有较低的学术价值和较高的商业价值（Banal-Estanol 和 Macho-Stadler，2010）。①

一般而言，制药企业倾向于筛选那些具有（完全）商业价值的化合物，毕竟其目标是开发有着获利前景的药物；而生物技术公司则倾向于筛选那些具有学术价值的化合物，②因为一旦这类化合物被执行，其不仅能够获得化合物本身所具有的学术价值，而且其研究（发现）能力也能够获得业界的好评，③这在很大程度上影响着其在未来研发合作中的声誉（Lerner 和 Malmendier，2010）。事实上，尽管生物技术公司有着与商业化追求相对立的学术化追求，但在本书中，我们是将研发外包理解为让生物技术公司也参与筛选化合物并使其承揽执行化合物的任务的，因此，这就使得我们的研究背景不同于 Lerner 和 Malmendier（2010），后者是将生物技术公司的学术化追求视作（多任务意义上的）代理问题的。而如果将相关方的筛选（研发）努力理解为一种投资的话，那么在本书中，制药企业和生物技术公司都将进行投资，并且双方的投资是一种 Rajan 和 Zingales（1998）意义上的替代性投资或互补性投资，这显然有别于 Lerner 和 Malmendier（2010）意义上生物技术公司单方面的研发投资，以及在此投资中存在着的与学术化追求有关的代理问题。

尽管如此，Lerner 和 Malmendier（2010）对我们还是有启示意义的：研发努力水平及由此产生的收益是不能合同化的，因此必须寻求相关的非合同性机制来治理由合同的不完全性所带来的问题。事实上，Lerner 和 Malmendier（2010）是通过终止权和知识产权等控制权形式的配置以及相应的支付来进行

---

① 比如，1996年和2011年的诺贝尔医学奖授予了免疫学研究者，对于他们的研究成果而言，虽然没有商业价值（作为基础研究），但却有着学术价值——对临床医学（如疫苗的开发）贡献良多并能够为后续的研究提供科学依据。事实上，Lacetera（2009）就总结道，这类研究者的目标是生产和扩散科学性的知识，对经济上的收益则不甚关心。

② 根据 Banal-Estanol 等（2011）的测算，对包括企业项目在内的187个项目而言，平均的商业化程度为0.62；而对300个大学研究项目而言，平均的商业化程度则只有0.45。

③ 甚至，一些生物技术公司的研究人员以此获得了诺贝尔医学奖（转引自 Lacetera，2009）。

第 7 章 学术价值 vs. 商业价值：企业研发外包中的最优终止权配置

相机治理的。① 然而，尽管这类相机性的治理机制能够合意地解决由合同的不完全性所引发的代理问题，但不得不说明的是，这类机制本身却是值得商榷的。其一，这类相机性的治理机制是相对完善的，但这并不一定能够保证事前的有效率。根据 Comino 等（2010），太过完善的合同条款会使得相关方关系解体后的善后处理更为容易，而相关方的事前行为很可能会因此变得相对无效率。其二，这类相机性的治理机制是存在着执行成本的。比如，一旦终止权被行使，那么终止方必须向被终止方进行一定的支付。而作为比较，我们所要设计的机制（合同）在治理由合同的不完全性所带来的问题的同时，则不存在上述缺憾——在我们的合同中，只规定哪一方拥有终止权（是否授权），以及在确定哪一种化合物被执行后，执行方所获得的偿付（工资）。

更为明确地，在相关方的筛选努力以及由此产生的收益方面（筛选努力水平及由此产生的收益是作为治理对象而言的），我们有关终止权配置的治理机制与 Aghion 和 Tirole（1997）意义的授权机制是紧密联系在一起的。诚如 Lacetera（2009）所强调的，将决策权授予生物技术公司在功能上发挥着承诺的作用，生物技术公司在此基础上将为既定的研究提供高能激励。而基于 Aghion 和 Tirole（1997）的授权框架，Marin 和 Verdier（2009）以及 Puga 和 Trefler（2005，2010）更有针对性地探讨了一些更为现实的问题（如 FDI 的组织类型以及离岸外包中东道国企业参与创造的程度）。无独有偶，这类探讨都秉持着这样的一个假定：相关方所致力于探求的每一个项目或蓝图所创造的总价值是相等的，而这也构成了我们最基本的假设。然而，不同于我们以学术（商业）化程度区分化合物的情形，他们并没有将理论的触角延伸到项目或蓝图的内部结构中。另外，我们让相关方都参与到筛选化合物中去，故这也就不同于 Marin 和 Verdier（2009）所做出的一方在探求项目上的努力

---

① 对这类治理机制更为详细的讨论，可参见费方域、李靖等（2009）以及李靖等（2012b）。

水平为外生变量的假定。

在研发外包的过程中，相关方的控制权显然不可能通过控制整个企业来体现，于是就有了 Lerner 和 Merges（1998）意义上的具体的控制权形式。实际上，研发外包中最为直接的控制权形式为终止权，[①] 而鉴于终止权配置的现实普遍性和理论重要性（见上一节），以终止权的配置为研究对象对企业研发外包中所蕴含着的有关控制权的理论问题进行特定视角下的深入探讨就具有非同寻常的价值。循着这类认识，如果说在 Marin 和 Verdier（2009）意义上的 FDI 中，依控制权的配置所做的组织划分还能够自圆其说的话，那么在 Puga 和 Trefler（2005）意义上的离岸外包中，将东道国企业参与创造的程度仍归诸于笼统的控制权的配置，则多少有点语焉不详了。而我们以（无条件的）终止权的配置为基础的理论框架不仅具有更为明确的现实指涉，而且更具有理论上的可操作性。比如，在一方拥有终止权的情况下，如果双方都筛选出了各自所偏好的化合物，那么拥有终止权的一方可以让他所偏好的化合物得以执行，因为如果另一化合物被执行的话，那么拥有终止权的一方将

[①] 在研发外包的背景下，Lacetera（2009）将终止权作为控制权首要的衡量标准。因为在他看来，研发外包背景下无条件的终止权就等同于企业内部的控制权（Lacetera，2009）；Robinson 和 Stuart（2007）将终止权视为关键的战略性考量；而如前文所述，Lerner 和 Malmendier（2010）就直接将终止权称为内生的决策权。

第7章 学术价值 vs. 商业价值：企业研发外包中的最优终止权配置

对该执行行为实施无条件的终止。①

基于以上研究背景以及相关文献综述，我们将正式地模型化企业研发外包中终止权的最优配置问题。而需要提前说明的是：其一，为论证的便利起见，我们将制药企业称作委托方，将生物技术公司称作代理方；其二，有关代理方财富约束问题的简单评述，我们在下文中将结合相关的假设及具体问题一并交代；其三，在本书中，虽然代理方的财富约束限制了合同的再谈判问题，但合同本身并非是抗再谈判的。尽管如此，在下一节的理论模型部分，我们将通过相关假设规定不再进一步地考察合同的再谈判问题。

---

① 更为深层次的原因还在于，当制药企业拥有终止权并和生物技术公司双方都筛选出各自所偏好的化合物时，如果生物技术公司所偏好的化合物得以执行，那么制药企业将无条件地行使终止权，而在此情形下，由于不具备制药企业所拥有的用于执行化合物的互补性资产（对该意义上的互补性资产更为详细的论述，可参见 Gans 和 Stern（2003）），故生物技术公司不会获取多少本书意义上的学术价值，而且，由于终止行为（进而也就无所谓基于所筛选出化合物的研究或发现能力）在生物医药产业内是有目共睹的（Lerner 等，2003），生物技术公司在未来基于研发外包的收益将会受到很大的影响（产业内的制药企业未来将不会让其承揽研发外包业务）。而鉴于执行其所偏好的化合物将得不偿失，生物技术公司在研究结束阶段将会自发地执行委托方所偏好的化合物；当生物技术公司拥有终止权并且双方都筛选出化合物时，如果制药企业所偏好的化合物得以执行，那么生物技术公司将无条件地行使终止权，此时制药企业当然可以在内部研发部门执行其所偏好的化合物，但显然，将终止权授予生物技术公司作为一种激励机制（更详细的讨论，可参见 Lacetera（2009）以及上文中对此所作的援引）就会形同虚设，这同样会相当程度地影响制药企业在未来基于研发外包的收益（产业内的生物技术公司未来将不会与其形成研发外包关系），由此制药企业的执行行为也将得不偿失。鉴于此，制药企业在研究结束阶段将会让代理方所偏好的化合物得以执行（基于这类认识，我们可以断言，若一方拥有终止权，那么该方在初始阶段将拥有执行何种化合物的内生决策权）。

7.3 终止权的最优配置模型

7.3.1 基本假设及说明

假定在药物研发,或者更确切地,在药物发现的过程中,有两种类型的先导化合物(数量仅限于两个)可供委托方(用 p 表示)和代理方(用 a 表示)筛选,其中,委托方所致力于筛选的先导化合物(我们称之为化合物甲)具有完全的商业价值 B,代理方所致力于筛选的先导化合物(我们称之为化合物乙)具有部分商业价值 $(1-\eta)$B 和部分学术价值 ηB(价值总和为 B,η 表示化合物乙的学术化程度,$1-\eta$ 表示化合物乙的商业化程度)。相关方所做出的筛选努力或者相关方筛选出相应化合物的概率为 e_i($i=p$, a)(由此,$1-e_i$ 则为相关方没能筛选出相应化合物的概率)。

我们让委托代理双方同时参与筛选相应的化合物,并且让代理方执行所筛选出的化合物。[①] 如果委托方所筛选出的化合物得以执行,那么代理方将获得偿付(工资)w,委托方获得净收益 $B-w$;如果代理方所筛选出的化合物得以执行,那么代理方所获得的总的偿付(收益)为学术价值 ηB,委托

[①] 事实上,结合下文中的假设,我们可知,委托方参与筛选化合物是自执行的(我们将在 7.4.2 中对此进行详细的讨论)。

方获得的收益为商业价值 $(1-\eta)$ B。① 更为具体地，我们还假定 $\eta B > w$ 以及 $2(1+\eta)B^3 > (2B-w)(B+w)^2$，事实上，通过简单的证明（见附录 7-A）可知，只要后者满足，前者肯定满足，因此只需假定后者（后者也即，$\eta > (2-w/B)(1+w/B)^2/2 - 1$，这意味着化合物乙的学术化程度需要大于一定的值，而对此，我们可以做出这样的理解：如果化合物乙的学术化程度太小，那么代理方将不会积极地进行筛选）；而对于执行性工资 w 与化合物的总价值 B 之比值，我们假定 $w/B \leq 0.4140$（后文将对这类具体假定所产生的原因做进一步的说明）。

假定委托方和代理方对消费和闲暇的偏好都是柯布—道格拉斯式的，并且双方对所有商品的偏好都是位似的。因此，相关方 i 的间接效用函数可表示为 $u_i = (y_i/p)^\alpha l_i^\beta$，其中，$y_i$ 表示 i 的收入，l_i 表示 i 的闲暇，P 为相关价格指数。而为简便起见，我们假定 $\alpha = \beta = 1$。另外，假定委托代理双方在闲暇上都具有 1 个单位的初始禀赋。② 最后，我们简单地假定代理方的保留效用为 0。

与既有的诸多相关文献③相同，我们也假定代理方存在财富约束问题，并且，委托代理双方可以承诺不进行再谈判。而在终止权的配置上，还需明确的是，如果一方拥有终止权，那么他可以决定执行何种类型的化合物：如果该方筛选出化合物，那么此化合物将得到执行；如果该方没能筛选出化合

---

① $(1-\eta)$ B 表示代理方所筛选出的化合物乙被执行时委托方在参与筛选情况下获得的商业价值，然而，在委托方不参与筛选的情况下，由于不能通过筛选过程确切地了解化合物的性质，委托方在化合物乙被执行后商业化（销售及售后服务）药物时所获得的收益将受到一定程度的影响，我们假定该情况下委托方所获得的商业价值为 $\mu(1-\eta)$ B，其中，$\mu < \bar{\mu} = \min\{1, \frac{B-w}{B-\eta^2 B}\}$。该假设的合理性在于，假设中 $\bar{\mu}$ 为化合物乙学术化程度 η（商业化程度 $1-\eta$）的增（减）函数，而这也就保证了如下事实（通过影响 $\bar{\mu}$）：化合物乙的商业化程度越大（以商业化程度为例），委托方不参与筛选时其商业价值所受到的影响程度就越大（委托方在不参与筛选时将不了解化合物中所包含的与商业化相关的隐性知识）。

② 在此，我们借鉴了 Puga 和 Trefler (2010) 对委托代理双方效用的相关规定。

③ 这类文献包括 Aghion 和 Tirole (1994)，Lacetera (2009) 以及 Lerner 和 Malmendier (2010) 等。

物而另一方筛选出了化合物,那么另一方所筛选出的化合物将得到执行。

7.3.2 委托方拥有终止权的情形

在此情形下,如果委托方筛选出化合物甲(以 e_p 的概率),那么无论代理方是否筛选出化合物乙,化合物甲都将得以执行,由此,委托方获得净收益 $B-w$,代理方获得执行性工资 w;如果委托方没能筛选出化合物甲而代理方筛选出了化合物乙(以 $(1-e_p)e_a$ 的概率),那么化合物乙将得以执行,委托方由此获得 $(1-\eta)B$ 的收益,代理方由此获得 ηB 的收益。而鉴于委托方和代理方都参与了筛选(分别付出努力或占用闲暇 e_p 和 e_a),双方的闲暇也就分别为 $1-e_p$ 和 $1-e_a$。因此,委托方和代理方的效用水平分别为:

$$u_p = e_p \frac{B-w}{P}(1-e_p) + (1-e_p) e_a \frac{(1-\eta)B}{P}(1-e_p) \qquad (7-1)$$

和 $u_a = e_p \frac{w}{P}(1-e_a) + (1-e_p) e_a \frac{\eta B}{P}(1-e_a) \qquad (7-2)$

对两式分别关于 e_p,e_a 的最优化问题求解(通过求一阶导),可得满足最优解 e_p^1 和 e_a^1 的如下两式(两式都为其中一方对另一方的最优反应函数):

$$(B-w)(1-2e_p^1) = 2(1-\eta)Be_a^1(1-e_p^1) \qquad (7-3)$$

$$we_p^1 = \eta B(1-e_p^1)(1-2e_a^1) \qquad (7-4)$$

式(7-3)、式(7-4)联立,可得委托代理双方筛选努力水平的纳什均衡解:$e_p^1 = \frac{\eta}{1+\eta}$,$e_a^1 = \frac{B-w}{2B}$。

将该纳什均衡解分别代入式(7-1)和式(7-2),可得委托方和代理方在均衡状态下的效用水平:$u_p^1 = \frac{1}{2(1+\eta)} \frac{B-w}{P}$,$u_a^1 = \frac{\eta}{4(1+\eta)} \frac{(B+w)^2}{BP}$。

7.3.3 代理方拥有终止权的情形

与上一种情形类似,在这一情形下,如果代理方筛选出化合物乙(以 e_a

第7章 学术价值 vs. 商业价值：企业研发外包中的最优终止权配置

的概率），那么无论委托方是否筛选出化合物甲，化合物乙都将得以执行，委托方由此获得（1-η）B 的收益，代理方由此获得 ηB 的收益；如果代理方没能筛选出化合物乙而委托方筛选出了化合物甲（以（1-e_a）e_p 的概率），那么化合物甲将得以执行，由此，委托方获得净收益 B-w，代理方获得执行性工资 w。而与上一种情形相同，委托代理双方的闲暇也分别为 1-e_p 和 1-e_a。在此基础上，委托方和代理方的效用水平分别为：

$$u_p = e_a \frac{(1-\eta)B}{P}(1-e_p) + (1-e_a)e_p\frac{B-w}{P}(1-e_p) \quad (7-5)$$

和 $$u_a = e_a \frac{\eta B}{P}(1-e_a) + (1-e_a)e_p\frac{w}{P}(1-e_a) \quad (7-6)$$

对两式分别关于 e_p，e_a 的最优化问题求解，可得满足最优解 e_p^2 和 e_a^2 的如下两式：

$$(1-\eta)Be_a^2 = (B-w)(1-e_a^2)(1-2e_p^2) \quad (7-7)$$

$$\eta B(1-2e_a^2) = 2we_p^2(1-e_a^2) \quad (7-8)$$

式（7-7）、式（7-8）联立，可得委托代理双方筛选努力水平的纳什均衡解：$e_p^2 = \frac{\eta}{2}$，$e_a^2 = \frac{B-w}{2B-w}$。

将该纳什均衡解分别代入（7-5）和（7-6），可得委托方和代理方在均衡状态下的效用水平：$u_p^2 = (1-\frac{\eta}{2})^2\frac{B(B-w)}{(2B-w)P}$，$u_a^2 = \frac{\eta}{2}\frac{B^2}{(2B-w)P}$。

7.3.4 基于两种情形的说明

我们首先比较上述两种情形下委托代理双方的筛选努力水平。很显然，在两种情形下，$0 < e_p^j < 1$，$0 < e_a^j < 1$（j = 1, 2），而 $e_p^1 - e_p^2 = \frac{\eta}{1+\eta} - \frac{\eta}{2} = \frac{\eta(1-\eta)}{2(1+\eta)} > 0$，$e_a^2 - e_a^1 = \frac{B-w}{2B-w} - \frac{B-w}{2B} = \frac{w(B-w)}{2B(2B-w)} > 0$，也即，$e_p^1 > e_p^2$，

$e_a^1 < e_a^2$。因此，我们有引理 1。

引理 1：在先导化合物的筛选上，对委托代理双方而言，拥有终止权的一方较之于不拥有终止权的一方将有着更大的均衡努力水平。

引理 1 与 Grossman 和 Hart（1986）以及 Aghion 和 Tirole（1994）等的思想是一致的：拥有权力的一方将付出更多的努力。事实上，如果一方拥有终止权，那么该方也就拥有执行何种化合物的决策权，而为了能够让自己所偏好的化合物得以执行，该方将付出更多的筛选努力。

不仅如此，如果仅仅考察两种情形下委托方的努力水平，那么我们将会有更有意义的发现。对 e_p^1 和 e_p^2 关于 η 求导，可得 $\dfrac{de_p^j}{d\eta} > 0$（$\dfrac{de_p^1}{d\eta} = \dfrac{1}{(1+\eta)^2} > 0$；$\dfrac{de_p^2}{d\eta} = \dfrac{1}{2} > 0$）。而与此相关的理论意义，我们可以通过引理 2 进行表述。

引理 2：在委托方拥有终止权和代理方拥有终止权两种情形下，代理方所致力于筛选的先导化合物的学术化程度越大，委托方为了获得完全商业化的化合物，将付出越多的筛选努力。

对于代理方的筛选努力而言，由于 $\dfrac{\partial e_a^j}{\partial w} < 0$（$\dfrac{\partial e_a^1}{\partial w} = -\dfrac{1}{2B} < 0$；$\dfrac{\partial e_a^2}{\partial w} = -\dfrac{B}{(2B-w)^2} < 0$）以及 $\dfrac{\partial e_a^j}{\partial B} > 0$（$\dfrac{\partial e_a^1}{\partial B} = \dfrac{w}{2B^2} > 0$；$\dfrac{\partial e_a^2}{\partial B} = \dfrac{w}{(2B-w)^2} > 0$），故我们有引理 3。

引理 3：在委托方拥有终止权和代理方拥有终止权两种情形下，执行性工资越大，代理方将付出越少的筛选努力以更大程度地获取该执行性工资；每种化合物的总价值越大，代理方将付出越多的筛选努力以更大程度地受益于该价值。

而对于均衡状态下委托代理双方的效用水平，由于 $\dfrac{\partial u_p^j}{\partial \eta} < 0$，$\dfrac{\partial u_a^j}{\partial \eta} > 0$；$\dfrac{\partial u_p^j}{\partial w} <$

第7章　学术价值 vs. 商业价值：企业研发外包中的最优终止权配置

0，$\frac{\partial u_a^j}{\partial w}>0$；$\frac{\partial u_p^j}{\partial B}>0$，$\frac{\partial u_a^j}{\partial B}>0$，① 故我们有引理4。

引理4：在委托方拥有终止权和代理方拥有终止权两种情形下，化合物乙的学术化程度越大，均衡状态下的委托（代理）方的效用水平就越小（大）；执行性工资越大，均衡状态下的委托（代理）方的效用水平就越小（大）；每种化合物的总价值越大，均衡状态下的委托代理双方的效用水平就越大。

一些更为根本的问题是，委托方是否应该将终止权授予代理方（授权）？而如果委托方要授权的话，那么应该选择何时授权？首先，对于代理方而言，他当然倾向于拥有权力，事实上，相关的假设也充分反映了这一点：假设$2(1+\eta)B^3>(2B-w)(B+w)^2$意味着$u_a^2>u_a^1$，而$u_a^2>u_a^1$也正表示出代理方更愿意拥有权力。② 值得特别说明的是，上述假设的合理性还不止如此，正如我们在本节开头部分所强调的，$2(1+\eta)B^3>(2B-w)(B+w)^2$还意味着$\eta>(2-w/B)(1+w/B)^2/2-1$，这表示了代理方的如下诉求：化合物乙的学术化程度需要大于一定的值。而这无疑是合理的，毕竟，化合物乙更大的学术化程度对代理方更为利好。为了方便后文中的论证，我们令$\eta^*=(2-w/B)(1+w/B)^2/2-1$。③ 其次，对于委托方而言，他将基于$u_p^1$和$u_p^2$的比较做出是否授权的决策。具体而言，由上文中$u_p^1$和$u_p^2$的值，我们有$u_p^2-u_p^1=\frac{B(B-w)}{4(1+\eta)(2B-w)P}\left[(1+\eta)(2-\eta)^2-\frac{2(2B-w)}{B}\right]$，故而

---

① 根据u_i^j（$i=p,a$；$j=1,2$）的值并结合上文中的证明，我们可轻易判断$\left.\frac{\partial u_i^j}{\partial \eta}\right|^{\text{sign}}$和$\left.\frac{\partial u_i^j}{\partial w}\right|^{\text{sign}}$，而对于$\left.\frac{\partial u_i^j}{\partial B}\right|^{\text{sign}}$，我们有如下证明：$\frac{\partial u_p^1}{\partial B}=\frac{1}{2(1+\eta)P}>0$，$\frac{\partial u_p^2}{\partial B}=\left(1-\frac{\eta}{2}\right)^2\frac{B^2+(B-w)^2}{(2B-w)^2P}>0$，$\frac{\partial u_a^1}{\partial B}=\frac{\eta}{4(1+\eta)}\frac{B^2-w^2}{B^2P}>0$，$\frac{\partial u_a^2}{\partial B}=\frac{\eta B(B-w)}{(2B-w)^2P}>0$。

② 正是基于代理方更愿拥有权力的特性，我们才经由$u_a^2>u_a^1$做出$2(1+\eta)B^3>(2B-w)(B+w)^2$的假设。

③ 在下文中，我们将$\eta>\eta^*$称作代理方的激励相容条件。

$u_p^2 - u_p^1 |^{sign} = (1+\eta)(2-\eta)^2 - \dfrac{2(2B-w)}{B}|^{sign}$,我们令 $f(\eta) = (1+\eta)(2-\eta)^2$,显然,$f(0) = 4$,$f(1) = 2$,而 $f'(\eta) = -3\eta(2-\eta) < 0$,$f''(\eta) = -6(1-\eta) < 0$;我们还令 $L = \dfrac{2(2B-w)}{B}$ 并进而令满足 $f(\eta) = L$ 或者说满足 $u_p^2 = u_p^1$ 时 η 的值为 η^{**},也即,$f(\eta^{**}) = (1+\eta^{**})(2-\eta^{**})^2 = \dfrac{2(2B-w)}{B} = L$。最后,由假设 $\dfrac{w}{B} < 0.4140$,$\eta^* < \eta^{**}$(证明见附录 7-B)。在此基础上,我们有图 7-1。

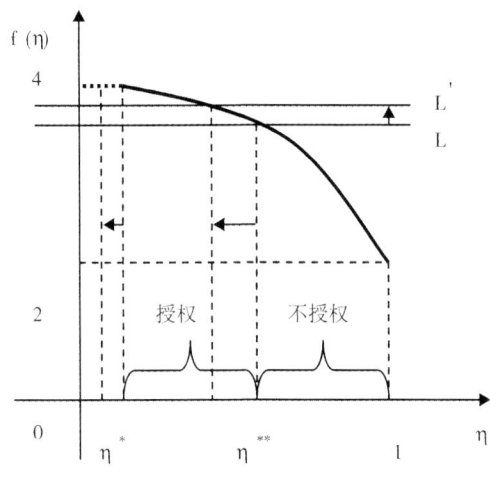

图 7-1 委托方授予终止权和不授予终止权的区间

在图 7-1 中,当 $\eta^* < \eta < \eta^{**}$ 时,$f(\eta) > L$,这意味着 $u_p^2 > u_p^1$,因此委托方将授权;而当 $\eta \geq \eta^{**}$ 时,$f(\eta) \leq L$,这意味着 $u_p^1 > u_p^2$,因此委托方将不授权。由此,我们有命题 1。

命题 1:在企业研发外包中,对于终止权的最优配置,在可讨论的范围内,如果代理方所致力于筛选的先导化合物的学术(商业)价值小(大)于某个临界值,那么作为委托方的企业会将终止权授予承揽研发外包的代理方;而如果该先导化合物的学术(商业)价值大(小)于某个临界值,那么企业将保留终止权。

命题1从理论上正式地回答了企业研发外包中终止权的最优配置问题,在较为广泛的意义上,这回应了Lerner和Rajan(2006)对企业研发外包研究现状的基本认识:尽管企业进行研发外包日趋重要和普遍,但经济学却对之关注甚少;而在更为深层次的意义上,这又回应了Lerner和Merges(1998)对企业研发外包中的控制权配置问题进行的展望:未来的研究还需对合同性条款进行更为细致的微观分析(见本书开头部分)。事实上,研发外包合同的条款和结构在现实中往往表现得很琐碎和复杂,① 因此在机制设计上也就需要许多创新性举措(Lerner和Rajan,2006),而上述有关在先导化合物学术(商业)化程度视角下终止权最优配置的命题显然不失为一项具有很大可操作性的创新性举措,毕竟,委托方是否授权仅仅取决于某类化合物(化合物乙)的学术化程度。

7.3.5 终止权配置的变动

对于终止权配置和执行性工资与化合物总价值之比的关系问题,我们首先有如下讨论:如果w/B变小,那么L(由上文,$L=4-2w/B$)将变大(假定变到L'),根据图7-1,η^{**}将变小,这意味着由$1-\eta^{**}$所决定的不授权的区间将扩大;而对于由$\eta^{**}-\eta^{*}$所决定的授权区间,鉴于w/B变小,η^{*}也变小(见图7-1)②,故授权区间的变动情况不太容易确定。尽管如此,我们可以通过严格的证明来确定。在此过程中,我们将正式地论述不

---

① 在制药企业针对生物技术公司的研发外包中,包含控制权配置的各类合同性文本一般都长达一百多页(Lerner等,2003)。

② η^{*}关于w/B递增,因为$\eta^{*\prime}(w/B)=3[1-(w/B)^2]/2>0$。

授权的区间以及授权的区间是如何随 w/B 的变动而变动的,具体见附录 7 - B。而基于这类论述,我们可得出图 7 - 2、图 7 - 3 以及命题 2。

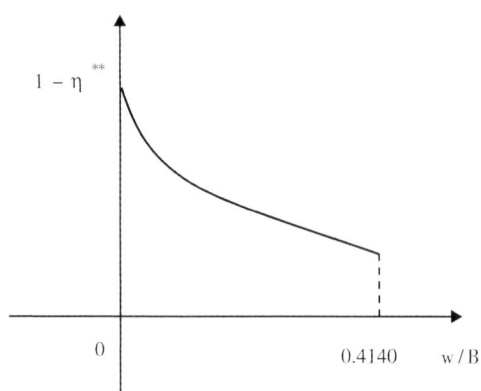

图 7 - 2　不授权的区间: $1-\eta^{**}$ 关于 w/B 的函数图像

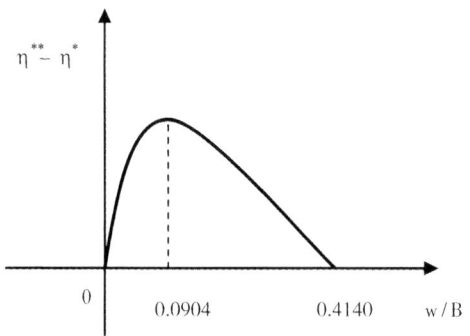

图 7 - 3　授权的区间: $\eta^{**}-\eta^{*}$ 关于 w/B 的函数图像

命题 2:不授权的区间会随着 $\frac{w}{B}$ 的增大(减小)而缩小(扩大)。对于授权的区间,当 $0<\frac{w}{B}\leqslant 0.0904$ 时,授权的区间会随着 $\frac{w}{B}$ 的增大(减小)而

扩大（缩小）；当 $0.0904 < \frac{w}{B} \leq 0.4140$ 时，授权的区间会随着 $\frac{w}{B}$ 的增大（减小）而缩小（扩大）。

事实上，根据附录 7 – B（图 7 – B4），当 $\frac{w}{B} > 0.4140$ 时，$\eta^* > \eta^{**}$，此时也就无所谓授权，而为了保证授权的区间存在，我们特别地假定了 $\frac{w}{B} \leq 0.4140$，反映在图 7 – B4 中就是：当 $\frac{w}{B} \leq 0.4140$ 时，$\eta^{**} - \eta^* \geq 0$；而图 7 – 3 描述的正是 $\frac{w}{B} \leq 0.4140$ 时的函数图像。① 而基于附录 7 – B 中的证明过程，我们可以对命题 2 的理论合理性展开讨论：对于不授权的区间，由于 $\frac{d(1-\eta^{**})}{d(w/B)} < 0$，故随着 $\frac{w}{B}$ 的增大（以 $\frac{w}{B}$ 的增大为例），委托方不授权的区间会缩小（图 7 – 2 反映了这类变动）。事实上，由于 $\frac{u_p^{2*}}{u_p^{1*}} = \frac{(1+\eta)(2-\eta)^2}{4-2w/B}$，这意味着，$\frac{u_p^{2*}}{u_p^{1*}}$ 会随着 $\frac{w}{B}$ 的增大而增大，也即，当 $\frac{w}{B}$ 变大时，委托方显然会倾向于缩小保留终止权的区间。对于授权的区间，在不考虑 $\frac{w}{B}$ 的变化会影响代理方的激励相容条件 $\eta \geq \eta^*$ 进而影响授权区间的情况下，由上述讨论可得，授权的区间会随着 $\frac{w}{B}$ 的增大而扩大（η^{**} 增大），然而，$\frac{w}{B}$ 的变化会通过代理方的激励相容条件影响授权的区间：$\frac{w}{B}$ 的增大会缩小授权的区间（$\frac{d\eta^*}{d(w/B)} > 0$），总体而言，当 $\frac{w}{B}$ 较小时（$0 < \frac{w}{B} \leq 0.0904$），这类 $\frac{w}{B}$ 增大时授权区间缩小的幅度会小

---

① 图 7 – 2 中 $\frac{w}{B}$ 的取值范围于是也限于 $\frac{w}{B} \leq 0.4140$。

于上述$\frac{w}{B}$增大时授权区间扩大的幅度（d′(x)>0，也即，$\frac{3}{2}(1-x^2)<\frac{2}{3\eta^{**}(2-\eta^{**})}$），其结果是授权的区间扩大；相反，当$\frac{w}{B}$较大时（0.0904<$\frac{w}{B}$≤0.4140），这类$\frac{w}{B}$增大时授权区间缩小的幅度会大于上述$\frac{w}{B}$增大时授权区间扩大的幅度（d′(x)<0，也即，$\frac{3}{2}(1-x^2)>\frac{2}{3\eta^{**}(2-\eta^{**})}$），其结果是授权的区间缩小（图7-3描述了这类变动情况）。

命题2分别说明了不授权区间和授权区间的变动情况。实际上，如果将不授权的区间和授权的区间作为一个整体来看待的话，那么事情将变得较为简单：由于$\frac{d\eta^*}{d(w/B)}>0$，故随着$\frac{w}{B}$的增加（减小），整个区间会扩大（缩小）。我们不妨将包括不授权的区间和授权的区间在内的整个区间理解为代理方承揽研发外包的范围（关于η）。在此基础上，我们有推论1。

推论1：在化合物乙学术化程度的意义上，代理方承揽研发外包的范围会随着$\frac{w}{B}$的增大（减小）而扩大（缩小）。

以上讨论只关注了区间或范围，而没有关注构成区间或范围的具体的η，[①]这显然会造成理论论证上的遗漏。对此，我们可通过图7-1来进行一些说明：对于图7-1中那些居中的η而言，当$\frac{w}{B}$变小时，委托方将由授权变为不授权（图中已标出）。而结合上述讨论，我们有推论2。

推论2：对于某种学术化程度的化合物乙而言，随着$\frac{w}{B}$的增大（减小），委托方将由不授权（授权）转变为授权（不授权）。

[①] 事实上，本章中所谓的区间或范围都是关于η的。

7.3.6 终止权配置的社会效率

针对命题 1 意义上的终止权配置状况，我们有如下讨论：一方面，对于委托方的授权而言，由于授权意味着 $\eta^* < \eta \leq \eta^{**}$，而 $\eta \leq \eta^{**}$ 保证了 $u_2^p \geq u_1^p$（由上文可知）；$\eta > \eta^*$ 又保证了 $u_2^a > u_1^a$（由相关假设以及进一步的说明可知），因此 $\eta^* < \eta \leq \eta^{**}$ 保证了 $u_2^p + u_2^a > u_1^p + u_1^a$，[①] 这意味着，授权是具有社会效率的。另一方面，对于委托方的不授权而言，很容易验证，当 $\eta = 1$ 时，$\Delta u \equiv (u_2^p + u_2^a) - (u_1^p + u_1^a) = \dfrac{w(B-w)^2}{8B(2B-w)P} > 0$，故 η 很大时（靠近 1 时），由于函数的连续性，$\Delta u > 0$，而这意味着，当 η 很大时，委托方选择不授权是社会无效的。[②]

与 Aghion 和 Tirole (1994) 的论述类似，针对委托方社会无效的不授权行为，鉴于代理方存在财富约束问题，社会有效的授权状态不可能达成。而需要进一步说明的是，命题 1 意义上的终止权配置状况并非是抗再谈判的（比如，当 η 很大时，该配置状况对委托代理双方而言，显然有着再谈判的空间），但由于我们假定了委托代理双方可以承诺不进行再谈判，故命题 1 意义上的权力配置状态即是最终状态。在此基础上，我们有命题 3。

命题 3：委托方针对代理方的授权行为是具有社会效率的；至少在化合物乙的学术化程度很大时，委托方的不授权行为是社会无效的，此时，由于代理方的财富约束，社会有效的授权状态不可能达成。

[①] 在此，我们假设委托代理双方的效用是可加的。

[②] 当然，委托方在不授权时也存在社会有效的情况，比如，当 $w/B = 1/8$，由附录 7－C（表 7－C1），$\eta^{**} = 0.3045$，我们假定 $\eta = 0.5$，此时，$(u_2^p + u_2^a) - (u_1^p + u_1^a) < 0$，这说明，对于 $\eta = 0.5$，不授权是社会有效的。

7.4 拓展与经验性证据

7.4.1 共同筛选占优于单独筛选

对于以上讨论，我们尚需回答的一个问题是：既然代理方所可能筛选出的化合物只存在着部分的商业价值，为什么委托方不单独筛选一个具有完全商业价值的化合物，而非要让代理方介入进来，双方形成有着共同筛选化合物局面的研发外包关系呢？事实上，我们可以证明委托代理双方的共同筛选（研发外包）占优于委托方的单独筛选（内部研发）。

如果委托方单独筛选的话，那么其效用为 $u_p = e_p \dfrac{B-w}{P}(1-e_p)$，其中，$w$ 为委托方对执行该化合物的内部研发部门（仅承担执行任务）所进行的支付。对 u_p 关于 e_p 的最优化问题求解，可得：$e_p^* = \dfrac{1}{2}$，$u_p^* = \dfrac{1}{4}\dfrac{B-w}{P}$。由于 $\eta<1$，故 $u_p^1 = \dfrac{1}{2(1+\eta)}\dfrac{B-w}{P} > \dfrac{1}{4}\dfrac{B-w}{P} = u_p^*$。

在此基础上，我们可结合命题 1 进行分段说明：首先，当 $\eta \geq \eta^{**}$ 时，如果存在研发外包（委托代理双方共同筛选），那么委托方将选择不授权，其效用水平为 u_p^1；如果委托方单独研发（筛选），其效用水平则为 u_p^*，而由于 $u_p^1 > u_p^*$，故委托方仍会选择保留终止权的研发外包。其次，当 $\eta^* < \eta < \eta^{**}$ 时，如果存在研发外包，那么委托方将选择授权，其效用水平为 u_p^2（$>u_p^1$）；如果不存在研发外包，委托方的效用水平仍为 u_p^*，而鉴于 $u_p^2 > u_p^1 > u_p^*$，委托方仍会选择授予代理方终止权的研发外包。因此，在考虑到独自筛选（内部研发）的情况下，委托方仍会进行既有的有着共同筛选局面的研发外包。

7.4.2 委托方参与筛选占优于不参与筛选

虽然我们在 7.3.1 中假定了委托方也参与筛选，但事实上，委托方参与筛选是自执行的。对此，我们可以进行较为深入的讨论。在委托方不参与筛选的情况下，代理方的效用为 $u_a = e_a \frac{\eta B}{P}(1 - e_a)$，对 u_a 关于 e_a 的最优化问题求解，可得：$e_a^* = \frac{1}{2}$，$u_a^* = \frac{1}{4}\frac{\eta B}{P}$，在此基础上，委托方的效用水平为 $\frac{1}{2}\frac{\mu(1-\eta)B}{P} \cdot 1 \equiv u_p'$，其中，$\mu < \bar{\mu} = \min\{1, \frac{B-w}{B-\eta^2 B}\}$（由假设）。

当 $\eta^2 B \leq w$ 时，$\frac{B-w}{B-\eta^2 B} \leq 1$，故 $\bar{\mu} = \frac{B-w}{B-\eta^2 B}$，而由此，$u_p^{1\prime} = \frac{1}{2}\frac{\mu(1-\eta)B}{P} < \frac{1}{2}\frac{(1-\eta)B}{P}\frac{B-w}{B-\eta^2 B} = \frac{1}{2(1+\eta)}\frac{B-w}{P} = u_p^1$；当 $\eta^2 B > w$ 时，$\frac{B-w}{B-\eta^2 B} > 1$，故 $\bar{\mu} = 1$，进而，$u_p' = \frac{1}{2}\frac{\mu(1-\eta)B}{P} < \frac{1}{2}\frac{(1-\eta)B}{P} < \frac{1}{2(1+\eta)}\frac{B-w}{P} = u_p^1$（后面的不等式来自于 $(1-\eta^2)B < B - w$）。因此，$u_p' < u_p^1$。

既然委托方不参与筛选的研发外包被委托方参与筛选并拥有终止权的研发外包所占优，那么余下的讨论将与 7.4.1 相同：当 $\eta \geq \eta^{**}$ 时，委托方会选择参与筛选并拥有终止权的研发外包；当 $\eta^* < \eta < \eta^{**}$ 时，委托方会选择参与筛选并授予代理方终止权的研发外包。由此，在考虑到委托方不参与筛选的情况下，委托方仍会进行既有的有着自身参与筛选的研发外包，而这也就正式地回答了为什么委托方在研发外包中还参与筛选（研发）这一问题。事实上，委托方将自发地参与筛选这一拓展性的结论对我们的理论阐释而言是很重要的，毕竟，只有代理方单独筛选化合物的情形与本书对终止权的定

义是相悖的：终止权意味着在双方都筛选出相应的化合物时，相关方可以决定执行何种化合物。

7.4.3 经验性证据

在实证检验上，我们将重点对第 3 节中有关终止权配置的命题 1 进行经验性的验证。首先，我们将计算命题 1 意义上委托方授权（区间比例）与不授权（区间比例）的比值（该比值为理论比值）；其次，根据生物医药产业中的研发外包合同，明确多个终止条款（终止原因）下的以合同数量测算的委托方授权与不授权的现实比值；最后，将理论比值与现实比值进行对照以检验理论命题。

有关委托方授权与不授权两种情形在理论层面上的对比，我们将通过一个数字例子以及一种更严格意义上的理论处理方式进行诠释。附录 7 – C（表 7 – C1）列出了当 w/B 分别取 1/4、1/8、1/16 以及 1/32 时的相关数值。比如，当 w/B = 1/8 时，根据对 η^* 与 η^{**} 的定义以及命题 1，$\eta^* = 0.1865$，$\eta^{**} = 0.3045$，授权的区间在整个 [0, 1] 区间上所占的比例为 $\eta^{**} - \eta^* = 0.1180$（用以测度授权），不授权的区间在整个 [0, 1] 区间上所占的比例为 $1 - \eta^{**} = 0.6955$（用以测度不授权）。[①] 由此，授权区间比例与不授权区间比例的比值也就为 $(\eta^{**} - \eta^*)/(1 - \eta^{**}) = 0.1697$。而值得强调的是，$(\eta^{**} - \eta^*)/(1 - \eta^{**})$ 在 w/B 取 1/4、1/8、1/16 以及 1/32 时的理论比值都在区间 (0.1000, 0.2000) 之内。在更严格的理论意义上，鉴于 w/B 在区间 (0, 0.4140] 内取值，上述比值应为 $\frac{1}{0.4140}\int_0^{0.4140} \frac{\eta^{**}(x) - \eta^*(x)}{1 - \eta^{**}(x)} d(x)$（其中 x 表示 w/B），而通过计算（结合附录 7 – B 中的若干等式），该比值为

---

① 我们特别地假定 η 在区间 [0, 1] 上服从均匀分布。

$0.1183 \in (0.1000, 0.2000)$。①

在现实层面上，Robinson 和 Stuart（2007）考察了生物医药产业中 125 个研发外包合同，并通过列表汇总了不同终止条款（终止原因）下包含仅委托方拥有终止权，仅代理方拥有终止权以及委托代理双方都拥有终止权的合同数量。而首先需要强调的是，对于终止条款，我们可以根据 Lerner 和 Malmendier（2010），将之细分为有条件的终止条款和无条件的终止条款两种类型：前者对应于诸如破产和控制权变更（代理方被兼并）等特定的可验证的事件；后者则不仅对应于（一定时期后的）任意终止，还对应于代理方的行为不端和委托方认为合作不宜继续进行等不可验证的事件。在此基础上，我们可以轻易对 Robinson 和 Stuart（2007）所列出的七种终止条款做出划分：破产以及控制权的变更属于有条件的终止条款，而对于不可弥补的违约行为（如基于不可抗力的违约行为），虽然它未被 Lerner 和 Malmendier（2010）所提及，但在可验证的意义上，显然也可以将它归诸于有条件的终止条款；任意终止、一定时期后的任意终止、项目进展不力以及关键人力资源的调换则属于无条件的终止条款。

鉴于本书理论意义上的终止权属于无条件的终止，我们遂采用上述四种无条件的终止条款。值得一提的是，对于关键人力资源的调换这一终止条款，尽管 Robinson 和 Stuart（2007）认为该条款很难被确定为是一项很普遍的问题（只有 8 个合同涉及此问题，见下文），但我们仍将它归为四种终止条款中的一种。事实上，Azoulay（2004）的实证分析就表明了研发外包中这类问题的严重性。在他看来，其深层次的原因在于，员工的身份、技艺水平以及

---

① 事实上，我们可以根据现实中的案例求得 w/B 具体的现实取值，尔后计算该取值下的上述理论比值（对此，可参见李靖等（2012c））。然而，一个特定案例中的现实取值并不能代表一般意义上的现实取值，毕竟 w/B 的现实取值受到很多因素的影响（比如，w 的取值受制于劳动力市场的供求状况，而不同的研发项目则有着不同的价值 B）。由此，该方法也就不可行。在此基础上，我们遂通过一个数字例子（w/B 取多个值）以及一种更为严格意义上的理论处理方式来明确上述理论比值。

工作设计状况是不易合同化的,故委托方也就通常面临着代理方的"机会主义再配置"(Opportunistic Reassignmen)风险:代理方在项目执行过程中会将老练的员工配置到其他项目中去。在确定了四种终止条款后,我们可以对Robinson 和 Stuart(2007)的表格进行摘取并做权力对比意义上的处理,具体如表7-1所示。

表7-1 在不同终止条款下基于合同数量的终止权对比与归纳

终止条款 (终止原因)	双方/每一方 都拥有终止权	仅代理方 拥有终止权	仅委托方 拥有终止权	代理方/委托方 (双方情况比较)		加权 平均
任意终止	4	0	16	4/20	0.2000	0.6804/4
一定时期后任意终止	8	0	51	8/59	0.1356	
项目进展不力	9	1	20	10/29	0.3448	
关键人力资源的调换	0	0	8	0/8	0.0000	0.1701

需要明确的是,在表7-1中,从第二栏到第四栏中的数字均表示合同数量,第五栏前半部分中的数字之比表示合同数量之比。而从横向来看,以终止条款为任意终止为例,在125个合同中,有4个合同规定代理方拥有终止权,有20(4+16)个合同规定委托方拥有终止权,因此以合同数量测度的代理方与委托方的权力比值为4/20=0.2000。在四种终止条款中,此类以合同数量测度的双方权力比值的加权平均值为0.1701。显而易见,现实中的取值也在区间(0.1000,0.2000)之内,这在相当程度上与上述理论取值相契合。特别地,在上述数字例子中,当 w/B=1/8 时,这一理论取值为0.1697,这与现实取值0.1701极为接近。故在这类意义上,上述经验性证据也就很大程度地验证了本章中与命题1相关的理论性结论。

7.5 总结与进一步的研究

本章从先导化合物学术（商业）化程度的视角论述了企业研发外包中终止权的配置问题。当代理方所筛选的先导化合物的学术（商业）化程度较小（大）时，委托方会将终止权授予代理方；当代理方所筛选的先导化合物的学术（商业）化程度较大（小）时，委托方将选择保留终止权。随着执行性工资与先导化合物总价值的比值的增大，委托方不授权的区间将变小；当执行性工资与先导化合物总价值的比值较小时，随着上述比值的增大，委托方授权的区间将变大；而当执行性工资与先导化合物总价值的比值较大时，随着上述比值的增大，委托方授权的区间将变小。委托方的授权具有社会效率，而委托方保留终止权却不一定具有社会效率：当代理方所筛选的先导化合物的学术化程度很大时，委托方保留终止权是社会无效的。

作为理论的拓展，委托代理双方共同筛选相应的先导化合物（研发外包）占优于委托方单独筛选先导化合物（内部研发）；而在代理方致力于筛选相应的先导化合物的情况下，委托方也将自发地参与筛选相应的先导化合物，也即委托方参与筛选相应的先导化合物占优于不参与筛选相应的先导化合物。在实证检验上，首先我们通过一个数字例子以及一种更为严格意义上的理论处理方式计算出了理论层面上授权（区间比例）与不授权（区间比例）的比值。其次，根据既有的文献所提供的经验性证据，我们测算出了现实层面上基于合同数量的双方权力的比值。最后，通过比较，发现该现实比值与理论比值较为接近，进而，我们的理论部分与经验部分也就有着很大的契合性。

进一步的讨论表现在以下几个方面：其一，鉴于本书意义上终止权的配置合同并非是抗再谈判的，我们未来的研究也就需要聚焦于该合同的再谈判问题。其二，本书并未对有关终止权配置变动情况的理论性结论（命题2）进行经验上的检验，故未来也就需要为该理论性结论寻求经验性证据。其三，现实中执行性工资与化合物总价值之比是会随时间而变动的：对于执行性工资，它由于受到劳动力市场的影响当然会变化；而对于化合物的总价值，根据Lerner等（2003），在生物医药产业中，研发项目的商业前景（可视为本书意义上的B）很容易受到外部因素（如产业中其他项目的终止）的影响，作为关键的合同性特征的终止权配置，其演进问题也就成为未来研究的一个重要课题。[①] 其四，结合相关的案例与数据，对本书意义上的多个理论性结论进行更为正式的实证研究是必要的。

本章附录

附录7-A：7.3.1中的相关证明

我们需要证明的是，如果 $2(1+\eta)B^3 > (2B-w)(B+w)^2$ 满足，那么 $\eta B > w$ 一定满足。事实上，$2(1+\eta)B^3 > (2B-w)(B+w)^2$ 意味着 $\eta > (2-w/B)(1+w/B)^2/2 - 1$，令 $x = \dfrac{w}{B}$，显然，$0 < x < 1$，因此，我们只需证明 $\dfrac{1}{2}(2-x)(1+x)^2 - 1 > x$ 即可。证明过程如下：令 $g(x) =$

[①] 事实上，这也正是Lerner和Rajan（2006）所提出的有关企业研发外包合同性治理的另一个重要问题。

$\frac{1}{2}(2-x)(1+x)^2-1-x$,易知,$g(0)=g(1)=0$,$g'(x)=\frac{1}{2}-\frac{3}{2}x^2$;$g'(0)=\frac{1}{2}$,$g'(1)=-1$,$g''(x)=-3x<0$。又由于 $g'(\frac{\sqrt{3}}{3})=0$,故 $g'(x)$ 递减,并且,当 $0<x<\frac{\sqrt{3}}{3}$ 时,$g'(x)>0$;当 $x\geqslant\frac{\sqrt{3}}{3}$ 时,$g'(x)\leqslant 0$。于是,当 $0<x<\frac{\sqrt{3}}{3}$ 时,$g(x)$ 递增;当 $x\geqslant\frac{\sqrt{3}}{3}$ 时,$g(x)$ 递减,又由于 $g(0)=g(1)=0$,故当 $0<x<1$ 时,$g(x)>0$,也即,$\frac{1}{2}(2-x)(1+x)^2-1>x$。证毕。

附录7-B：不授权区间和授权区间的变动情况

我们仍令 $x=\frac{w}{B}$ $(0<x<1)$。对于不授权区间的变动情况,我们首先需要明确 η^{**} 的变动情况,根据正文,$\eta^{**}(x)$ 由下式所决定：

$$(1+\eta^{**})(2-\eta^{**})^2=2(2-x) \tag{7-9}$$

对式（7-9）两边关于 x 求导,可得：$\eta^{**\prime}(x)=\frac{2}{3\eta^{**}(2-\eta^{**})}$

$$\tag{7-10}$$

显然,$\eta^{**\prime}(x)>0$,这意味着 η^{**} 关于 x 是递增的,进而,$1-\eta^{**}$ 关于 x 是递减的。因此,不授权的区间随着 x 的增加而缩小。

对于授权区间的变动情况,我们首先令 $d(x)=\eta^{**}(x)-\eta^*(x)$,其中,$\eta^{**}(x)$ 由式（7-9）决定,而 $\eta^*(x)=\frac{1}{2}(2-x)(1+x)^2-1$ ($\eta^{*\prime}(x)=\frac{3}{2}(1-x^2)>0$,$\eta^{*\prime\prime}(x)=-3x<0$)。

因此,$d(x)=\eta^{**}(x)-\frac{1}{2}(2-x)(1+x)^2+1$ (7-11)

结合式（7-10），对式（7-11）两边分别求一阶导、二阶导和三阶导，分别可得：

$$d'(x) = \frac{2}{3\eta^{**}(2-\eta^{**})} - \frac{3}{2}(1-x^2) \qquad (7-12)$$

$$d''(x) = -\frac{8}{9}\frac{1-\eta^{**}}{[\eta^{**}(2-\eta^{**})]^3} + 3x \qquad (7-13)$$

$$d'''(x) = \frac{16}{27}\frac{6-10\eta^{**}+5\eta^{**2}}{[\eta^{**}(2-\eta^{**})]^5} + 3 \qquad (7-14)$$

对于式（7-14），由于 $6-10\eta^{**}+5\eta^{**2}>0$，① 故 $d'''(x)>0$。

由式（7-9），$\eta^{**}(0)=0$，$\eta^{**}(1)=1$，进而，由式（7-11）、式（7-12）、式（7-13）、式（7-14），$d(0)=0$，$d(1)=0$；$d'(0)=+\infty$，$d'(1)=\frac{2}{3}$；$d''(0)=-\infty$，$d''(1)=3$。由式（7-9）和式（7-11），$d(0.4140)=0$；由式（7-9）和式（7-12），$d'(0.4140)=-0.4380$，$d'(0.0904)=0$；由式（7-9）和式（7-13），$d''(0.4140)=0.5937$。另外，我们还将用以决定不授权区间的 $1-\eta^{**}(x)$ 表示为 $i(x)$，显然，$i(1)=1-\eta^{**}(1)=0$，$i'(x)=-\eta^{**'}(x)=-\frac{2}{3\eta^{**}(2-\eta^{**})}<0$，$i''(x)=-\eta^{**''}(x)=\frac{8}{9}\frac{1-\eta^{**}}{[\eta^{**}(2-\eta^{**})]^3}>0$。在此基础上，我们可以依次绘出以下示意图（先绘出有关不授权区间的变动示意图）。

---

① 令 $t(\eta^{**})=6-10\eta^{**}+5\eta^{**2}$，$t'(\eta^{**})=-10(1-\eta^{**})$ 由此，$t(\eta^{**})$ 的最小值为 $t(1)=1>0$（不考虑 η^{**} 的取值范围），故 $t(\eta^{**})>0$。

第7章 学术价值 vs. 商业价值：企业研发外包中的最优终止权配置

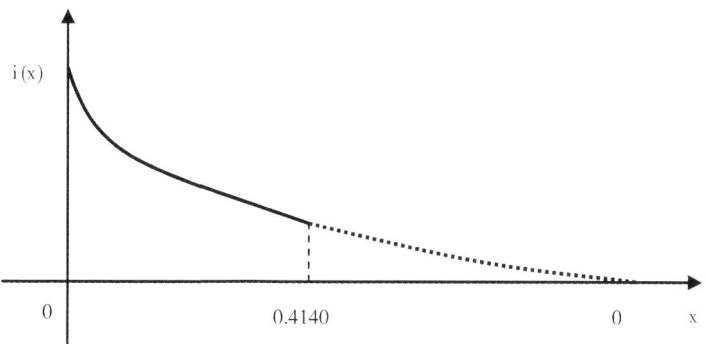

附图 7 – B1　i 关于 x 的函数图像（实线部分为 x 处于假设范围内的图像）

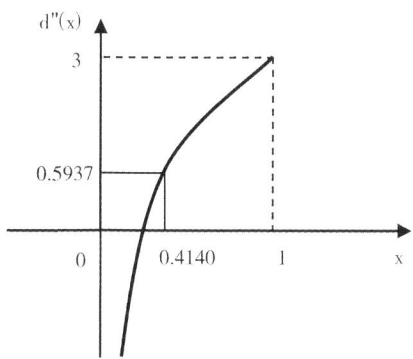

附图 7 – B2　d 关于 x 二阶导的函数图像

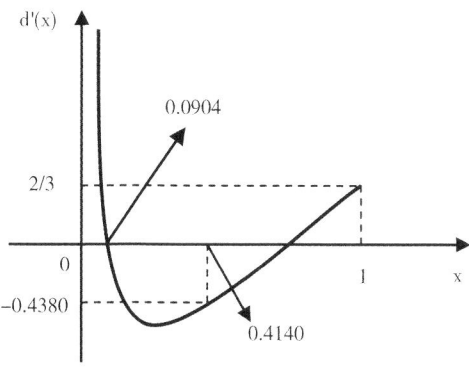

附图 7 – B3　d 关于 x 一阶导的函数图像

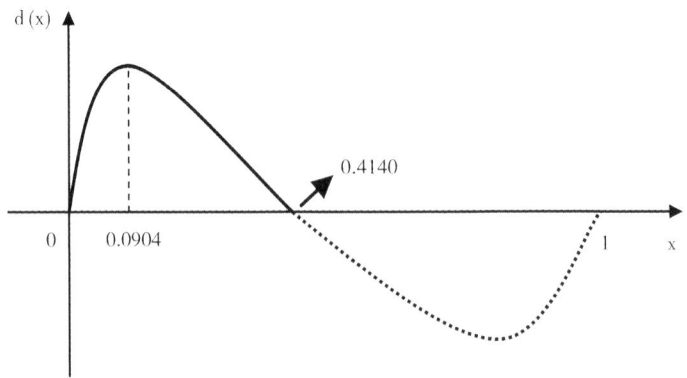

附图 7 - B4　d 关于 x 的函数图像（实线部分为 x 处于假设范围内的图像）

附录 7 - C：一个数字例子

附表 7 - C1　一个数字例子：w/B 取不同值时的相关数值

w/B	η^*	η^{**}	$\eta^{**}-\eta^*$	$1-\eta^{**}$	$(\eta^{**}-\eta^*)/(1-\eta^{**})$
1/4	0.3672	0.4421	0.0749	0.5579	0.1343
1/8	0.1865	0.3045	0.1180	0.6955	0.1697
1/16	0.0936	0.2117	0.1181	0.7883	0.1498
1/32	0.0469	0.1480	0.1011	0.8520	0.1187

显而易见，这里存在着一个知识分工（the Division of Knowledge）的问题；这个问题不仅与劳动分工（the Division of Labor）问题颇为相似，而且还至少与劳动分工问题一样重要。的确，我们所研究的这门学问自创始以来，劳动分工问题就一直是论者们研究的主要论题之一，但是知识分工问题却完全被忽略了，尽管在我看来，知识分工这个问题乃是经济学（亦即作为一门社会学科的经济学）中真正的核心问题。

——F. A. 冯·哈耶克

在一些情况下，版权和商业机密是保护知识产权最有效的方式，但是其对于开放式创新的意义还需要进一步地考察。

——乔·韦斯特

第8章　知识产权保护强度与研发外包：基于创新劳动有效分工的视角

本章将主要涉及两类研究：其一，探讨作为成本治理机制的具体的知识产权保护形式；其二，在创新劳动有效分工的视角下探讨知识产权保护强度对研发外包决策所产生的影响。事实上，第一类研究为企业研发外包的成本治理机制研究的题中应有之义；而第二类研究则在第一类研究的基础上另辟视角，以求能够丰富本书针对研发外包的研究议题进而完善本书针对研发外包的研究框架。值得说明的是，第二类研究的作用并非仅限于此，其本身也是针对企业研发外包中合同设计所做讨论的自然引申（详见第5章结尾处）。当然，第二类研究并非本书的重点讨论对象，其意义更多地体现在通过整合既有的研究资源为未来的相关研究提供一个引子。

而在第二类研究的研究动机上，鉴于 Stigler（转引自 Arora 等（2001））就曾预言产业内的劳动分工也可以应用到创新过程中，我们就有必要在创新劳动有效分工的视角下探讨知识产权保护强度对研发外包决策的影响。毕竟，诚如 Lai 等（2006）在某种意义上所认为的，任何能够为委托方减少损失或者减少代理方通过信息泄露所获得收益的治理措施都将促进企业的研发外包，进而在创新劳动有效分工的意义上增加经济效率。

8.1 研发外包背景下的知识产权保护形式及其比较

一般而言，知识产权保护意义上的制度层面可以分为两类：国家（或州）层面与组织层面（West，2006）。在国家（或州）层面上，专利、商业秘密、版权与商标等不同知识产权保护形式都有着相应的制度性规定（标准的确立——如国际电联组织（ITU）所规定的通信标准——显然也可以归到国家层面上），而非竞争性条款的可实施与否（在马萨诸塞州可实施，在加利福尼亚州不可实施）则是知识产权规定在州这一层面上的典型例子。在组织（企业）层面上，企业可以采用的保护性措施包括知识特性的利用（知识的只可意会不可言传性）、人力资源的控制、技术性措施的采用、先入市场（Lead-time）（Hurmelinna 和 Puumalainen，2005）以及互补性资产的利用等（Teece，1986；Cohen 等，2000）。特别地，对于不同形式的知识产权保护措施，专利是相对较紧（Strong）的产权保护形式，而商业秘密则是相对较松（Weak）的产权保护形式（Laursen 和 Salter，2005），其原因在于前者依托正规的法律保护，而后者则更多地依托相关方的激励相容条件（Bhattacharya 和 Guriev，2006）。[①] 然而，尽管专利有着这样的保护性质并且对产品创新来说是一种有效的保护工具（Teece，1986），[②] 但大部分企业并不采用这一保护

[①] 当然，"商业秘密"也是一个法律问题，但它是一种截然不同于专利的知识产权保护形式，正如杰夫和勒纳（2007）所强调的，如果公司做出适当努力防止对其业务有价值的秘密信息被披露，那么以某种方式获得这样的商业秘密的员工或竞争对手如果试图在商业上使用这样的商业秘密，就有可能被起诉。

[②] 杰夫和勒纳（2007）就强调，"专利系统在创新机器中是一个至关重要的齿轮"。

第8章 知识产权保护强度与研发外包：基于创新劳动有效分工的视角

形式，而是采用商业秘密［商业秘密对工艺创新而言是一种有效的保护工具（Teece，1986）］以及先入市场（Lead-time）等形式（Cohen等，2000；杰夫和勒纳，2007）。① 事实上，现实中企业的知识产权保护措施通常是上述两个层面上不同知识产权保护形式的结合。在企业研发外包的背景下，商业秘密法和非竞争性条款往往也是重要的知识产权保护形式。

在上述知识产权保护形式中，专利与商业秘密及其所带来的社会效应通常被既有的很多文献所强调。根据Cohen等（2000）在1994年对1500家美国的研发实验室所做的调查，大企业实际上往往更多地依赖商业秘密而不是专利来保护他们的知识资产。② 不仅如此，在很多人看来，专利所提供的保护强度要弱于商业秘密，并且专利的作用主要体现在信息披露上而不是在创新的投资上（Cohen等，2000；Gallini，2002）。③ 尤其对互补性创新和累积性创新而言，专利所起的作用在很大程度上是阻碍创新而不是促进创新（杰夫和勒纳，2007；Gallini，2002）。④ 尽管专利（制度）在实施过程中存在上述种种不足之处，但最新的研究证明专利（较之于商业秘密）仍是一种有效

---

① 根据Cohen等（2000），对于工艺创新，只有23%的受访者将专利视为一种有效的独占机制，而对于商业秘密与先入市场等保护形式而言，此比例分别为50%和38%；对于产品创新，有41%的受访者将专利视为一种有效的独占机制，而将商业秘密和先入市场视为有效机制的比例分别为51%和50%。

② 最典型的例子可能是可口可乐公司和微软公司都采用商业秘密来分别保护其配方和Windows操作系统的源代码（具体可参见杰夫和勒纳，2007）。

③ 杰夫和勒纳（2007）对此还有着更为激励的批评。在他们看来，制定能够创造出创新激励因素的制度是问题的关键。现实的情况却是，过去几十年来专利保护强度的增大只是增加了专利的数量，而相应的创新活动实际上并未增加。为此他们甚至还认为现有的专利运作系统是失效的，原因在于它未能把握住现代技术日益增加的复杂性以及未能注意到寻租的普遍性。

④ Bessen（2004）认为，在初始创新的专利拥有者（许可者）和后续创新者（被许可者）存在对称信息的情况下，套牢行为将不会发生（事前许可可以防止套牢）。然而，如果后续创新者的开发成本表现为私人信息时，事前许可即便可以防止套牢，那么允许此类许可的专利政策对社会而言也不是最优的（有关后续创新及其套牢的问题，我们将在后文中作进一步讨论，在此我们的聚焦点仍是专利政策的最优与否）。

的制度安排。Denicolo（2007）通过运用理论上的"弹性规则"[①] 对专利保护的强度进行了实证分析：专利对创新的保护强度不是过高而是过低，尤其对于互补性创新而言情况更是如此（尽管对于累积性创新而言仍需做进一步的研究）。Kultti 等（2006）通过一个同时性创新的理论模型比较了专利与商业秘密两种制度安排。在他们看来，既然专利制度有很多方面的负效应（"必要的恶"），那么我们完全可以设计一种较之于商业秘密的保护强度还弱的专利制度来最大限度地避免上述负效应，同时又可以利用其来发布信息、激励创新以及阻止企业间的串谋行为（显然，这类制度安排于社会而言是帕累托改进的）。Denicolo 和 Franzoni（2006）也论证了在存在创意许可的情况下，由于商业秘密的许可在现实中是有限的，[②] 因而专利相对于商业秘密而言是社会有效的。事实上，如果考虑到现实中还存在着的商业秘密的许可，那么弱的专利权保护也并不一定就能够（按照传统观点所认为的）更多地促进创意流动，现实的情况还包括：如果专利权保护较弱的话，那么创意拥有者完全可以采用商业秘密进行许可——而这显然又会阻止创意的流动（Bhattacharya 和 Guriev，2006）。综上所述，尤其是在企业研发外包的背景下，如何在比较不同的知识产权保护形式的情况下有效地界定专利保护强度（包括长度和宽度）仍是一个未来值得探讨的问题。

---

① "弹性规则"说的是一项发明的利润率（表现为专利保护的宽度 β 与长度 z 之积）应该等于发明的供给弹性 η，也即 $\beta z = \eta$。

② 根据 Arora 和 Ceccagnoli（2006）的一项调查，创新者是否持有专利对许可决策有着很大的影响，其中，"非专利持有者中只有12%进行许可，而在专利持有者中，这一比例则高达40%"。

8.2 知识产权保护对研发外包的促进

8.2.1 基本理论

传统的文献往往只关注在为创新者提供事前激励意义上的知识产权保护措施及其强度（知识产权保护强度的增加可以促进更多新技术的产生），而对知识产权保护强度与包含交易维度（供应商与企业存在技术市场上的交易）的企业研发外包决策之间的关联程度则重视不够（Arora 和 Merges，2004）。事实上，由于更强的知识产权保护可以更有效地控制知识的非独占性，[1] 而知识的非独占性又构成了研发外包中一个主要的成本特征，故知识产权保护强度与研发外包之间的关系也就成为近年来有关创新理论与实证的文献所致力于讨论的重点。[2]

---

[1] 知识产权保护强度在一些条件下可视作外生的，在另一些条件下可视作内生的。比如，当我们说特定产业研发外包中的信息泄露很严重时，我们其实已经预设了弱的知识产权保护强度，因而此时知识产权保护强度是外生的；而当我们说雇用合同中的非竞争性条款在马萨诸塞州可以实施而在加利福尼亚州不可实施，从而据此进一步比较128公路和硅谷的不同经济绩效时，我们显然已将知识产权保护强度假设为内生的了（关于这类问题的详细讨论，可参见 Gilson（1999））。在这种情况下，不同于以上几章，我们将本章中的知识产权保护强度视为影响研发外包决策的一个内生变量。

[2] 由于本书将企业（委托方）作为理论操作的主要参考点，因而我们在这里所称谓的是知识产权保护强度与企业研发外包的关系，而事实上，由于 Vanhaverbeke 和 Cloodt（2006）以及 West 等（2006）强调了有关开放式创新的其他视角的重要性，因而为了更深入地讨论知识产权保护强度对研发外包关系的形成所产生的影响，我们也有必要放宽研究的视界——将研究的视点拓展到成对出现的企业和上游供应商层面（Dyads）——来考察知识产权保护强度与技术市场中的供需双方进行研发合作的关系（在上述文献的意义上，技术交易还存在着网络层面、产业层面（部门层面）、区域创新系统层面以及国家创新系统层面等，具体讨论可参见第1章）。更具体地，由于在这种更广义视界下的技术市场中，信息泄露还意味着需求方可能私占供应方的相关知识，因而此时供应方是否愿意同需求方进行技术合作也将在很大程度上影响着技术市场中研发外包关系的形成。

1. 总论

从技术市场中供应方（创意拥有者）的角度而言，由于创新租金既可以通过技术市场（同在位企业合作）也可以通过产品市场（直接进入下游市场）获取（Teece，1986；Gans 和 Stern，2000、2003），①因而研发外包关系能否形成在很大程度上取决于创意拥有者是否愿意选择在技术市场中通过与在位企业合作的途径来获得创新租金。在 Teece（1986）以及 Gans 和 Stern（2003）看来，只要知识产权保护强度足够大，缺少互补性资产的创意拥有者就有可能通过合同化的方式同在位企业通过技术市场进行合作。②不仅如此，缺少互补性资产的创意拥有者在存在专利保护的情况下还将会增加搜寻在位企业的激励以期与其进行研发合作（Hellmann，2007d）。Gans 等（2002）在此意义上对新创企业商业化战略的实证研究实际上回应了这一理论命题：受到强知识产权保护的新创企业更愿意通过技术市场获取创新租金。Arora 等（2001）通过追溯化工产业的发展历程也表明，专利权的有效界定会使得专用性加工企业（SEFs）更多地进行相关技术许可而非进入下游产品

---

① 一般而言，在生物医药等产业中，创意拥有者将更多地通过技术市场获取创新租金；而在半导体等产业中，尽管创意拥有者同在位企业合作的案例在不断增加，但创意拥有者还是更多地选择通过产品市场同在位企业直接竞争的方式获取创新租金。

② 鉴于 Teece（1986）的研究在创新经济学中的奠基性作用，我们有必要在此对其主要的结论做一介绍。Teece（1986）认为，在知识产权保护强度较大并且在创意拥有者缺乏（下游）互补性资产的情况下，若互补性资产相对通用，则创意拥有者应该通过技术市场获取创新租金，其原因在于创意拥有者同在位企业（互补性资产的拥有者）容易形成合同性关系；若互补性资产相对专用，由于通过技术市场进行的合作会引发关系专用性投资进而有着套牢的风险，此时创意拥有者一般会一体化下游互补性资产（在企业内部投资于专用性的互补性资产）从而直接通过产品市场获取创新租金。因此，强知识产权保护确保了创意拥有者能够获得创新租金（并且有着通过技术市场获取创新租金的可能）。然而，在知识产权保护强度较小的情况下，创意拥有者一般而言只有通过拥有（专用性）互补性资产（进入产品市场）才能获取创新租金，其原因不仅在于获得互补性资产本身存在着上述套牢的风险，还在于在技术市场中创意很容易被在位企业（也包括其他较易获得互补性资产的模仿者）所私占。在此背景下，Teece（1986）论证的主旨也就在于，互补性资产对于创意拥有者就创新租金的获取而言具有关键性的作用[事实上，Teece（1986）之后的诸如 Rajan 和 Zingales（2000，2001a）等文献也都强调了互补性资产在保护企业（创新）租金方面的作用，而互补性资产的此类作用也正同企业的资源基础观（如 Penrose（1959）等）一脉相承]。

市场。①

2. 来自科斯定理的解释

需要说明的是，如果创意拥有者和在位企业进入研发外包关系并进行了有效的事后谈判，那么此时科斯定理是适用的：创意拥有者是否需要强知识产权保护是不甚重要的。然而，在创意拥有者和在位企业未进入研发外包关系之前，只要双方存在谈判和交易成本，那么创意拥有者为寻求研发合作所要求的强知识产权保护就是必要的，因为科斯定理还告诉我们，只要谈判（交易）是有成本的，产权的分配就是重要的！正如 Hellmann（2007d）所讨论的，当创意拥有者和在位企业为寻求合作需要相互搜寻时，只有专利保护的存在才会激发创意拥有者的搜寻激励。

3. 通过互补性资产而形成的作用机理

显然，上述文献所揭示的主题在于，强知识产权保护会促使创意拥有者选择与在位企业合作来获取创新租金。事实上，这一鲜明的逻辑主题之所以能够形成，是由创意拥有者拥有（专用性）互补性资产的状况所推动的。Teece（1986）认为，（专用性）互补性资产的有无是影响上游企业通过技术市场还是通过产品市场获取创新租金的一个重要因素。同样，Arora 和 Ceccagnoli（2006）也强调，知识产权保护强度对技术市场中合作决策的作用机理正是通过（专用性）互补性资产进行的。在这种情况下，为了使上述论证主题得以彰显，关注互补性资产对技术市场中研发合作的作用机理是必要的。一般而言，拥有互补性资产的企业由于潜在的产品竞争（租金耗散效应）通常不会通过技术市场（如技术许可）来获取创新租金（Arora 和 Fosfuri，2003；Fosfuri，2006），而即便是在专利保护强度增加的情况下，此类上游企

---

① 强知识产权保护不仅使得创意更多地通过技术市场而非产品市场来获得执行，而且还会促进技术市场中企业间更有效的合作：Arora（1995）关于技术许可合同所做的经验研究就表明，拥有专利的企业更倾向于提供技术性服务。

业也只是倾向于对创意申请专利而非进行技术许可（仍旧通过产品市场获取创新租金）（Arora 和 Ceccagnoli，2006）；相反，缺乏（专用性）互补性资产的上游企业在很多情况下倾向于与在位企业寻求合作（Gans 等，2002；Gans 和 Stern，2003），当专利保护强度增大时，这一倾向将表现得更加明显（通过技术市场获取创新租金）（Arora 和 Ceccagnoli，2006）。因而在这个意义上，缺乏（专用性）互补性资产的创意拥有者随着知识产权保护强度的增大会选择与在位企业合作的方式来获取创新租金。[1]

4. 基于两类效率特征的进一步研究

在上述技术供应商和在位企业通过技术市场合作的意义上，由于供需双方确实做到了创新劳动的有效分工，因而此时技术市场是有效率的（Arora 等，2001）。从企业研发外包的角度来看（以企业为主要参考点），上述效率性可以体现在以下两个方面：其一，企业以合同化的方式从外部获取技术（通过非一体化）而非内部研发可以激励相关各方做出更大的研发努力水平（Williamson（1975，1985）意义上的高能激励）[2]。其二，由于技术供应商（承包方）内部存在着由知识的累积性所引起的知识外溢效应，因而在效率

---

[1] Gans 和 Stern（2003）以及 Subramanian（2006）从知识产权保护强度以及互补性资产的相对专用程度两个并行的维度更具体地描述了技术市场中研发合作的形成机理。不同于 Teece（1986）关于缺乏互补性资产的创意拥有者在技术市场中寻求合作的过程中所存在着的套牢风险以及知识被私占的风险，Gans 和 Stern（2003）以及 Subramanian（2006）只是强调了潜在合作过程中在位企业对创意的私占问题。在此基础上，当知识产权保护强度大到可以有效缓解此类私占问题并且在位企业所拥有的互补性资产相对专用而非相对通用时（如生物医药产业），创意拥有者就会选择技术市场来获取创新租金（此时在位企业通常为创意拥有者提供公司风险资本）。Gambardella 和 Giarratana（2007）则从知识产权保护强度与互补性资产在产业内的相对分割程度两个维度阐述了创意拥有者就创意在技术市场还是从产品市场获得执行的决策。在他们看来，如果知识产权保护强度较大，同时下游在位企业互补性资产的相对分割程度较低，创意就有可能在技术市场中获得执行。事实上，这些文献都在很大程度上回答了 West 等（2006）关于"何时新创企业视公司风险资本为发展机会而不是威胁"的问题。

[2] 我们将这种情况下的与一体化相对应的非一体化仍视为研发外包的一种重要形式；在本书中，为了对研发外包现象做出更广泛的讨论，我们姑且无意区分研发外包是通过寻求外部技术供应商进行还是通过非一体化进行。事实上，通过非一体化而确立的研发外包关系也意味着供需双方将在技术市场中发生交易，而所不同的只是双方在进入研发外包关系前的状态为一体化。

第8章 知识产权保护强度与研发外包:基于创新劳动有效分工的视角

意义上技术供应商就有着研发上的范围经济以及创新劳动专业化的特征。①在这种情况下,企业进行研发外包就可以提高创新速度(Lai 等,2006)。②基于上述两种以企业为主要参考点的效率特征,我们可以演绎出更多层面上的有关知识产权保护强度与研发外包的关系。

在强知识产权保护促进更多研发外包的意义上,既有的文献往往依托组织经济学中不完全合同与产权的理论方法来进行论证。在此,我们主要关注 Subramanian(2004,2005b)在不完全合同理论的基础上利用通路(Access)概念所构建的在知识产权保护强度影响下的有关组织形式(资助形式)与相关方最优激励水平的讨论。在 Subramanian(2004)看来,由于存在高能激

---

① 企业的内部研发显然不具备这方面的优势:根据一项经验法则,大企业在制药试验中所筛选的一万个分子中往往只有一个能够在特定环境下有些用途(转引自 Biais 和 Perotti,2004)。

② 在"后钱德勒"时代出现以及企业性质日趋改变(企业纷纷进行纵向分解)(Rajan 和 Zingales,2000;Zingales,2000;Langlois,2003)的背景下,以企业为主要参考点来探讨研发外包的收益(动机)也已成为研发外包研究文献的聚焦点。在此,除了上述两种意义上的效率特征(本章将会援引这两种特征作进一步的论证),我们可以对这类研究文献所强调的效率特征做出如下归纳:其一,在组织经济学的意义上,无论从作为激励系统的企业理论还是从作为授权(委托代理)的企业理论而言,研发外包都可以激励代理方做出更大的研发努力(Arora 和 Merges,2004;Puga 和 Trefler,2002);从作为不完全合同与产权的企业理论而言,研发外包也可以克服在企业内部由合同的不完全性所引发的成本:由于在企业内部各个项目之间配置执行性资本的不可合同化会使得那些有着低期望收益的高风险项目得不到资助,因此把这些项目外包给独立的小企业从而使其以合同化的方式获得资助是必要的(Robinson,2008)。其二,从产业范围而言,由于特定供应商所开发的新技术(尤其是通用性技术)可以为很多下游企业所获取,因而这种产业内的范围经济可以降低在位企业的研发成本(Langlois 和 Robertson,1992);在产业内"模块化"的意义上,由于模块能以较低的协调成本在特定平台上有效地改进产品功能,因而企业研发外包就意味着可以利用由此类创新劳动的可分性所带来的创新优势(Farrel 和 Weiser,2003)。其三,从大企业和小企业所扮演的角色而言,大企业在组织内部的信息传递上往往存在扭曲,而小企业可以在创新团队的个人之间有效地共享信息(Arrow,1974、1982);大企业由于棘轮效应的存在对创新会有着较低的激励(Dearden 等,1990),此外,创新过程中的软预算约束也通常会导致大企业内部创新的失效(Dewatripont 和 Maskin,1995;Qian 和 Xu,1998),而小企业则可以有效地克服这些官僚化特征(Bhide,2000)。在这种情况下,大企业针对小企业的研发外包显然可以缓解上述问题。事实上,大企业为了最大限度地缓解上述问题,不仅对小企业进行研发外包,还往往会通过剥离的方式(Spin - off)建立子机构并与之形成类似研发外包的关系(如朗讯科技公司就通过建立新风险企业集团来建立此意义上的创新管理模式)(Chesbrough,2003)。显然,上述不同的收益特征对于企业研发外包日趋增多的事实有着广泛的解释力,但不得不强调的是,由于此类研发外包的收益于本书论证的主题与结构而言过于宽泛与庞杂,因而对这部分研究内容做进一步的梳理与细化仍需要着专文进行。

励，对企业技术合作双方而言保持距离的合同关系中总的努力水平大于它们在一体化中总的努力水平，所以当知识产权保护不是很强（信息较易泄露）时，双方对学习对方的知识会存在过量的投资，而为了消除这种过量投资所造成的效率损失，内部研发（一体化）是最优的。当知识产权保护很强（信息不易泄露）时，双方会对学习对方的知识投资不足，而为了增加这种投资水平，通过更具市场化组织形式的研发外包（如通过保持距离的合同或战略联盟的形式）以更大程度地利用高能激励是最优的。在这个意义上，如果我们将知识产权保护强度视作影响组织形式的内生变量，那么强知识产权保护显然会促使作为组织形式的研发外包更多地产生。

Subramanian（2005b）则进一步从新创企业外部融资的视角分析了知识产权保护强度与企业研发外包（以公司风险资本的形式）之间的关系。新创企业可以通过两种方式进行外部融资：公司风险资本和私人风险资本。当新创企业通过公司风险资本进行外部融资时，提供公司风险资本的企业（资助方）可以通过为新创企业提供互补性资产以获得一个"观测创意的窗口"，[①]此时资助方之所以能够观测到创意，是因为在公司风险资本的融资形式下，新创企业为资助方提供了对创意而言较高的通路水平；而当新创企业选择私人风险资本家进行外部融资时，所提供的对创意的通路水平则是较低的。在很大意义上，资助方为技术拥有者提供公司风险资本也是其研发外包的一种潜在形式：企业在公司风险资本意义上为新创企业提供研发资助本身就拥有了获取未来技术的选择权，双方在未来很有可能会达成技术转让协议。[②]为此，Fulghieri 和 Sevilir（2003）甚至认为，企业为资助方提供公司风险资本本身就可视为企业预付未来研发外包所要求的许可费。基于上述认识，我们

---

① 在这个意义上，Anand 和 Galetovic（2000）也论证了在被资助方能够为作为资助者的企业带来信息外溢时，企业将会加大针对被资助研发项目的资助范围。

② Intel 公司为达到此类策略性的目标，在 1999 年就投资了 250 家小企业，而到 2002 年，这一数目则增加到 475 家（Hellmann，2002；Chesbrough，2003）。

第8章 知识产权保护强度与研发外包:基于创新劳动有效分工的视角

可以对知识产权保护强度与研发外包的关系作进一步的讨论:当知识产权保护强度较大(较小)时,新创企业的创意不容易(容易)被资助方所窃取,资助方在研发外包背景下的关系专用投资(或者学习努力水平)就会不足(过度),此时为了提高(降低)资助方的投资水平,新创企业增加(减少)所提供的通路水平将是最优的。[1] 换言之,强知识产权保护更多的是与以公司风险资本形式所进行的研发外包联系在一起的。[2]

然而值得注意的是,以企业为主要参考点来审视知识产权保护强度与研发外包的关系,强知识产权保护并不总是可以促进更多的研发外包(这显然不同于上述以技术供求双方为主要参考点的考察结果),而弱知识产权保护强度(主要体现在非竞争性条款和商业秘密法的实施上)在一定的条件下却可能促进更多的研发外包。其结果是,从整体来看,知识产权保护强度与研发外包并非仅仅存在着简单的正相关关系。

8.2.2 一个案例[3]及分析

邓宁柏医生是美国新罕布什尔州贝德的一名脚病医生。他生活的主要目标是减轻人们脚部受到的伤害。为此,他为许多与鞋的设计有关的发明申请了专利。在此基础上,邓宁柏医生创建了一家名为 HBN 鞋业的公司,以将他的技术商业化。但是,为了出售鞋,除了将鞋内底设计得舒适之外,公司还

---

[1] Subramanian(2005b)是从通路与所有权两个维度来讨论创意的最优资助问题的,但为了更明确地阐述知识产权保护强度与研发外包的关系,我们在此不考虑有关产权维度上内部资本市场与公司风险资本的选择问题(两种资助模式下创意的产权归属不同),而只强调通路维度上公司风险资本与私人风险资本的选择问题。另外,由于对创意的资助发生于非一体化的组织形式之下而高能激励的概念又与非一体化相联系,因而我们也将在上述公司风险资本的情形下资助方的较高激励水平视作高能激励。

[2] 事实上,鉴于生物医药产业的强专利保护(Cohen 等,2000),在整个20世纪90年代,生物技术公司大都是依靠公司风险资本(通过联盟的形式)而非依靠私人风险资本等融资方式进行外部融资的(Lerner 和 Merges,1998)。

[3] 该案例来源于杰夫和勒纳(2007)。

需要做许多事情，如能够设计出时髦的鞋，必须能够制造鞋，而且必须能够将鞋投放到市场上，以便女性能够购买它们。

作为一家创始公司，HBN鞋业公司并没有在非常好的境况下来做这些事情。它最初很天真地尝试仅仅制作一些真正舒适的鞋，并且将它们提供给鞋店。但是，这些创始人并不知道鞋的样式或相关方之间关系的本质，正是通过这些，制鞋商才可以将HBN的鞋投放到鞋店中。所以，在无法制作和出售鞋之后，HBN将其设计技术的许可证提供给专业的制鞋公司。正是与这些公司进行的制造鞋和鞋的部件的协议协商使得这些公司使用邓宁柏医生的设计制鞋，并由诸如Nordstrom这样的零售商出售它们。在这些协议中，HBN将对每一双售出的鞋收取少量专利使用费。通过发放技术许可证，而不是试图直接制鞋、卖鞋，HBN极大地开拓了新技术的潜在市场。

总之，邓宁柏医生的发明通过向已有的高跟鞋制造商和零售商广泛发放许可证，提供了使女性受益的可能性。也许好的医生都有足够的动机进行他的初始发明，即使他无法为其申请专利，因为他实际上是受到根除脚部疼痛的意愿的推动。但是，正如典型情况所展现的那样，将这个思想从纸面上转变到女性的脚上需要大量投资。在缺少保护产品的市场地位以提供合理的利润前景的机制的情况下，这样的投资将不可能做出。在类似的案例中，当技术虽然保密但无法商业化时，或者当拥有伟大创意的公司是初创者的事实排除了依赖先前存在的市场地位的可能时，专利保护可能是筹集投资基金将伟大的创意商业化的关键所在。

显然，在上述相对完整的案例中，尽管HBN鞋业公司缺少互补性资产来制造鞋，但由于有着专利保护，HBN鞋业公司仍能通过同下游制鞋企业合作的方式获得创新租金。这印证了我们的上述理论：只要知识产权保护强度足够大，缺少互补性资产的新创企业就有可能通过合同化的方式同在位企业通过技术市场进行合作，而不太可能通过拥有互补性资产直接进入产品市场。

第8章　知识产权保护强度与研发外包：基于创新劳动有效分工的视角

事实上，在更广泛的意义上，诚如上文所讨论的，只要有着专利保护，无论是否拥有互补性资产，HBN 鞋业公司都能够获得创新租金。

8.3 强知识产权保护并不必然促进更多的研发外包

在以上论述中，无论以何者为主要参考点，我们所得出的基本结论都是强知识产权保护可以促进更多的研发外包。然而，尽管强知识产权保护在很大程度上能够增加企业研发外包的程度，从而无论在完善技术交易市场（促进创新劳动的分工）的意义上还是在增加相关方投资激励水平的意义上都可以增加经济效率，但强知识产权保护并非总是能够促进更多的研发外包。更具体地，即便研发外包可以为相关方带来更多的高能激励（与更快的创新速度），但在考虑其他影响因素的情况下，强知识产权保护与研发外包并非存在着简单的正相关关系。对此，Arora 和 Merges（2004）仍在不完全合同的理论框架下做了详细考察。在他们看来，知识产权保护强度越大，由研发外包所带来的研发努力水平也越大（高能激励），如果企业与技术供应者能够产生信息协同，那么知识产权保护强度越大，企业更应该进行研发外包而非进行内部研发；如果企业与技术供应商之间产生信息泄露，那么知识产权保护强度越大，由研发努力水平提高所带来的信息泄露也越多，而当信息泄露所造成的效率损失占优于由高能激励效应所带来的收益时，那么一个"反直觉"的结论是，强知识产权保护只会促使企业进行内部研究而非研发外包。

Lai 等（2006）在研发外包有着更快创新速度的效率假设下对上述问题进行了更深入化的探讨。他们认为，随着对某种形式的知识产权保护强度的加大（如对商业秘密更有效的保护），代理方的信息泄露会减少，因而委托方的市场占有率将增大，委托方将进行更多的研发外包；另外，由于在更大范围内的知识产权保护强度的增大（如专利保护宽度的增加）会阻止其他企业实施进一步的创新（Green 和 Scotchmer，1995；Heller 和 Eisenberg，1998；Arora 等，2001；Gallini，2002），① 因而从社会效率角度而言创新性破坏的过程将会放慢，这显然会使得在位企业可以长时间地保持竞争优势，从而产品周期（T）会延长，② 而有关研发外包创新速度的优势也就相对弱化（内部研发引起的创新延迟与产品周期的相对值 L/T 也就会变小），在此基础上，企业更有可能进行内部研发。当 L/T 变小时，内部研发的区域将变大，外包的区域将减少。整体看来，当产品周期效应较小时，知识产权保护强度的增加

---

① 有关专利政策的执行与创新的有效扩散问题一直以来都存在着激烈的争论。杰夫和勒纳（2007）就认为："原则上，拥有改进重要发明的良好主意的后续发明者理应能够与原始专利所有者达成协议，以允许对专利进行改进。这可以通过许可改进者使用原始专利，或者通过将专利改进出售给原始专利持有人或允许其使用来实现。毕竟，如果专利改进确实很好，原始发明者和改进者都有动力看到它得以实现。但是，实际上，这样的协议通常很难达成。……因此，提供强大的专利权以鼓励突破性创新与这种保护可能抑制后续改进的发展之间存在着内在的紧张关系。"现实的情况也正是如此，由于对于系统性创新或累积性创新，后续的技术创新需要依赖于现有的专利，因此现有的专利拥有者就很有可能对后续的技术开发者产生敲竹杠的行为，从而后续的创新就很有可能受到延迟（Green 和 Scotchmer，1995）。不仅如此，从更广的意义上讲，知识产权保护强度的增大还会使得后续创新的多种关键性的组件为多个专利拥有者所拥有并且还可使得其专利权可得以有效地执行，在此情况下，后续创新者需要同上述不同的专利拥有者展开多边谈判，而这显然会为后续的创新带来很大的交易成本（Gallini，2002），以至于 Bessen 和 Maskin（2008）认为，如果对初始创新者无专利保护，那么技术进步率将会达到最大化。不仅如此，杰夫和勒纳（2007）也承认，专利是迟钝的工具，由于技术进步的复杂性，专利制度所创造出的独占性有时将阻碍，而不是鼓励竞争。在此基础上，Heller 和 Eisenberg（1998）通过一个生物医学方面的案例进行了详细的讨论，杰夫和勒纳（2007）通过列举爱迪生电灯泡的专利案例以及莱特兄弟的飞机基本设计的专利案例对上述问题进行了讨论，而 Arora 等（2001）则综合了既有的各类文献对上述问题进行了概括性的讨论并给出了相应的政策性回应（需要说明的是，由于上述更广意义的讨论涉猎到多个专利拥有者拥有多个相关专利的问题，从而在讨论内容上也就超越了上述仅一个企业阻止后续创新的情形。尽管如此，由于知识产权保护强度的加大问题涵盖了多个相关专利的拥有及执行问题，因而在此我们仍有必要对知识产权保护强度与创新有效扩散的关系作重点讨论）。

② 显然，如果知识产权保护形式仅仅包括商业秘密，那么知识产权保护强度的加大不会引发此类产品周期效应。正是因为知识产权强度的加大还意味着专利宽度、专利长度以及专利执行等方面的强化，此类产品周期效应才会产生。

更有可能促使企业进行研发外包以减少信息泄露；而当产品周期效应较大，研发外包的优势减少时，企业更有可能进行内部研发。①

在研发外包的前提下，企业所受到的知识产权保护还更多地来自于非竞争性条款与商业秘密法的实施。② 尽管此意义上的强知识产权保护可以有效地解决代理方的信息外溢问题（尤其是隐性知识的泄露），但由于代理方同外部的信息协同受到了很大的限制，强知识产权保护也就未必带来更多的经济效率；相反，弱知识产权保护（如在非竞争性条款和商业秘密法存在执行上的困难时或者非竞争性条款不予实施时）更有可能使得委托代理双方的总收益最大化（Lewis 和 Yao，2003）。更进一步，弱知识产权保护所引发的内部员工流动性的增加在一定的条件下（当委托方与其他资助者存在竞争时或者当委托方的总量很少时）还会提高委托方的利润水平（Anand 等，2004；Hellmann 和 Perotti，2007）。在更深层次的知识产权保护上，由于商业秘密法在现实中是很难实施的，企业可以与代理方签订非竞争性协议（CNCs）以阻止代理方在事后受雇于同一地区的竞争对手。然而，在一定情况下，在事前不签订此类非竞争性协议对企业来说往往是（弱）占优的策略（Motta 和 Roende，2002）。由此看来，企业的弱知识产权保护而非强知识产权保护可能为委托方带来更多的收益，故可以进一步推测，即使存在由弱知识产权保护所引发的代理方对委托方的信息泄露，企业仍有可能进行研发外包，换言之，

---

① Lai 等（2006）在此意义上进一步给出了一个更具现实性的例子：很多发展中国家由于实施了与贸易有关的知识产权协定（TRIPS）而加大了知识产权保护的强度，其结果是更强的产品周期效应使得发展中国家的企业更少地从发达国家外包技术。显然，这一例子是有很强的启示意义的——随着我国在加入 WTO 后 TRIPS 的逐步执行，如何更有效地实施知识产权保护策略以权衡各种利弊就成为一个值得探讨的议题。

② 非竞争性条款和商业秘密法更多地适用于雇主—雇员的关系之中（如 Merges（1999）），但由于企业所进行的研发外包（委托方和代理方的关系）在很大程度上类似于上述背景，因而在研发外包中任何涉及非竞争性条款、商业秘密法以及更广意义上的有关知识产权的实施条款都可以置于雇主—雇员的关系框架下进行分析。Aghion 和 Tirole（1994）关于企业与外部研发单位进行知识产权分割的论述显然为此提供了很好的例证。

弱知识产权保护在一定条件下可能并不构成企业进行研发外包的限制因素。

8.4 总结

总体而言，不同于知识产权保护强度与研发努力程度之间所存在的"倒U型"的非单调关系（Lerner（2002）的实证研究在一定程度上对这类非单调关系提供了支持），知识产权保护强度与研发外包的关系还是一个有待理论和实证深入考察的问题。[1] 由于包含交易维度的研发外包意味着企业间更为复杂的组织特征，因而为理清知识产权保护强度下的研发外包决策并探讨其效率意义以便由此形成有效的社会资源配置，更复杂的组织内容尚需纳入理论与实证考察的视野之内，正是在此意义上，Anand 等（2004）强调了组织内各项目间的协同，而 Arora 和 Merges（2004）强调了组织间的信息协同并考察了在这类协同因素的影响下知识产权保护强度对研发外包的决策及效率所产生的影响。[2] 基于上述更为复杂的关联因素，在未来旨在做进一步考察的理论构建上，如何在知识产权保护强度所要治理的不完全合同化的知识外溢的基础上结合更多的决策变量，并运用组织经济学的各种理论分支演绎

---

[1] Teece（2005）在针对 Arora 和 Merges（2004）的评论中就强调，长期以来，有关专利系统的争论一直都忽视了专利如何使得小企业以及发明者进行专业化投资并获取专业化经济效应的问题。由于 Teece（2005）意义上的专业化经济效应是与作为技术购买者的企业的研发外包联系在一起的，因此我们可以认为，知识产权保护强度与研发外包的关系仍未得到充分的考察。

[2] 在这个意义上，Teece（2005）在评价 Arora 和 Merges（2004）时虽然认同了后者的主要结论——强知识产权保护（在信息协同下）有利于专业化与非一体化，但他主要强调的还是在演绎这类结论时考察更多其他因素的必要性。不仅如此，West 等（2006）在讨论产业层面上知识的独占性与创新开放性（表现为专业化与非一体化）的关系时也强调，由于知识的独占性与创新的开放性并非存在着简单的线性因果关系，因而未来的研究需要确定更多潜在的调节变量以更好地探讨知识的独占性对创新开放性的影响。

出研发外包背景下组织间与组织内相关参与方更为复杂的经济关联；如何在此类组织关系与相关参与方经济关联的理论基础上更为深刻地探讨知识产权保护强度下的研发外包决策及其效率意义；如何在上述认识的基础上通过公共政策层面上和企业策略层面上的双重知识产权保护措施来尽可能地促进企业间创新劳动的有效分工（Arora 等，2001），进而最大限度地形成 Gans 和 Stern（2003）意义上的既能有效阻止对技术供应方的信息私占又能充分利用技术需求方专用性互补性资产的作为"创意加工厂"的研发外包,[①] 就成为了极具理论和现实意义的研究任务。

[①] Stigler（转引自 Arora 等（2001））就曾预言产业内的劳动分工也可以应用到创新过程中。现实的情况是，由于创新过程中存在知识的非独占性，因而有关创新劳动的有效分工并没有完全地实现。然而，在 Gans 和 Stern（2003）以及 Subramanian（2006）意义上的有着强知识产权保护同时在位企业的互补性资产又相对专用的产业（如生物医药产业）中，创新劳动确实做到了有效的分工，而在此产业特征下的分工状态即被 Gans 和 Stern（2003）称为"创意加工厂"。

第9章 结论与进一步的研究

9.1 基本结论

鉴于企业进行研发外包已成为一个日趋重要的现象，因而我们有必要在既有文献的基础上以在位企业为主要参考点来理清研发外包中所包含的各类问题。作为对上述重要现象的理论规范，在位企业在研发外包的过程中通常会面临着由合同的不完全性、知识的非独占性以及累积性创新的不完全替代性所带来的各类成本，而研发外包之所以能够更多地进行是因为在现实操作中存在着针对这类成本的治理机制。基于此，作为治理研发外包成本的不同机制，企业研发外包最优组织形式的选择，研发外包中的最优合同设计以及公共政策层面上和组织层面上的知识产权保护措施也就成为了本书所讨论的重点。[①] 这其中，我们在多渠道研发外包背景下对企业研发外包的最优组织

---

① 针对研发外包成本的治理机制中，企业的内部研发在很大程度上也是最优选择，这事实上已给出了现实中企业的研发外包与内部研发两种现象并存的原因。不仅如此，内部研发在企业研发外包逐渐增多的情况下（在总量上）仍居于主导地位。Subramanian（2006）为此给出了这样的数据：在2000年，内部研发的投资总额为1820亿美元，而风险资本（包括公司风险资本和私人风险资本）对研发投资的总额为1140亿美元；Anand 等（2004）甚至认为，尽管风险资本在过去的二十年间对研发的投资取得了成功，但有90%的旨在商业化的研发仍是在企业内部进行的。

形式，在研发路径转移视角下对企业研发外包的最优控制权配置以及在先导化合物学术（商业）化程度的视角下对企业研发外包的最优终止权配置都做出了极具理论建构性的讨论。

针对知识产权保护措施这类治理机制，我们首先阐明了具体的知识产权保护形式并对它们做出了比较。而作为对上述成本治理机制所做讨论的自然引申，创新劳动有效分工的视角下知识产权保护强度与研发外包的关系也就成为我们的探讨议题：在一般意义上，不同层面上的知识产权保护措施强度越大，企业就越倾向于进行研发外包，由此，创新劳动也就实现了有效分工。然而，尽管作为治理机制的知识产权保护措施的强度的增大在很大程度上可以缓解研发外包过程中由知识的非独占性所带来的成本，但知识产权保护强度的增加未必就能够促进企业进行更多的研发外包进而创新劳动并不一定能够实现有效分工。

在更具理论建构性的讨论上，对于作为治理机制的具体组织形式，本书认为，在下游企业多渠道研发外包的背景下，如果相关方在初始阶段所面临的新产品市场规模的不确定性较小时，战略联盟将占优于一体化，此时，战略联盟完全可以被视作针对（一体化中）内部资本市场所具有的合同不完全性的成本治理机制，其原因在于当内部资本市场的不完全合同性所带来的阻止更多研发外包渠道出现的成本大于其灵活性收益时（这也就形成了由合同不完全性所带来的（净）成本），战略联盟的优越性也就体现出来了——采用战略联盟的组织形式可以治理这类由合同的不完全性所带来的成本。顺便还需说明的是，当上述不确定性较大时，一体化将占优于战略联盟，此时，一体化也可以被视作针对不完全合同性的成本治理机制，所不同的是此时一体化所导致的净成本为负（净收益为正）：一体化所带来的阻止更多研发外包渠道出现的成本小于其灵活性收益。

对于作为治理机制的合同（设计），研发路径转移的视角下企业研发外

第9章 结论与进一步的研究

包的笼统意义上的控制权配置问题，以及先导化合物学术（商业）化程度的视角下作为控制权最重要形式的终止权的配置问题构成了本书的讨论对象。对于第一个问题，本书认为，在代理方承揽研发外包的过程中，如果新的研发路径出现，那么他必然会将此路径披露给第三方，这当然将会给委托方带来损失，而委托方为治理此类可能发生的披露行为，会在双方进入研发外包关系时最优地配置控制权。在配置的过程中，控制权越大，代理方的披露行为越能够被有效地治理进而委托方的收益也越大，然而，控制权本身也会给委托方带来成本：越大的控制权所带来的成本也越大。由此，最优的控制权配置应该在权衡该收益和成本的基础上进行。而作为控制权的最优配置结果，合同的不完全性表现得越明显，委托方将会拥有越大的控制权。最后，不同于 Lerner 和 Malmendier（2010）的论断，委托方配置最优的控制权将占优于不配置任何控制权。而相关的经验性证据也验证了这类结论。

对于第二个问题，本书认为，在企业研发外包的过程中，鉴于委托方追求商业化目标而代理人追求学术化目标，终止权的配置就至为重要。作为终止权的最优配置，如果代理方所致力于筛选的先导化合物的学术（商业）化程度小（大）于某个临界值，那么作为委托方的企业会将终止权授予给代理方；而如果该先导化合物的学术（商业）化程度大（小）于某个临界值，那么委托方将会保留终止权。在终止权最优配置的变动上，随着执行性工资与先导化合物总价值的比值的增大，委托方不授权的区间将缩小；在执行性工资与先导化合物总价值的比值较小（大）时，委托方授权的区间会随着该比值的增大而扩大（缩小）。在终止权配置的社会效率上，委托方的授权是具有社会效率的，而当代理方所筛选化合物的学术化程度很大时，委托方的不授权是社会无效率的。而既有的经验性证据也在很大程度上验证了上述部分结论。

9.2 进一步的研究

9.2.1 总体意义上的两种研究方向

从论证的方法论出发,既有关于(生产)外包的文献往往是在遵循组织经济学的不同理论分支的框架下进行的,但由于未考虑到研发外包背景下创新的关联特征,既有的讨论主题并不能完全涵盖企业研发外包过程中更复杂的现实内容。在这种情况下,本书论证的重点就在于以企业为主要参考点在组织经济学不同理论分支的基础上[①]结合创新的关联特征来更大程度地明确化现实中的企业研发外包所隐含的论证主题。尽管如此,这种理论操作上的便利性在很大程度上反映了既有文献对企业研发外包现象的理论解读方式是存在很大差异的,而这种理论解读方式的巨大差异本身就意味着对外包现象尚缺乏一个完整的解释(Spence,2005)。现实的情况也正是如此,与研发外包问题相关的文献其结论对企业研发外包这一主题而言大都是引申性的,并且企业研发外包的理论基础本身仍缺乏正式的规范化(模型化)论证(Lai等,2006)。为此,企业研发外包理论与实证研究的进一步发展是必需的。

为了充分发掘现实中研发外包所隐含的论证主题,未来的研究不仅体现在对本书所讨论的问题的进一步深化上,还在很大程度上体现在针对研发外包的总体研究方向的把握上。对于前者,尽管我们在多个章节的结尾部分已给出了一些研究展望,但在此仍需做一定的说明:以合同设计为例,如何通

---

① 尽管本书也突出了组织经济学的不同理论分支,但在更多的意义上是依托不完全合同与产权的企业理论来展开对全书的论述的。

过支付合同的设计来治理代理方将新的研发路径（若存在）披露给第三方的行为，如何通过显性合同与关系合同的互动来治理既有的机制所不能很好解决的代理方的道德风险问题，都将成为亟须研究的课题。而对于后者，我们将聚焦于方法论上的研究方向以及具体问题上的研究方向。[①]

9.2.2　方法论上的研究方向

第一，在明确研发外包成本特征的情况下，研发外包的理论基础本身可以依托组织经济学理论做更深入的规范性论证。其中，为了准确把握研发外包中的论证内容，规范性的论证可以更多地遵循雇主—雇员关系中的论证结构。[②] 这是因为，研发外包中所涉及的委托—代理关系与企业内部的雇主—雇员关系存在很多的相通性。正如Gambardella 和 Panico（2006）所强调的，员工创意的开发是在企业内部进行还是通过新创企业进行的情况显然等同于生物技术公司的创意是通过同大企业（制药企业）联盟来进行还是通过独立开发来进行的情况。在此背景下，很多有关雇主—雇员的论证结构可以为企业研发外包的分析提供重要的借鉴意义，[③] 而这也将促进有关研发外包的理论分析朝着更深层次的方向发展。

值得注意的是，在上述意义上针对研发外包的规范性论证中，诸如企业内部员工的多任务执行以及企业的应对策略等论证内容无疑有着很强的启示

[①] 当然，这类总体意义上的研究方向与本书所讨论的不同问题下的研究方向会存在着一定程度的重叠。

[②] 事实上，雇主—雇员的讨论背景与研发外包的讨论背景（如在研发外包意义上企业为代理方提供公司风险资本）在一些文献中是不做区分的；Anand 和 Galetovic（2000）以及 Anand 等（2004）就把企业内部融资的研发项目等同于企业为之提供公司风险资本的研发项目，而我们在书中有关研发外包的部分论证也已自然而然地遵循了有关雇主—雇员的论证结构（如第8章所讨论的非竞争性条款和商业秘密法的适用背景）。然而，为了充分发掘其对研发外包的启示意义，我们仍有必要在此单独强调雇主—雇员背景下的论证结构。

[③] 当然，正如 Bhattacharya 和 Guriev（2004）所特别强调的，由于两者之间的相似性，有关企业研发外包的分析也可以为有关雇主—雇员的论证提供借鉴意义。

意义：由于在位企业通常只关注旨在充分利用的（Exploiting）核心业务（或者契合企业现有互补性资产的业务），而往往忽视了旨在探索的（Exploring）有着获利前景的边缘业务（Christensen，1997；Cassiman 和 Ueda，2006），① 因此由员工基于探索所形成的新创意就可能被企业搁置（员工也可能得到较低的偿付）。在这种情况下，员工就可能选择离开原企业而建立新创企业（Cassiman 和 Ueda，2006；Hellmann，2007b），② 而如果在特定条件下企业想激发（拥有）此类创意（及其产生创意的高能激励），那么企业或者可以设计对员工关于探索和利用的最优（长期性）偿付方案（Manso，2007）③，或者可以接受员工创意以形成双方合作意义上的内部企业（Internal Ventures）与剥离企业（Spin-offs）（Anton 和 Yao，1995；Subramanian，2005；Hellmann，2007b）。在此基础上，有关企业研发外包的规范性论证在很大程度

---

① March（1991）首先强调了企业内部利用（Exploitation）和探索（Exploration）的权衡。一般而言，利用聚焦于企业内的核心业务，而探索聚焦于新业务机会的产生。在此基础上，有关利用和探索还有很多延伸性的理解，如利用主要关注企业的生产和市场化而探索主要关注企业内的研发，或者利用主要关注企业内的累积性创新而探索主要关注企业内的突破性创新等。既有的文献往往强调这对概念在以下两方面的应用：企业决策和产业动态。在企业内部相关决策的论证上，为了便于理论上的操作，有关利用和探索的论证往往借助了 Holmstrom 和 Milgrom（1991）意义上的多任务委托代理模型以便据此衍生出诸如员工离职以及企业的应对措施等重要的现实议题；在产业动态的论证上，相关文献往往依据由利用和探索所构成的学习周期模型来阐述产业内的动态演变与产业内的网络联系。对此，Nooteboom（1999）以及 Gilsing 和 Nooteboom（2006）等都给出了富有启发性的讨论。

② 鉴于 Myers（1977）将企业视为现有资产与增长机会的集合，Zingales（2000）就此进一步认为，对作为企业增长机会的新创意的执行实际上是在实行一种期权。然而，不同于一般的金融期权（金融期权的所有者和未来收益都有明确的合同性规定），上述期权的实行并没有明确的所有者归属，并且其未来的收益状况也内生地决定于期权实行的方式。在这种情况下，企业员工就可以拥有此类期权并选择以新创企业的方式来实行该期权（尽管这可能违反商业秘密法和非竞争性条款的相关规定）。不仅如此，Zingales（2000）针对员工建立新创企业的情况还给出了更为深层次的原因：由于企业内部各利益集团的收益是由谈判内生地决定的，而那些试图实行作为企业增长机会的期权的利益集团因得不到相应的权力配置，从而据此（弱）权力谈判得来的收益也就不足以支付该期权的"执行价格"，因此由企业内部利用这些增长机会显然是不可行的。在这种情况下，上述作为增长机会的期权也就很有可能以新创企业的方式来获得实行。

③ Hellmann（2007c）认为，由偿付方案所构成的自上而下的企业策略总是能够影响员工自下而上的创新过程：当员工的创意具有累积性创新的性质从而对企业的核心业务具有促进作用时，企业可以利用偿付策略来激励员工的此类创意；而当员工的创意具有突破性创新的性质从而对企业的核心业务具有破坏作用时，企业也可以利用偿付策略来抑制此类创意。

第9章 结论与进一步的研究

上就可以遵循上述论证结构：由于代理方同样可以在承包研发业务的同时进行其他意义上的创意投资，因而在代理方的努力水平不可监督的情况下以及在非竞争性条款和商业秘密法通常不可执行的情况下，委托方如何激发代理方对研发业务的专用性投资水平以及如何应对代理方的新创意（代理方可能利用此创意建立新创企业或者将创意售于其他委托方）。上述有关雇主—雇员的论证结构显然能够为研发外包的此类论证提供理论操作上的便利。①

第二，本书更多的是从委托方的视角进行论证的，而由于拥有私人信息的代理方的创意披露问题已成为既有文献所讨论的焦点（如 Anton 和 Yao (1994，2002，2004，2008)，Martimort 等（2005）以及 Baccara 和 Razin (2006) 等），故将这部分的研究主题纳入研发外包的背景之下无疑会在创新经济学领域形成新的学术增长点。这是因为，在研发外包的背景下通过引入代理方所构成的研究内容更多地将信息经济学、产业经济学以及组织经济学包容在创新经济学之中。② 事实上，在委托方视角的基础上更多地引入代理方视角下的内容可以在很大程度上更好地解决研发外包过程中所包含的各种理论问题（这实际上已将研究的视角拓展到了双组织层面上），比如，通过对新创企业（代理方）的激励问题的考察就可以更好地为公司风险资本的成功实施提供解释。因此，进一步的研究方向就在于：一方面，在方法论上，将信息的非对称性与合同的不完全性更多地结合起来（毕竟在不完全合同的背景下，双方的再谈判在很多情况下并不能被阻止，从而在此意义上信息不对称下的机制设计与合同不完全下的机制设计也就存在着区别（具体可参见第5章）；另一方面，在研究视角上，通过引入代理方并将代理方视角下的对

---

① 这类在研发外包背景下规范意义上的论证由于需要同时权衡多个层面上的决策变量，因而也就大大超越了第5章中针对项目交叉资助问题所进行的单纯合同设计的论证内容。
② 由于研发外包在现实中更多地表现为保持距离型的关系，因而创新经济学的逻辑主题就直接体现在合同经济学与知识产权经济学上。

各类问题的考察纳入到研发外包的背景之下,进而为研发外包中各类问题提供更多的解决途径。

9.2.3 具体问题上的研究方向

第一,微观层面上研发外包的内部机制设计问题仍需要做更深入的探讨。比如,在组织形式的选择上,一个委托方和多个代理方之间的组织设计(如 Goldfain (2006)),多个委托方与一个代理方之间的组织设计(如 Billette de Villemeur 和 Versaevel (2003)),多个委托方和多个代理方之间的组织设计(如 Hart 和 Holmstrom (2002)),一个委托方与一个代理方之间更广泛的组织设计(如 Baker 等(2004))以及企业的双重外包(Bi - sourcing)问题①都值得融入研发外包的背景之下作进一步的讨论。特别地,尽管 Aghion 和 Tirole (1994) 论证了在只有企业和外部研发单位两方进行双边谈判时(这显然会引发与专用性投资相关的小数目谈判问题),企业在上游研发单位的股权参与并不会对两方的净收益产生影响从而也不会影响研发单位的事前专用性投资激励(无关性论断),但是当存在其他潜在的下游企业加入与研发单位的谈判过程从而促使研发单位可能做出相对非专用的投资时(Baker 等(2002)也强调了这类道德风险行为),企业对上游研发单位的股权参与就可以使得上游研发单位做出更多的以及更具效率性的专用性投资(Dasgupta 和

---

① 双重外包是指针对一项投入品的生产,外包与内部生产同时并存的生产组织形式(Du 等,2005、2006)。

Tao，2000）。① 在这种情况下，如果我们将非专用性投资（通用性投资）理解为（上游研发单位对企业的）信息泄露的一种潜在形式时，② 那么探讨结合局部所有权所进行的合同设计③以解决单纯依靠保持距离型的合同所不能解决的信息泄露问题也就成为一项重要的研究内容。

第二，在"从全球生产网络（GPN）转向全球创新网络（GIN）"（Ernst，2006）的背景下，开放式经济中的研发外包问题显然更值得做进一步的研究。④ 这是因为，既有的关于开放式经济下外包的文献大都是论证跨国公司生产外包（包括 FDI 中跨国公司内部的最优组织）的决策行为的，并没有着力论证开放式经济下的研发外包问题，或者即使论证，也只是站在母国的立场上沿用 Vernon（1966）的产品生产周期理论（在发达国家已完成的创新向发展中国家转移），未涉及东道国的自主创新能力问题。由此，进一步的研究内容就体现在：一方面，依托现有的关于生产外包的文献并结合研

---

① 尽管我们在第3章的讨论中引入了作为第三方的私人风险资本家，但实际上私人风险资本家通常并不参加企业的谈判过程（Aghion 和 Tirole，1994），更重要的是，其作为第三方的身份出现并不影响研发单位是否进行专用性投资的决策，因而这种情况仍局限于企业与研发单位的双边谈判——企业对研发单位的任何股权参与都是无关的，仅此而言研发单位的专用性投资水平不会受到影响，此时企业提高研发单位的专用性投资水平的机理在于通过提供公司风险资本来降低私人风险资本在研发单位事前可合同化的股权份额进而增加研发单位的投资激励，这显然不同于 Dasgupta 和 Tao（2000）意义上的在潜在的下游企业与研发单位进行谈判的情况下企业的股权参与所引发更多专用性投资的形成机理。

② 如第2章所述，上游研发单位在同企业合作的过程中，完全有可能利用企业的资助来开发其他形式的新创意（非专用性投资），而当研发单位将该意义上的创新成果售于其他下游企业或通过离开原企业成为新创企业（Spin-out）时（如 Intel 公司的创始人离开仙童半导体公司后建立 Intel，而在一份调查中，有71%的增长较快的小企业，其创立者的创意都是在原企业形成的（Bhide，2000）），研发单位对企业信息泄露的情况也就出现了（这其实违反了商业秘密法和非竞争性条款的相关规定）。

③ 这在组织形式上可视作战略联盟与研发合资的一种折中，而这类存在股权参与的组织形式在 Dasgupta 和 Tao（2000）所强调的日本汽车工业中以及 Robinson 和 Stuart（2004）所讨论的更广义的战略联盟中都多有存在。

④ Spence（2005）就认为，将跨国的贸易与组织形式的选择相结合无论对理论研究还是对实证研究来说，都将代表着一项重要的研究新领域。

发外包的成本特征,考察全球化背景下跨国公司的研发外包决策;①② 另一方面,鉴于发展中国家(尤其是中国)越来越成为发达国家中的企业进行研发外包的选择场所,③ 探讨研发外包背景下发展中国家的自主创新能力以及探讨自主创新能力为发展中国家带来的福利效应就成为一项极具现实意义的研究任务。对此,Gick(2006)、路风(2006)以及 Puga 和 Trefler(2005,2007)都给出了有益的启示。④

第三,在外部研发单位存在财富约束的条件下,考察企业与私人风险资本家对外部研发单位的最优资助(结构)问题也将成为有关研发外包研究的一项重要内容。事实上,研发单位(新创企业)的财富约束在研发外包的背景下已成为一个广泛的假设。尽管此类假设及其所引发的最优资助(结构)等问题一直贯穿于我们针对成本治理机制的讨论之中,但对上述问题做出更

---

① Ernst(2006)就认为,我们对将创新外包到亚洲国家这一现象的驱动与限制因素,对这一现象所产生的影响以及如何对此做出有效的制度回应仍知之甚少。

② 比如,我们完全可以借鉴 Marin 和 Verdier(2007)有关授权理论的方法论基础将跨国公司的内部组织问题转化为跨国公司与东道国代理方的最优组织问题(有关组织间的外包行为问题)以及将跨国公司内部代理方有关收集信息的最优激励问题转化为东道国代理方有关研发的最优激励问题。

③ 在联合国就贸易与发展的一份调查报告中,61.8%的跨国企业都将中国视为进一步研发投资的首选地点(UNCTAD,2005)。最近的全球外包报告(Minevich 和 Richter,2005)也认为,对于(IT 等)研发外包的选地,在未来的 5~10 年内,最具吸引力的国家是中国,而且中国政府也一直在强调要承揽高端的离岸外包(研发外包)。

④ Puga 和 Trefler(2005,2007)认为,由于中国较之于亚洲其他国家(如泰国、马来西亚等国)在以下三个方面——代理方与委托方合作的有效程度,代理方的专业训练水平以及代理方企业的工资水平与国家的市场规模——具有更多的优势,因而中国也就表现出较强的自主创新能力(表现在累积性创新的替代程度上),而由此所产生的均衡效应是,代理方企业不仅可以更多地参与到创新过程中,获得较高的工资水平,更重要的还可以承揽更多的研发外包合同(吸引更多的跨国企业);路风(2006)则依托中国的现实案例在自主创新模式(主要通过自主产品创新)与传统技术引进模式比较的基础上高度肯定了自主创新模式对提高国家技术能力等方面的重要意义。在他看来,只有自主创新能力的提高(而不是包括要素禀赋在内的任何外生因素)才可以带来企业能力和工业能力的升级,同样,也只有自主创新能力的提高才能使中国企业在整个创新的价值链中获取更多的租金;Gick(2006)从信息经济学的角度考察了发展中国家的中小企业在国际专利系统中的申请策略。由于发展中国家的中小企业一般缺少资金或相应的互补性资产等支持因素,它们往往在国际专利系统中申请专利以寻求跨国企业的合作。在此过程中,申请专利往往是一种显示自身创新能力的信号,作为一种分离均衡,那些有着较高创新能力的企业(表现为较低的创新成本)将会获得与跨国企业的合作机会,而那些有着较低创新能力的企业(表现为较高的创新成本)将选择不进行专利申请。

为系统的讨论无疑是必要的。而鉴于"要阐明针对研发活动的不同组织和资助结构需要对那些主导创新经济学和创新金融学的基本机制做出深刻理解"（Fulghieri 和 Sevilir，2003），我们有必要进一步地依托不完全合同和公司金融的相关理论并结合创新的关联特征来深化对这类问题的讨论。

第四，尽管我们在讨论研发外包的最优组织形式时涉及了相关方两阶段研发合作的问题，但对整体意义上的成本治理机制而言，我们更多地强调的仍是一次性博弈的问题，而由于针对研发外包中道德风险相关方的重复博弈及其声誉机制显然也是一种治理手段（Lerner 和 Merges，1998；Robinson 和 Stuart，2004；等等），因此未来的研究仍有必要更多地关注这类机制（尽管这类机制可能并非主要的协调机制）。当然，对这类隐性机制问题的考察可以与对显性机制的考察同时进行（具体见上文）。

9.2.4 总结：两种研究方向合而为一

可以套用马歇尔（转引自 Arora 等，2001）关于论证研发外溢机制的话，企业研发外包的秘密仍"存在于空气中"。在这种情况下，如何进一步将研发外包的"黑匣子"纳入研究视野进而超越对研发外包问题研究的"前范式"阶段，[1] 如何结合现实中的案例（如新科 DVD 在产品改进过程中如何有效利用外部技术的案例以及我国目前大飞机研制过程中所可能涉及的针对发动机、材料和电子设备等组件的研发外包案例等），[2] 理论与实证分析结论以及知识创造与转移机制中的创新关联特征，进一步将企业研发外包的最优组织选择问题、研发外包背景下的机制设计问题以及研发外包理论问题的未来

---

[1] Chesbrough（2003）以及 Chesbrough（2006）将企业的"封闭式创新"模式向"开放式创新"模式的转变称作"范式"的转变。在此我们也可将关于研发外包广为接受的理论模式形成之前的理论视角差异现象称作研发外包理论研究的"前范式"阶段。

[2] 有关在自主创新的前提下中国企业如何有效吸纳外部技术（研发外包）的典型案例，路风（2006）无疑给出了极为出色的讨论。

可能发展方向整合到不完全合同经济学和组织经济学的分析框架中并依照此框架为公共政策（如知识产权保护形式及其强度）以及企业内部知识产权保护策略的制定与实施提供切实可行的理论指引和政策描述（这其中，严格的理论和实证分析无疑是最重要的，毕竟，"严格的分析是政策描述的脊梁"（转引自杰夫和勒纳，2007）），就成为一项极富理论和现实意义的研究课题。

参考文献

[1] Acemoglu D., P. Antras and E. Helpman, "Contracts and Technology Adoption", American Economic Review, 2007, 97 (3): 916 – 943.

[2] Aghion P. and P. Bolton, "An Incomplete Contracts Approach to Financial Contracting", Review of Economic Studies, 1992, 59 (3): 473 – 494.

[3] Aghion P. and J. Tirole, "The Management of Innovation", Quarterly Journal of Economics, 1994, 109 (4): 1185 – 1209.

[4] Aghion P. and J. Tirole, "Formal and Real Authority in Organizations", Journal of Political Economy, 1997, 105 (1): 1 – 29.

[5] Ambec S. and M. Poitevin, "Organizaitonal Design of R&D Activities", Working Paper, CSEF Università di Salerno, 2001.

[6] Amit, Rafael and Zott, et al., "Value Creation in e – Business", Strategic Management Journal, 2001 (22): 493 – 520.

[7] Anand B. and Galetovic A., "Weak Property Rights and Holdup in R&D", Journal of Economics and Management Strategy, 2000, 9 (4): 615 – 642.

[8] Anand B., Galetovic A. and A. Stein, "Incentives Versus Synergies in Markets for Talent", Working Paper, Harvard Business School, 2004.

[9] Anton J. J. and D. A. Yao, "Expropriation and Inventions: Appropriable Rents in the Absence of Property Rights", American Economic Review, 1994,

84 (1): 190-209.

[10] Anton J. J. and D. A. Yao, "Start-ups, Spin-offs and Internal Projects", Journal of Law, Economics and Organization, 1995, 11 (2): 362-378.

[11] Anton J. J. and D. A. Yao, "The Sale of Ideas: Strategic Disclosure, Property Rights and Contracting", Review of Economic Studies, 2002, 69 (3): 513-531.

[12] Anton J. J. and D. A. Yao, "Little Patents and Big Secrets: Managing Intellectual Property", Rand Journal of Economics, 2004, 35 (1): 1-22.

[13] Anton J. J. and D. A. Yao, "Attracting Skeptical Buyers: Negotiating for Intellectual Property Rights", International Economic Review, 2008, 49 (1): 319-348.

[14] Antras, Pol and Elhanan Helpman, "Global Sourcing", Journal of Political Economy, 2004, 112 (3): 552-580.

[15] Antras P., "Incomplete Contracts and the Product Cycle", American Economic Review, 2005, 95 (4): 1054-1073.

[16] Arora A., "Licensing Tacit Knowledge: Intellectual Property Rights and the Market for Know-how", Economic Innovation and New Technology, 1995 (4): 41-59.

[17] Arora A. and M. Ceccagnoli, "Patent Protection, Complementary Assets, and Firms' Incentives for Technology Licensing", Management Science, 2006, 52 (2): 293-308.

[18] Arora A., Arunachalam V. S., Asundi J., et al., "The Indian Software Service Industry", Heinz School Working Paper, No. 99-19, 1999.

[19] Arora A. and A. Fosfuri, "Licensing the Market for Technology", Journal of Economic Behavior & Organization, 2003, 52 (2): 277-295.

[20] Arora A., A. Fosfuri and A. Gambardella, "Markets for Technology: the Economics of Innovation and Corporate Strategy", Cambridge, Massachusetts: MIT Press, 2001.

[21] Arora A. and Robert P. Merges, "Intellectual Property Rights, Firm Boundaries and R&D Inputs", Heinz School Working Paper, Carnegie Mellon University, 2000.

[22] Arora A. and Robert P. Merges, "Specialized supply firms, property rights and firm boundaries", Industrial and Corporate Change, 2004, 13 (3): 451 - 475.

[23] Arrow K. J., "Economic welfare and the allocation of resources for invention", In The Rate and Direction of Inventive Activity, Edited by Richard R. Nelson, Princeton: Princeton University Press, 1962.

[24] Arrow K. J., "The Limits of Organization", New York: W. W. Norton, 1974.

[25] Arrow K. J., "Innovation in Large and Small Firms", In Entrepreneurship, Edited by J. Ronen, Lexington, Mass: Lexington Books, 1982.

[26] Audertsch D. B. and M. P. Feldman, "Small - Firm Strategic Research Partnerships: The Case of Biotechnology", Technology Analysis & Strategic Management, 2003, 15 (2): 273 -288.

[27] Azoulay P., "Capturing Knowledge within and across Firm Boundaries: Evidence from Clinical Development", American Economic Review, 2004, 94 (4): 1591 -1612.

[28] Baccara and Mariagiovanna, "Outsourcing, Information Leakage and Consulting Firms", Rand Journal of Economics, 2007, 38 (1): 269 -289.

[29] Baccara, Mariagiovanna and Ronny Razin, "Curb your Innovation: On

the Relationship Between Innovation and Governance Structure", Working Paper, New York University, 2006.

[30] Baker G., R. Gibbons and K. J. Murphy, "Relational Contracts and the Theory of the Firm", Quarterly Journal of Economics, 2002, 117 (1): 39 – 83.

[31] Baker G., R. Gibbons and K. J. Murphy, "Strategic Alliances: Bridges Between 'Islands of Conscious Power'", Working Paper, Harvard Business School, 2004.

[32] Banal – Estanol A. and I. Macho – Stadler, "Scientific and Commercial Incentives in R&D: Research versus Development?", Journal of Economics and Management Strategy, 2010, 19 (1): 185 – 221.

[33] Banal – Estanol A., I. Macho – Stadler and D. Perez – Castrillo, "Research Output from University – Industry Collaborative Projects", Barcelona GSE Working Paper, No. 539, 2011.

[34] Bessen J., "Holdup and Licensing of Cumulative Innovations with Private Information", Economics Letters, 2004 (82): 321 – 326.

[35] Bessen J. and E. Maskin, "Sequential Innovations, Patents, and Imitation", Forthcoming in Rand Journal of Economics, 2008.

[36] Bhattacharya, Sudipto and Sergei Guriev, "Knowledge Disclosure, Patents and Optimal Organization of Research and Development", CEPR Discussion Paper, No. 4513, 2004.

[37] Bhattacharya, Sudipto and Sergei Guriev, "Patents vs. Trade Secrets: Knowledge Licensing and Spillover", Journal of the European Economic Association, 2006, 4 (6): 1112 – 1147.

[38] Bhattacharya, Sudipto and Sergei Guriev, "Coalitions, Contracts and Control Rights: Knowledge Licensing and Corporate Venturing", Working Paper,

London School of Economics, 2007.

[39] Bhide and Amar V., "The Origin and Evolution of New Business", New York: Oxford University Press, 2000.

[40] Biais, Bruno and Enrico Perotti, "Entrepreneurs and New Ideas", CEPR Discussion Paper, No. 3864, 2004.

[41] Billette de Villemeur E. and Bruno Versaevel, "Conflict and Cooperation on R&D Markets", Working Paper, Universite de Toulouse, 2003.

[42] Birch and Steve, "R&D Outsourcing Strategies", http://www.pharmafile.com/pharmfocus/cda/focusH/1, 2109, 22 - 0 - 0 - JUL_ 2003 - focus_ feature_ detail - 0 - 75985, 00. html.

[43] Branscomb L. M. and P. E. Auerswald, "Between Invention and Innovation: An Analysis of the Funding for Early Stage Technology Development", Report to the Advanced Technology Program, NIST, US Department of Commerce, 2003 - 03 - 06.

[44] Cassiman, Bruno and Masako Ueda, "Optimal Project Rejection and New Firm Start - Ups", Management Science, 2006, 52 (2): 262 - 275.

[45] Chan S., Kensinger J., Keown A., et al., "Do Strategic Alliances Create Value?", Journal of Financial Economics, 1997, 46 (2): 199 - 221.

[46] Chesbrough H., "Designing Corporate Ventures in the Shadow of Private Venture Capital", California Management Review, 2000, 42 (3): 31 - 49.

[47] Chesbrough H., "Making Sense of Corporate Venture Capital", Harvard Business Review, 2002, 80 (3): 90 - 99.

[48] Chesbrough H., "Open Innovation: The New Imperative For Creating and Profiting From Technology", Boston: Harvard Business School Press, 2003.

[49] Chesbrough H., "Open Innovation: A New Paradigm for Understanding

Industrial Innovation", In Open Innovation: Researching a New Paradigm, Edited by H. Chesbrough, W. Vanhaverbeke and J. West, New York: Oxford University Press, 2006.

[50] Christensen and Clayton M., "The Innovator's Dilemma: When New Technologies Cause Great Firms to Fail", Boston: Harvard Business School Press, 1997.

[51] Coase and Ronald, "The nature of the firm", Economica, 1937 (4): 386-405.

[52] Cohen W. and Levinthal D., "Innovation and learning: The two faces of R&D", Economic Journal, 1989 (99): 569-596.

[53] Cohen W., R. Nelson and J. P. Walsh, "Protecting Their Intellectual Assets: Appropriability Conditions and Why US Manufacturing Firms Patent (Or Not)", NBER Working Paper, No. 7552, 2000.

[54] Comino S., Nicolo S. and Tedeschi A., "Termination clauses in partnerships", European Economic Review, 2010, 54 (5): 718-732.

[55] Dasgupta S. and Zhigang Tao, "Bargaining, Bonding and Partial Ownership", International Economic Review, 2000, 41 (3): 609-635.

[56] Dearden J., B. W. Ickes and L. Samuelson, "To Innovate or Not To Innovate: Incentives and Innovation in Hierarchies", American Economic Review, 1990, 80 (5): 1105-1124.

[57] Denicolo V., "Do Patents Over-compensate Innovators?", Economic Policy, 2007 (October): 680-729.

[58] Denicolo V. and L. A. Franzoni, "Innovation, Duplication and the Contract Theory of Pantents", Paper Prepared for the Book The Economics of Innovation: Incentives, Cooperation and R&D Policy, R. Cellini and L. Lambertini

(eds.), Elsevier, 2006.

[59] Dewatripont M. and Maskin E., "Credit and Efficiency in Centralized and Decentralized Economics", Review of Economic Studies, 1995, 62 (4): 541 – 555.

[60] Du Julan, Yi Lu and Zhigang Tao, "Bi – Sourcing in the Global Economy", Working Paper, The University of Hong Kong, 2005.

[61] Du Julan, Yi Lu and Zhigang Tao, "Why Do Firms Conduct Bi – sourcing?", Economics Letters, 2006, 92 (2): 245 – 249.

[62] Elfenbein, Deniel and Josh Lerner, "Ownership and Control Rights in Internet Portal Alliances, 1995 – 1999", Rand Journal of Economics, 2003, 34 (2): 356 – 369.

[63] Engardio P. and B. Einhorn, "Outsourcing Innovation", Business Week, 2005, March 21.

[64] Ernst Dieter, "Innovation Offshoring: Asia's Emerging Role in Global Innovation Networks", East – West Center Special Reports, 2006, July (10).

[65] Ernst Holger, "Patent Applications and Subsequent Changes of Performance: Evidence from Time – series Cross – section Analyses on the Firm Level", Research Policy, 2001, 30 (1), 143 – 157.

[66] Farrell J. and Weiser P. J., "Modularity, Vertical Integration and Open Access Policies: Towards a Convergence of Antitrust and Regulaiton in the Internet Age", Harvard Journal of Law and Technology, Fall 2004, 13 (1): 85 – 134.

[67] Featherstone J. and Renfrey S., "Licensing Gambles: Raising the Stakes", Nature Reviews: Drug Discovery, 2004 (3): 107 – 108.

[68] Fosfuri A., "The Licensing Dilemma: Understanding the Determinants of the Rate of Technology Licensing", Strategic Management Journal, 2006, 27

(12): 1141 – 1158.

[69] Foster R. and S. Kaplan, "Creative Destruction: Why Companies That Are Built to Last Underperform the Market—and How to Successfully Transform Them", New York: Currency Books, 2001.

[70] Fulghieri P. and M. Sevilir, "The Ownership and Financing of Innovation in R&D Races", Workong Paper, University of North Carolina, 2003.

[71] Gallini Nancy T., "The Economics of Patents: Lessons from Recent U. S. Patent Reform", Journal of Economic Perspectives, 2002, 16 (2): 131 – 154.

[72] Gambardella A. and C. Panico, "Optimal Contracts for Employees' Ideas", Working Paper, Bocconi University, 2006.

[73] Gambardella A. and M. S. Giarratana, "Innovations for Products, Innovations for Licensing: Patents and Downstream Assets in the Software Security Industry", Working Paper, Bocconi University, 2007.

[74] Gans J. and S. Stern, "Incumbency and R&D Incentives: Licensing the Gale of Creative Destruction", Journal of Economic and Management Strategy, 2000, 9 (4): 485 – 511.

[75] Gans J., D. Hsu and S. Stern, "When does Start – up Innovation Spur the Gale of Creative Destruction?", Rand Journal of Economics, 2002, 33 (4): 571 – 586.

[76] Gans J. and S. Stern, "The Product Market and the Market for 'Ideas': Commercialization Strategies for Technology Entrepreneurs", Research Policy, 2003, 32 (2): 333 – 350.

[77] Gattai V., "From the Theory of the Firm to FDI and Internalization: A Survey", FEEM Working Paper, 2005.

[78] Gick and Wolfgang, "Little Firms and Big Patents: International Patent

Filing Incentives and Competition for Technology Partners", Working Paper, Harvard University, 2006.

[79] Gilsing V. and B. Nooteboom, "Exploration and Exploitation in Innovation Systems: The Case of Pharmaceutical Biotechnology", Research Policy, 2006, 35 (1): 1 – 23.

[80] Gilson and Ronald J., "The Legal Infrastructure of High Technology Industrial Districts: Silicon Valley, Route 128 and Covenants Not to Compete", New York University Law Review, 1999, 74 (3): 575 – 629.

[81] Goldfain K., "Organizaiton of R&D With Two Agents and Principal", Working Paper, University of Bonn, 2006.

[82] Gomes – Casseres B., Hagedoom, J. and Jaffe A. B., "Do alliances Promote Knowledge Flows?", Journal of Financial Economics, 2006, 80 (1): 5 – 33.

[83] Gompers P. and Lerner J., "The Determinants of Corporate Venture Capital Success: Organisational Structure, Incentives, and Complementarities", NBER Working Paper, No. 6725, 1998.

[84] Green, Jerry and Suzanne Scotchmer, "On the Division of Profit between Sequential Innovators", Rand Journal of Economics, 1995, 26 (1): 20 – 33.

[85] Grossman S. and O. Hart, "The Costs and the Benefits of Ownership: A Theory of Vertical and Lateral Integration", Journal of Political Economy, 1986, 94 (4): 691 – 719.

[86] Grossman, Gene M. and Elhanan Helpman, "Integration Versus Outsourcing in Industry Equilibrium", Quarterly Journal of Economics, 2002, 117 (1): 85 – 120.

[87] Grossman, Gene M. and Elhanan Helpman, "Managerial Incentives

and International Organzation of Production", Journal of International Economics, 2004, 63 (2): 237 – 262.

[88] Grossman, Gene M. and Elhanan Helpman, "Outsourcing in a Global Economy", Review of Economic Studies, 2005, 72 (1): 135 – 160.

[89] Guedj I., "Ownership vs. Contract: How Vertical Integration Affects Investment Decisions in Pharmaceutical R&D", Working Paper, The University of Texas, 2006.

[90] Guedj I. and Scharfstein D., "Organizational Scope and Investment: Evidence from the Drug Development Strategies of Biopharmaceutical Firms", NBER Working Paper, No. 10933, 2004.

[91] Hart O., "Firm, Contracts and Financial Structure", New York: Oxford University Press, 1995.

[92] Hart O. and B. Holmstrom, "A Theory of Firm Scope", MIT Department of Economics Working Paper, No. 02 – 42, 2002.

[93] Hart O. and Moore J., "Property Rights and the Nature of the Firm", Journal of Political Economy, 1990, 98 (6): 1119 – 1158.

[94] Hart O. and Moore J., "Foundations of Incomplete Contracts", Review of Economic Studies, 1999, 66 (1): 115 – 138.

[95] Hayek F., "The Use of Knowledge in Society", American Economic Review, 1945, XXXV (4): 519 – 530.

[96] Heller M. A. and R. S. Eisenberg, "Can Patents Deter Innovation? The Anticommons in Biomedical Research", Science, 1998 (280): 698 – 701.

[97] Hellmann T., " A Theory of Strategic Venture Investing", Journal of Financial Econoimcs, 2002, 64 (2): 285 – 314.

[98] Hellmann T., "Entrepreneurship in the Theory of the Firm: the Process

of Obtaining Resources", Working Paper, University of British Columbia, 2005.

[99] Hellmann T., "Entrepreneurs and the Process of Obtaining Resources", Journal of Economics & Management Strategy, 2007a, 16 (1): 81-109.

[100] Hellmann T., "When do Employees Become Entrepreneurs", Management Science, 2007b, 53 (6): 919-933.

[101] Hellmann T., "An Economic Theory of Innovation and Inertia Inside Firms", Working Paper, University of British Columbia, 2007c.

[102] Hellmann T., "The Role of Patents for Bridging the Science to Market Gap", Journal of Economic Behavior and Organization, 2007d, 63 (4): 624-657.

[103] Hellmann T. and Enrico Perotti, "The Circulation of Ideas in Firms and Markets", Working Paper, University of British Columbia, 2007.

[104] Higgins M. J., "The Allocation of Control Rights in Pharmaceutical Alliances", Journal of Corporate Finance, 2007, 13 (1): 58-75.

[105] Holmstrom B. and P. Milgrom, "Multitask Principal-Agent Analysis: Incentive Contracts, Asset Ownership and Job Design", Journal of Law, Economics and Organization, 1991 (7): 24-51.

[106] Holmstrom B. and P. Milgrom, "The Firm as an Incentive System", American Economic Review, 1994, 84 (4): 972-991.

[107] Holmstrom B. and J. Roberts, "The Boundaries of the Firm Revisited", Journal of Economic Perspectives, 1998, 12 (4): 73-94.

[108] Howells and Jeremy, "Research and technology outsourcing", Technology Analysis & Strategic Management, 1999, 11 (1): 17-29.

[109] Hurmelinna P. and K. Puumalainen, "The Dynamics of Appropriability Regimes", Paper presented at the DRUID, 10th Anniversary Summer Conference, 2005.

[110] Itoh H., "The Theories of International Outsourcing and Integration: A Theoretical Overview from the Perspective of Organizational Economics", JCER Working Paper, No. 96, 2006.

[111] Jaffe A. B. and J. Lerner, "Innovation and Its Discontents: How Our Broken Patent System is Endangering Innovation and Progress and What To Do About It", Princeton: Princeton University Press, 2004.

[112] Kaplan S. and P. Stormberg, "Financial Contracting Theory Meets the Real World: An Empirical Analysis of Venture Capital Contracts", Review of Economic Studies, 2003, 70 (2): 281 – 315.

[113] Klein, Benjamin, Robert G. Crawford and Armen A. Alchian, "Vertical Integration, Appropriate Rents and the Competitive Contracting Process", Journal of Law and Economics, 1978, 21 (2): 297 – 326.

[114] Kogut B. and U. Zander, "Knowledge of the Firm, Combinative Capabilities and the Replication of Technology", Organization Science, 1992, 3 (3): 383 – 397.

[115] Kultti K., T. Takalo and J. Toikka, "Simultaneous Model of Innovation, Secrecy and Patent Policy", American Economic Review Papers and Proceedings, 2006, 96 (2): 82 – 86.

[116] Lacetera N., "Different Missions and Commitment Power in R&D Organizations: Theory and Evidence on Industry – University Alliances", Organization Science, 2009, 20 (3): 565 – 582.

[117] Lai, Edwin L. – C., R. Riezman and P. Wang, "Outsoucing of Innovation", Working Paper, City University of Hong Kong, 2006.

[118] Langlois R., "The Vanishing Hand: the Changing Dynamics of Industrial capitalism", Industrial and Corporate Change, 2003, 12 (2): 351 – 385.

[119] Langlois R. and P. L. Robertson, "Networks and Innovation in a Modular System: Lessons from the Microcomputer and Stereo Component Industries", Research Policy, 1992, 21 (4): 297-313.

[120] Laursen K. and Salter A., "The Paradox of Openness of Knowledge for Innovation", Paper presented at the Academy of Management Conference, 2005, August (9).

[121] Lerner J., "150 Years of Patent Protection", American Economic Review Papers and Proceedings, 2002, 92 (2): 221-225.

[122] Lerner J., and Merges Robert P., "The Control of Technology Alliances: An Empirical Analysis of the Biotechnology Industry", Journal of Industrial Economics, 1998, 46 (2): 125-156.

[123] Lerner, Josh and Tsai, Alexander, "Do Equity Financing Cycles Matter? Evidence from Biotechnology Alliances", NBER Working Paper, No. 7464, 2000.

[124] Lerner, Josh, Shane, Hilary and Tsai, Alexander, "Do Equity Financing Cycles Matter? Evidence from Biotechnology Alliances", Journal of Financial Economics, 2003, 67 (3): 411-446.

[125] Lerner J. and U. Malmendier, "Contractibility and the Design of Research Agreements", Working Paper, Harvard Business School, 2004.

[126] Lerner J. and U. Malmendier, "Contractibility and the Design of Research Agreements", NBER Working Paper, No. 11292, 2005.

[127] Lerner J. and U. Malmendier, "Contractibility and the Design of Research Agreements", American Economic Review, 2010, 100 (1): 214-246.

[128] Lerner J. and R. Rajan, "NBER Conference on Corporate Alliances", Journal of Financial Economics, 2006, 80 (1): 1-3.

[129] Lewis T. R. and Dennis A. Yao, "Inovation, Knowledge Flow and Worker Mobility", Working Paper, Duke University, 2003.

[130] Liebeskind J. P., "Keeping Organizational Secrets: Protective Institutional Mechanisms and their Costs", Industrial and Corporate Change, 1997, 6 (3): 623 – 663.

[131] Linder J. C., Jarvenpaa S. and Davenprot T., "Towards an Innovation Sourcing Strategy", MIT Sloan Management Review, 2003, 44 (4): 43 – 49.

[132] Majewski S. and Williamson D., "Incomplete Contracting and the Structure of R&D Joint Venture Contracts", In Intellectual Property and Entrepreneurship, Vol. 15, Edited by G. Libecap, Elsevier, 2004.

[133] Manso G., "Motivating Innovation", Working Paper, MIT Sloan School of Management, 2007.

[134] March J., "Exploration and Exploitation in Organizational Learning", Organization Science, 1991, 2 (1): 71 – 87.

[135] Marin D. and Verdier T., "Power in the Multinational Corporation in Industry Equilibrium", Working Paper, University of Munich, 2007.

[136] Marin D. and Verdier T., "Power in the Multinational Corporation in Industry Equilibrium", Economic Theory, 2009, 38 (3): 437 – 464.

[137] Martimort D., Jean – Christophe Poudou and Wilfried Sand – Zantman, "Revelation, Implementation and Protection of Innovative Ideas", Working Paper, University of Toulouse and Institut Universitaire de France, 2005.

[138] Maskin E. and J. Tirole, "Unforeseen Contingencies and Incomplete Contracts", Review of Economic Studies, 1999, 66 (1): 83 – 114.

[139] Masulis R. and R. Nahata, "Strategic Investing: Evidence from Corporate Venture Capital", Working Paper, Vanderbilt University, 2007.

［140］Mathews R. D. and D. T. Robinson, "Market Structure, Internal Capital Markets, and the Boundaries of the Firm", Journal of Finance, 2008, 63 (6): 2703 –2736.

［141］McKelvey M., Orsenigo, L. and Pammolli F., "Pharmaceuticals Analyzed Through the Lens of a Sectoral Innovation System", In Sectoral Systems of Innovation: Concepts, Issues and Analyses of Six Major Sectors in Europe, Edited by Malerba F., Cambridge: Cambridge University Press, 2004.

［142］Merges R. P., "The Law and Economics of Employee Inventions", Harvard Journal of Law and Technology, 1999, 13 (1): 1 –55.

［143］Minevich M. and Richter F., "Global Outsoucing Report: 2005", Going Global Ventures Inc., 2005.

［144］Modica S., "Knowledge Transfer in R&D Outsourcing", Working Paper, Universita di Palermo, 2006.

［145］Motta M. and T. Roende, "Trade Secret Laws, Labor Mobility and Innovations", CEPR Discussion Paper, No. 3615, 2002.

［146］Myers and Stewart, "Determinants of Corporate Borrowing", Journal of Financial Economics, 1977, 5 (2): 147 –175.

［147］National Science Board, "Science and Engineering Indicators – 2000", Arlington, VA: National Science Foundation, 2000.

［148］Nelson R. and S. Winter, "An Evolutionary Theory of Economic Change," Cambridge, MA: The Belknap Press of Harvard University Press, 1982.

［149］Nooteboom B., "The Dynamic Efficiency of Networks", In Interfirm Networks: Organization and Industrial Competitiveness, Edited by Anna Grandori, London: Routledge, 1999.

［150］Novak S. and S. Stern, "How Does Outsourcing Affect Performance

Dynamics? Evidence from the Automobile Industry", Management Science, 2008, 54 (12): 1963 – 1979.

[151] Pack H. and K. Saggi, "Vertical Technology Transfer via International Outsourcing", Journal of Development Economics, 2001, 65 (2): 389 – 415.

[152] Penrose E. T., "The Theory of the Growth of the Firm", London: Blackwell, 1959.

[153] Pharmaceutical Research and Manufacturers of America, "Drug Discovery and Development: Understanding the R&D Process", www.innovation.org, 2007 (February).

[154] Pisano Gary P., "R&D Performance, Collaborative Arrangements and the Market for Know – how: A Test of the 'Lemons' Hypothesis in Biotechnology", Working Paper, Harvard Business School, No. 97 – 105, 1997.

[155] Polanyi M., "The tacit Dimension", London: Reutledge and Kegan Paul, 1966.

[156] Puga D. and Trefler D., "Knowledge Creation and Control in Organizations," NBER Working Paper, No. 9121, 2002.

[157] Puga D. and Trefler D., "Wake Up and Smell the Ginseng: The Rise of Incremental Innovation in Low – Wage Countries", NBER Working Paper, No. 11571, 2005.

[158] Puga D. and Trefler D., "Wake Up and Smell the Ginseng: International Trade and the Rise of Incremental Innovation in Low – Wage Countries", Centro Studi Luca d'Aglaino Development Studies Working Paper, No. 222, 2007.

[159] Qian, Yingyi and Chenggang Xu, "Innovation and Bureaucracy under Soft and Hard Budget Constraints", The Review of Economic Studies, 1998 (65): 151 – 164.

[160] R&D Magazine, 2000, November.

[161] R&D Magazine, 2001, January.

[162] Rajan, Raghuram and Luigi Zingales, "Power in a theory of the firm", Quarterly Journal of Economics, 1998, 113 (2): 387 – 432.

[163] Rajan, Raghuram and Luigi Zingales, "The Governance of the New Enterprise", In Corporate Governance, Edited by X. Vives, Cambridge: Cambridge University Press, 2000.

[164] Rajan, Raghuram and Luigi Zingales, "The Firm as a Dedicated Hierarchy: A Theory of the Origins and Growth of Firms", Quarterly Journal of Economics, 2001a, 116 (3): 805 – 851.

[165] Rajan, Raghuram and Luigi Zingales, "The Influence of the Financial Revolution on the Nature of Firms", American Economic Review, 2001b, 91 (2): 206 – 211.

[166] Robinson D. T., "Strategic Alliances and the Boundaries of the Firm," Review of Financial Studies, 2008, 21 (2): 649 – 681.

[167] Robinson D. T. and Stuart T. E., "Financial Contracting in Biotech Strategic Alliances", Working Paper, Duke University, 2004.

[168] Robinson, David T. and Toby E. Stuart, "Financial Contracting in Biotech Strategic Alliances", Journal of Law and Economics, 2007, 50 (3): 559 – 595.

[169] Roijakkers, Nadine and John Hagedoorn, "Inter – firm R&D Partnering in High Technology Industries – patterns in the International Biotechnology Industry Since 1975", In Alliance Capitalism and Corporate Management: Entrepreneurial Cooperation in Knowledge – based Economies, Edited by Dunning, J. and Boyd, G., Cheltenham: Edward Elgar, 2003.

[170] Roijakkers, Nadine, John Hagedoorn and Hans van Kranenburg, "Du-

al Market Structures and the Likelihood of Repeated Ties — Evidence form Pharmaceutical Biotechnology", Research Policy, 2005, 34 (2): 235 – 245.

[171] Rosenberg N., "Why do Firms do Basic Research (with Their Own Money)?", Research Policy, 1990, 19 (2): 165 – 174.

[172] Rosenkranz S. and Schmitz P., "Know – How Disclosure and Incomplete Contracts", Economics Letters, 1999, 63 (2): 181 – 185.

[173] Rosenkranz S. and Schmitz P., "Optimal Allocation of Ownership Rights in Dynamic R&D Alliances", Games and Economic Behavior, 2003, 43 (1): 153 – 173.

[174] Ryall M. D. and Sampson R. C., "Formal Contracts in the Presence of Relational Enforcement Mechanism", Management Science, 2009, 55 (6): 906 – 925.

[175] Schumpeter and Josehp A., "The Theory of Economic Development", Cambridge, Mass.: Harvard University Press, 1911 (1934).

[176] Schumpeter. Joseph A., "Business Cycles: A Theoretical Historical and Statistical Analysis of Capitalistic Process", New York: McGraw – Hill, 1939.

[177] Schumpeter. Joseph A., "Capitalism, Socialism and Democracy", London: George Allen & Unwin, 1942.

[178] Scotchmer S., "Standing on the Shoulders of Giants: Cumulative Research and the Patent Law", Journal of Economic Perspectives, 1991, 5 (1): 29 – 41.

[179] Somers and Jeffrey P., "Biotech Patent Licensing: Key Considerations in Deal Negotiations", Journal of Biolaw and Business, 2003, 6 (3): 11 – 18.

[180] Spence and Barbara J., "International Outsourcing and Incomplete Contracts", Canadian Journal of Economics, 2005, 38 (4): 1107 – 1135.

[181] Subramanian K., "Knowledge Generation and Transfer in Firms, Markets and Hybrids: Theory and Evidence", Working Paper, University of Chicago, 2004.

[182] Subramanian K., "Power in Human Capital Intensive Firms: A Theory and some Evidence", Working Paper, Emory University, 2005a.

[183] Subramanian K., "A Theory of Financing of Ideas: Access, Ownership, Independent Venture Capital, Strategic Venture Capital and Internal Capital Markets", Working Paper, University of Chicago, 2005b.

[184] Subramanian K., "A Theory of Financing of Ideas", Working Paper, Emory University, 2006.

[185] Subramanian N., "The Economics of Intrapreneurial Innovation", Journal of Economic Behavior & Organization, 2005, 58 (4): 487–510.

[186] Teece D. J., "Profiting form Technological Innovation: Implications for Integration, Collbaration, Licensing and Public Policy", Research Policy, 1986, 15 (6): 285–305.

[187] Teece D. J., "Managing Intellectual Capital: Organizational, Strategic and Policy Dimensions", New York: Oxford University Press, 2000.

[188] Teece D. J., "Technological Know–how, Property Rights, and Enterprise Boundaries: the Contribution of Arora and Merges", Industrial and Corporate Change, 2005, 14 (6): 1237–1240.

[189] The Economist, "Beyond the Behemoths", 1998, 346 (21 February), survey 16.

[190] Tirole J., "Incomplete Contracts: Where Do We Stand?", Econometrica, 1999, 67 (4): 741–781.

[191] UNCTAD, "World Investment Report: Transnational Corprorations and

the Internationalization of R&D", New York and Geneva: United Nations Conference on Trade and Development, 2005.

[192] Vanhaverbeke W., "The Inter-organizational Context of Open Innovation", In Open Innovation: Researching a New Paradigm, Edited by H. Chesbrough, W. Vanhaverbeke and J. West, New York: Oxford University Press, 2006.

[193] Vanhaverbeke W. and M. Cloodt, "Open innovation in value networks", In Open Innovation: Researching a New Paradigm, Edited by H. Chesbrough, W. Vanhaverbeke and J. West, New York: Oxford University Press, 2006.

[194] Vernon and Raymond, "Intenational Investment and International Trade in Product Cycle", Quaterly Journal of Economics, 1966, 80 (2): 190-207.

[195] West J., "Patterns of Open Innovation in Open Source Software", In Open Innovation: Researching a New Paradigm, chapter 5, Edited by H. Chesbrough, W. Vanhaverbeke and J. West, New York: Oxford University Press, 2006.

[196] West J., "Does Appropriability Enable or Retard Open Innovation?", In Open Innovation: Researching a New Paradigm, Chapter 6, Edited by H. Chesbrough, W. Vanhaverbeke and J. West, New York: Oxford University Press, 2006.

[197] West J., W. Vanhaverbeke and H. Chesbrough, "Open Innovation: A Research Agenda", In Open Innovation: Researching a New Paradigm, Edited by H. Chesbrough, W. Vanhaverbeke and J. West, New York: Oxford University Press, 2006.

[198] Williamson and Oliver E., "Markets and Hierarchies", New York: Free Press, 1975.

[199] Williamson and Oliver E., "Transaction Cost Economics: The Governance of Contractual Relations", Journal of Law and Economics, 1979, 22 (2):

233 – 261.

[200] Williamson and Oliver E., "Economic Institutions of Capitalism: Firms, Markets, Relational Contracting", New York: Free Press, 1985.

[201] Zingales L., "In Search of New Foundations", Journal of Finance, 2000, 55 (4): 1623 – 1653.

[202] Zucker, Lynne G. and Michael R. Darby, "Present at the Biotechnological Revolution: Transformation of Technological Identity for a Large Incumbent Pharmaceutical Firm", Research Policy, 1997, 26 (4): 429 – 446.

[203] Zucker, Lynne G., Michael R. Darby and Marilynn B. Brewer, "Intellectual Human Capital and the Birth of U. S. Biotechnology Enterprises", American Economic Review, 1998, 88 (1): 290 – 306.

[204] 威廉·鲍莫尔. 资本主义的增长奇迹——自由市场创新机器. 郭梅军等, 译. 北京: 中信出版社, 2004.

[205] 威廉·N. 布托斯, 托马斯·J. 麦克夸德. 心智、市场和制度: 哈耶克思想中的知识问题//秋风编译. 哈耶克与古典自由主义. 贵阳: 贵州人民出版社, 2003.

[206] 邓正来. 自由主义社会理论: 解读哈耶克《自由秩序原理》. 济南: 山东人民出版社, 2003.

[207] 思拉恩·埃格特森. 经济行为与制度. 吴经邦等, 译. 北京: 商务印书馆, 2004.

[208] 费方域, 李靖. 企业理论: 合同论视角的回溯. 系统工程理论方法应用, 2005, 14 (3): 280 – 287.

[209] 费方域, 李靖, 郑育家, 蒋士成等. 企业的研发外包: 一个综述. 经济学〈季刊〉, 2009, 8 (3): 1107 – 1162.

[210] 蒋士成, 费方域. 从事前效率到事后效率——不完全合同几类经

典模型比较. 经济研究, 2008, 145 - 156.

[211] 蒋士成, 李靖, 费方域. 不完全合同的理论基础, 工作论文, 2012.

[212] 李靖, 蒋士成, 费方域. 战略联盟与一体化: 多渠道研发外包背景下的组织比较. 研究与发展管理, 2012a, 24 (1): 26 - 34.

[213] 李靖, 蒋士成, 费方域. 不完全合同下企业研发外包的控制权配置研究——基于研发路径转移的视角. 科学学研究, 2012b, 30 (11): 1715 - 1722。

[214] 李靖, 蒋士成, 费方域. 学术价值 vs. 商业价值: 企业研发外包中的终止权配置研究. 经济研究, 2013, 148 - 160.

[215] F. A. 冯·哈耶克. 个人主义与经济秩序. 邓正来译. 北京: 生活·读书·新知三联书店, 2003.

[216] 路风. 走向自主创新: 寻求中国力量的源泉. 桂林: 广西师范大学出版社, 2006.

[217] 斯科特·E. 马斯腾. 契约和组织案例研究. 陈海威, 李强译. 北京: 中国人民大学出版社, 2005.

[218] 乔·莫克亚. 历史上的创新: 技术和发展的历程//本·斯泰尔, 戴维·维克托, 理查德·内尔森. 技术创新与经济绩效. 上海: 上海人民出版社, 2006.

[219] 加里·P. 皮萨诺. 生物制药技术//本·斯泰尔, 戴维·维克托, 理查德·内尔森. 技术创新与经济绩效. 上海: 上海人民出版社, 2006.

[220] 丹尼尔·F. 斯普尔伯. 市场的微观结构——中间层组织与厂商理论. 张军译. 北京: 中国人民大学出版社, 2002.

[221] 乔·韦斯特. 专属权会促进还是阻碍开放式创新//亨利·切萨布鲁夫, 维姆·范哈佛贝克, 乔·韦斯特. 开放创新的新范式. 北京: 科学出版社, 2010.

[222] 亨利·切萨布鲁夫. 开放式创新：进行技术创新并从中赢利的新规则. 金马译. 北京：清华大学出版社，2005.

[223] 亚当·杰夫，乔希·勒纳. 创新及其不满：专利体系对创新与进步的危害及对策. 罗建平，兰花译. 北京：中国人民大学出版社，2007.

[224] 奥利弗·E. 威廉姆森. 资本主义经济制度：论企业签约与市场签约. 段毅才，王伟译. 北京：商务印书馆，2002.

后　记

本书是在我的博士论文的基础上修改而成的,因此我应该首先通过某种真切的文字表达来清理与检视自己在上海交通大学经济学院读博期间的思想轨迹,与此同时对涉入我生活、学习的人致以诚挚的谢意。

艰辛的读博生涯,让我切实见识到了经济学文献资料的浩如烟海,见识到了经济学"工具理性"的"可上九天揽月,可下五洋捉鳖",甚至见识到了经济学在某个领域班班可考的学术渊源。而在这类背景下,我原本的那份热情或者说年少轻狂不断地受到消解以至于出现某种程度的无奈与绝望:我试图做出一点东西,然而终究是细流比沧海,空怀仰止之心,徒增效颦之恨。尔后,随着自己认识的不断深入,我才逐渐明白,过度透支的学术热情并不能真正解决日益加重的"抑郁",学业上的进步原来是受限于自己的"底子薄、起步晚、能力差"。在此情况下,出于本能或者说出于惰性,我唯一的举措就是关起门来,继续读下去,而对我来说,由于"'读书'这个行为,事实上只是'不读书又干啥?'这个问题,自我解嘲的答案而已",① 故这类举措似乎也不失为一条迂回缓进的解决之道。

在读博的初始阶段,一些课程、讲座和课题给了我不少知识与启迪,同时也让原来学管理学的我获得了一些入门必备的经济学意识,这是无可否认

---

① 唐德刚:《胡适杂忆》,北京:华文出版社,1990:41。

的。然而，可能是由于当时还缺乏相应的"吸收能力"，我所能做到的只能是追求一些"学术的"氛围，增加对修辞的感受而不是对思想的清理，与此相伴随的自然是我对一些学术思想理解的教条化、一元化和不求甚解的"观念崇拜"。尤其是对于一些诸如宏观、微观经济学等经济学基础课程，很多学术元素可以作为话语讨论，却无法内化为思想的本能。由此，我倾向于认为，与其在云遮雾罩的抽象迷障中推行理论"虚无"主义，不如踏实地匍匐在地上爬梳知识印记，推行学术苦行主义。事实上其后的一些阅读经历更加使我坚信，也只有通过后者才有可能避免陷入思想上的一潭死水，进而才有可能实现知识存量上的源头活水以及形而上的超越。

在平常为一些杂志审阅稿件的过程中，我发现一些稿件显然未经过扎实的理论逻辑的梳理，其结果是文本本身表现为大而无当和自说自话；而另外一些稿件虽具备一篇好文章所要求的全部要素，但却缺乏形而上的有效整合。相反，一些体制外的社会科学文献，其文本往往显示出作者惊人的笔力；较之于那些为课题而课题的经院派研究，这类文本作者的劳作，往往具有精神的温度。阅读体验上的如此差异遂使我认为，不经历生命煎熬的人不可能洞视这个纷繁世界的真实本质，从而也就不可能做得出真正好的、没有匠气的作品。这类心得固然显得有些突兀，但是在学术践行上却为我提供了以下具体指导：在不断用功积累知识的基础上重视对问题（学术增长点）的寻找和把握。

通常认为，重视方法，是科学思维的重要表现，但只谈方法而不谈问题，却有点一叶障目了。事实上，方法的采用要受制于预设的观念和所要解决的问题。简言之，问题决定方法。不仅如此，整个研究的过程就是问题的提出、衍生、变化和解决的过程，没有问题，便无所谓研究。在面对"林深不知处"的浩瀚资料时，我们可以看到多条幽深小径并有着一头栽入的冲动，但是在通往多条路径的交叉口前，我们却经常茫然不知所措地犯嘀咕：前面一条路有没有尽头？尽头有着怎样的风景？① 在此情况下，只要我们在深入研究的基础上能够遴选出一个"出人意表"的研究视角，提出好的问题，那便有了柳暗花明之转机。

现实的情况是，我们往往拥有太多的成果与课题，却缺少令人眼前一亮并可以成为研究共识（Research Consensus）的"问题"，这固然是由于"……通向一种坚实的研究共识的路程是极其艰难的"，② 但问题资源的匮乏终归是我们不愿看到的，因为"解决了一个问题，不过是提供了一季粮食，而提出新的问题，才是奉献了一片丰饶的土地"。③ 而从这类背景和意义出发，如果本书能够被认为在创新经济学领域中或者更具体地在研发外包领域中提出了一些切中肯綮进而可以进一步作研究的问题，而不是在汗牛充栋的经济学文献中仅增加一份等待尘封的资料的话，那将是对我读博期间所做研究工作的最佳褒奖。

虽然可以认为，在对某个领域的认识上能够开启一扇扩大视野的窗口，奠定一个深入研究的基座已属不易，但系统的研究工作绝不仅仅限于这些。为此，我在本书中力图不失新颖地对一些已作细分的理论问题进行很大程度的解决，比如，在多渠道研发背景下对研发外包的最优组织形式问题以及在两种不同视角下对研发外包中的合同设计问题做深入研究。然而遗憾的是，研究结果却令我不甚满意，套用乔·莫克亚批评内生增长理论的话，我试图打开这类问题中的"黑匣子"，却发现盒子里面还有新的"黑匣子"。④ 基于此，以及其他方面的原因，我只能将这类问题的进一步研究以及研发外包中其他问题的深入研究（如研发外包中所包含的搜寻与匹配问题等）推于以后

---

① 这里我在很大程度上套用了龙应台在面对历史史料时的感触，见龙应台. 大江大海：1949. 香港：天地读书有限公司，2009：426–427.
② 托马斯·库恩. 科学革命的结构. 金吾伦，胡新和译. 北京：北京大学出版社，2003：14.
③ 韦兵. 问题隐含了时代的脉动. 读书，2006（7）：144.
④ 乔·莫克亚. 历史上的创新：技术和发展的历程//本·斯尔泰，戴维·维克托，理查德·内尔森. 技术创新与经济绩效. 上海：上海人民出版社，2006：47.

进行，尽管我已经对某些问题的理性解决形成了足以令自己振奋的感性认识。

做研究（如果我所做的一点东西勉强算作研究的话）的确是一件苦差事。固然，我们"得忍住自己的情感、淘洗自己的情绪，把空间腾出来，让文字去酝酿自己的张力，我（们）冷下来，文字才有热的机会"。[①] 然而，如果剔除掉该陈述中的浪漫成分，回归到形而下层面，做研究又何尝不是一件让人在思想上和体力上倍感煎熬的事情呢？夜深人静，寂寞以及对自己能否聚精会神的担忧自不待言，更怕的是自己投入精力后的自我怀疑：我获得了这些边际上的研究心得，但对此做更为系统的理解尚需读更多的东西，而读了这些东西是否会"陷"得更深？做出了初步的成果还要面临着后续的诸多完善而何时是尽头？如果最后归于全盘失败怎么办？即便做得出来，最后的研究成果能否得到业内人士的认可？福兮？祸兮？

在读博的日子里，老师和师兄们的谆谆教诲以及平日讨论中的耳濡目染让我领会到了学术殿堂里的天高地厚并由此心存敬畏；师友们的欣然帮助以及家人的携手共济让我感知到了世间温暖进而有了克服困难的底气，但同时，知识海洋中的徜徉以及研究心得的获得与清理又使我在很大程度上闭关自限以至于长时间的"六亲不认"，故在本书稿勉强完成之际，我所能感觉到的只能是渺小与谦卑，愧疚与感恩。

感谢费方域老师这么多年来对我的悉心培育与教导。费老师对我来说，既是导师，又是长者。作为导师，费老师更为强调的是对战略层面的把握。在我刚进交大读博士的时候，费老师就让我多加关注创新经济学这一学术领域。让我印象深刻的是，为了说明创新领域是研究热点，费老师曾将在报纸上剪下的一段有关国家高层（政治局常委）开会讨论创新的新闻显示给我看，还附带强调要以理论体系的方式把握现实（这是费老师的一贯观点）。

[①] 龙应台. 大江大海：1949. 香港：天地读书有限公司，2009：431.

而更为重要地，费老师有这样一种能力，他可以把我们反复阐述而不能解释清楚的复杂理论感受，用平实清晰的语言表达出来，让我们蓦然地看到那原本就在眼前的道理；作为长者，费老师在学业和做人方面始终对我做严格要求。端正学习态度，做出经得起推敲的东西是他一直所强调的；我记忆犹新的还有他对我"无论什么时候都不能骄傲"的教训。可惜的是，我本人知识贫瘠，又限于天赋，在学业上屡屡令老师失望。忝列师门，言之汗颜，但无论如何，这确是一段不止于师生的缘分。

在本书的写作过程中，我还得到很多人真挚的帮助。事实上，如上所言，研究过程中最让人生畏的是体力上的疲惫和精神上的困惑以及它们的累积，这类累积着的疲惫和寂寞又是如此让人难以抽离以至于我常常用心地品味上海这座城市中偶得一见的花草树木与蓝天白云，生怕一不留神，枯燥与黑暗又如影随形。而此时朋友们的哪怕一封邮件或一通电话，对我来说都不啻为雪中炭、救命草。感谢蒋士成、许永国等师兄多年来对我的帮助。我知道我并不特别值得他们青睐，而他们之所以会如此，除去他们一贯的热忱，在更大程度上还归因于他们对学术所持有的那份西西弗斯式的执着；感谢上海交大管理学院的郝盛泉老师，虽然与他只有几面之缘，但作为基督徒的他曾虔诚地为我祷告，并让我领悟到"明天的压力让明天去承担"这句话①的精神含义。感谢我的昔日同窗和好友刘志国、王刚、刘兵、杨龙、周江文、张威等，没有他们的不时鼓励与帮助，我的读博生涯注定有生活上的不能承受之重；感谢上海市软科学基金的资助和《经济学〈季刊〉》和《经济研究》编辑部在我论文发表前的修改过程中所给予的宽容，没有这类帮助尤其是宽容，我便不可能沉下来从容地阅读文献和整理读书心得，更不可能初步地奠定研究的基座。

---

① 《新约全书》中"马太福音"第6章有这样的话："……不要为明天忧虑；因为明天自有明天的忧虑；一天的难处一天当就够了。"

游子在外,犹如风筝一只,而有家与家人的关爱,这只风筝才不至于断线。在本书出版之际,我所要感谢的自然包括我的家人,但与其说是感谢,不如说是愧疚,原因在于他们生活不易,却一直为我默默地付出着。在此,我要特别地感谢我的妻子张瑜所给予的鼓励、襄助与共担。对于家人的无私奉献,我实难报答于万一,如果我这份用心写就的书稿能够化作一份爱,给我的家人送去些许温暖,那将是对我愧疚之心最好的抚慰。

　　在本书编辑出版的过程中,我得到了经济管理出版社张艳女士和许艳女士的大力帮助,在此谨致谢意!

　　由于本人能力有限,时间仓促,再加上研究本身就是一个不断修正和完善的过程,书中缺点错误在所难免,敬请广大读者批评指正!

李靖

2015. 11. 12